"十三五"国家重点图书出版规划项目

《医学·教育康复系列》丛书

组织单位

华东师范大学中国言语听觉康复科学与 ICF 应用研究院
华东师范大学康复科学系听力与言语康复学专业
华东师范大学康复科学系教育康复学专业
中国教育技术协会教育康复专业委员会
中国残疾人康复协会语言障碍康复专业委员会
中国优生优育协会儿童脑潜能开发专业委员会

总主编

黄昭鸣

副总主编

杜晓新　孙喜斌　刘巧云

编写委员会

主任委员

黄昭鸣

副主任委员（按姓氏笔画排序）

王　刚　刘巧云　孙喜斌　杜　青　杜　勇　杜晓新
李晓捷　邱卓英　陈文华　徐　蕾　黄鹤年

执行主任委员

卢红云

委员（按姓氏笔画排序）

丁忠冰	万　萍	万　勤	王　刚	王勇丽	尹　岚
尹敏敏	卢红云	刘　杰	许文飞	孙　进	李　岩
李孝洁	杨　影	杨三华	杨闪闪	张　青	张　鹏
张志刚	张畅芯	张奕雯	张梓琴	张联弛	金河庚
周　静	周林灿	赵　航	胡金秀	高晓慧	曹建国
庚晓萌	宿淑华	彭　茜	葛胜男	谭模遥	

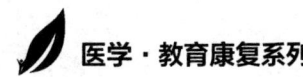

国家出版基金项目

"十三五"国家重点图书出版规划项目

黄昭鸣　总主编
杜晓新　孙喜斌　刘巧云　副总主编

儿童认知功能评估与康复训练

张茂林　编著

Cognitive Function Assessment and Rehabilitation Training for Children

南京师范大学出版社
NANJING NORMAL UNIVERSITY PRESS

图书在版编目（CIP）数据

儿童认知功能评估与康复训练 / 张茂林编著. — 南京：南京师范大学出版社，2021.3
（医学·教育康复系列 / 黄昭鸣总主编）
ISBN 978-7-5651-4831-6

Ⅰ. ①儿… Ⅱ. ①张… Ⅲ. ①认知障碍—儿童教育—教育康复 Ⅳ. ① G764

中国版本图书馆 CIP 数据核字（2021）第 047825 号

丛 书 名	医学·教育康复系列
总 主 编	黄昭鸣
副总主编	杜晓新　孙喜斌　刘巧云
书　　名	儿童认知功能评估与康复训练
作　　者	张茂林
策划编辑	徐　蕾　彭　茜
责任编辑	于丽丽
出版发行	南京师范大学出版社
地　　址	江苏省南京市玄武区后宰门西村 9 号（邮编：210016）
电　　话	（025）83598919（总编办）　83598412（营销部）　83373872（邮购部）
网　　址	http://press.njnu.edu.cn
电子信箱	nspzbb@njnu.edu.cn
照　　排	南京凯建文化发展有限公司
印　　刷	南京爱德印刷有限公司
开　　本	787 毫米 ×1092 毫米　1/16
印　　张	20.5
字　　数	486 千
版　　次	2021 年 3 月第 1 版　2021 年 3 月第 1 次印刷
书　　号	ISBN 978-7-5651-4831-6
定　　价	66.00 元

出 版 人　张志刚

南京师大版图书若有印装问题请与销售商调换
版权所有　侵犯必究

PREFACE

序

　　回顾我国言语听觉康复、教育康复行业从萌芽到发展的 22 年历程，作为一名亲历者，此时此刻，我不禁浮想联翩，感慨万千。曾记得，1996 年 11 月，我应邀在美国出席美国言语语言听力协会（ASHA）会议并做主题报告，会后一位新华社驻外记者向我提问："黄博士，您在美国发明了 Dr.Speech 言语测量和治疗技术，确实帮助欧洲、巴西、中国香港及一些发展中国家和地区推进了'言语听觉康复'事业的发展，您是否能谈谈我们祖国——中国内地该专业的发展情况？"面对国内媒体人士的热切目光，我竟一时语塞。因为我很清楚，当时，言语听觉康复专业在内地尚处一片空白。没有专家，不代表没有患者；没有专业，不代表没有需要。在此后的数天内，该记者的提问一直在耳畔回响，令我辗转反侧，夜不能寐。

　　经反复思量，我做出了决定：立即回国，用我所学所长，担当起一个华人学子应有的责任。"明知山有虎，偏向虎山行"，哪管他前路漫漫、困难重重。我满怀一腔热忱，坚定报国的决心——穷毕生之力，为祖国言语听觉康复的学科建设，为障碍人群的言语康复、听觉康复、教育康复事业尽自己的一份绵薄之力。

　　如今，我回国效力已 22 载，近来，我时常突发奇想：如果能再遇到当年的那位记者，我一定会自豪地告诉他，中国内地的言语听觉康复、教育康复事业已今非昔比，正如雨后春笋般繁茂、茁壮地成长……

　　20 多年的创业，历尽坎坷，饱尝艰辛。但我和我的团队始终怀着"科学有险阻，苦战能过关"的信念，携手奋进，在学科建设、人才培养、科学研究与社会服务、文化传承与创新等方面取得了众多骄人的成绩。2004 年，华东师范大学在一级学科教育学下创建了"言语听觉科学专业"。2009 年，成立了中国内地第一个言语听觉康复科学系，同年，建立了第一个言语听觉科学教育部重点实验室。2012 年 9 月，教育部、中央编办等五部委联合下发《关于加强特殊教育教师队伍建设的意见》(教师〔2012〕12 号)，文件提出："加强特殊教育专业建设，拓宽专业领域，扩大培养规模，满足特殊教育事业发展需要。改革培养模式，积极支持高等师范院校与医学院校合作，促进学科交叉，培养具有复合型知识技能的特殊教育教师、康复类专业技术人才。"经教育部批准，2013年华东师范大学在全国率先成立"教育康复学专业"（教育学类，专业代码040110TK）。

2020年华东师范大学增设"听力与言语康复学专业"（医学类，专业代码101008T），这是华东师范大学开设的首个医学门类本科专业。听力与言语康复学专业旨在通过整合华东师范大学言语听觉科学、教育康复学、认知心理学、生命科学等学科领域的优质师资力量，建设高品质言语语言与听觉康复专业，培养适应我国当代言语语言听觉康复事业发展需要的，能为相关人群提供专业预防、评估、诊断、治疗与康复咨询服务的复合型应用人才，服务"健康中国"战略。

一门新学科的建立与发展，必然面临许多新挑战，这些挑战在理论和临床上都需要我们一起面对和攻克。据2011年全国人口普查数据显示，我国需要进行言语语言康复的人群高达3000多万。听力与言语康复专业立足言语听力障碍人群的实际需求，秉持"医工结合、智慧康复"的原则，紧跟国际健康理念的发展，以世界卫生组织提出的《国际疾病分类》（ICD）和《国际功能、残疾和健康分类》（ICF）理念为基础，构建听力与言语康复评估和治疗标准，为医院康复医学科及临床各科，诸如神经内科、耳鼻咽喉头颈外科、儿科、口腔科等伴随言语语言听力障碍的人群提供规范化的康复治疗服务。最令我感到自豪的是：2013年，我们研究团队申报的"言语听觉障碍儿童康复技术及其示范应用"科研成果，荣获上海市科学技术奖二等奖。

教育康复学专业是我国高等教育改革的产物，它不仅符合当前"健康中国"的发展思路，符合特殊教育实施"医教结合、综合康复"的改革思路，而且符合新形势下康复医学、特殊教育对人才培养的需求。专业的设置有助于发展医疗机构（特别是妇幼保健系统）的康复教育模式，更有助于发展教育机构（特别是学前融合教育机构）的康复治疗模式。2015年，我们研究团队申报的"基于残障儿童综合康复理论的康复云平台的开发与示范应用"科研成果，再次荣获上海市科学技术奖二等奖。

在新学科建设之初，我们就得到各级政府与广大同仁的大力支持。2013年，教育部中国教师发展基金会筹资680万元，资助听力与言语康复学和教育康复学专业建设。本丛书既是听力与言语康复学和教育康复学专业建设的标志性成果，也是华东师范大学、上海中医药大学等研究团队在20多年探索实践与循证研究基础上形成的原创性成果，该成果集学术性、规范性、实践性为一体。丛书编委会与南京师范大学出版社几经磋商，最终确定以"医学·教育康复"这一跨学科的新视野编撰本套丛书。作为"十三五"国家重点图书出版规划项目，本套丛书注重学术创新，体现了较高的学术水平，弥补了"医学·教育康复"领域研究和教学的不足。我相信，丛书的出版对于构建中国特色的"医学·教育康复"学科体系、学术体系、话语体系等具有重要价值。

全套丛书分为三大系列，共22分册。其中："理论基础系列"包括《教育康复学概论》《嗓音治疗学》《儿童构音治疗学》《运动性言语障碍评估与治疗》《儿童语言康复学》《儿童认知功能评估与康复训练》《情绪与行为障碍的干预》《儿童康复听力学》《儿童运动康复学》9分册。该系列以对象群体的生理、病理及心理发展特点为理论基础，分别阐述其在言语、语言、认知、听觉、情绪、运动等功能领域的一般发展规律，系统介绍评估原理、内容、方法和实用的训练策略。

"标准、实验实训系列"为实践应用部分，包括《ICF言语功能评估标准》《综合康复实验》《嗓音治疗实验实训》《儿童构音治疗实验实训》《运动性言语障碍治疗实验实训》《失语症治疗实验实训》《儿童语言治疗实验实训》《普通话儿童语言能力临床分级评估指导》《认知治疗实验实训》《情绪行为干预实验实训》10分册。该系列从宏观上梳理残障群体教育康复中各环节的标准和实验实训问题，为教育工作者和学生的教学、实践提供详细方案，以期为"医学·教育康复"事业的发展拓清道路。该系列经世界卫生组织国际分类家族（WHO-FIC）中国合作中心下的中国言语听觉康复科学与ICF应用研究院授权，基于ICF框架，不仅在理念上而且在实践上都具有创新性。该系列实验实训内容是中国言语康复对标国际，携手全球同行共同发展的标志。

"儿童综合康复系列"为拓展部分，包括《智障儿童教育康复的原理与方法》《听障儿童教育康复的原理与方法》《孤独症儿童教育康复的原理与方法》3分册。该系列选取最普遍、最典型、最具有教育康复潜力的三类残障儿童，根据其各自的特点，整合多项功能评估结果，运用多种策略和方法，对儿童实施协调、系统的干预，以帮助残障儿童实现综合康复的目标。各册以"医教结合、综合康复"理念为指导，注重原理与方法的创新，系统介绍各类残障儿童的特点，以综合的、融合的理念有机处理各功能板块之间的关系，最终系统制订个别化干预计划，并提供相关服务。

在丛书的编写过程中，我们始终秉承"言之有据、操之有物、行之有效"的学科理念，注重理论与实践相结合、康复与教育相结合、典型性与多样性相结合，注重学科分领域的互补性、交叉性、多元性与协同性，力求使丛书具备科学性、规范性、创新性、实操性。

本套丛书不仅可以作为"医学类"听力与言语康复学、康复治疗学等专业的教材，同时也可以作为"教育学类"教育康复学、特殊教育学等专业的教材；既可供听力与言语康复学、康复治疗学、教育康复学、特殊教育学、言语听觉康复技术等专业在读的专科生、本科生、研究生学习使用，也可作为医疗机构和康复机构的康复治疗师、康复医师、康复教师和护士的临床工作指南。本套丛书还可作为言语康复技能认证的参考书，包括构音 ICF-PCT 疗法认证、言语嗓音 ICF-RFT 疗法认证、孤独症儿童 ICF-ESL 疗法认证、失语症 ICF-SLI 疗法认证等。

  全体医疗康复和教育康复的同仁，让我们谨记："空谈无益，实干兴教。"希望大家携起手来，脚踏实地，求真务实，为中国康复医学、特殊教育的美好明天贡献力量！

博士（美国华盛顿大学）
华东师范大学中国言语听觉康复科学与 ICF 应用研究院院长
华东师范大学听力与言语康复学专业教授、博导
华东师范大学教育康复学专业教授、博导

2020 年 7 月 28 日

前言

FOREWORD

法国作家雨果曾经说过:"世界上最浩瀚的是海洋,比海洋更浩瀚的是天空,比天空还要浩瀚的是人的心灵。"人的心理活动丰富多彩,极其复杂,恩格斯誉之为"地球上最美的花朵"。在这朵最美的"花"中,"认知"无疑是最绚烂多姿的那一瓣,它是指人们获得知识或应用知识的过程,也是人的最基本心理过程。

很多家长经常有这样的困惑:孩子学习注意力不集中,经常分神,一个知识点往往要强调很多遍;有些孩子的记忆力水平偏低,其他同学很快能背完一篇短文,他却连一段都记不住……记忆力、注意力、思维能力等都属于认知能力的范畴。儿童时期,是孩子身心快速发展的时期,也是其认知能力发展的关键期,一旦认知能力没有得到应有的发展,就会影响孩子的认知水平,影响孩子后期的学习、生活乃至方方面面。2017年9月,中共中央办公厅、国务院发布了《关于深化教育体制机制改革的意见》,其中明确提出要培养学生的关键能力,首要的就是"培养认知能力",要"引导学生具备独立思考、逻辑推理、信息加工、学会学习、语言表达和文字写作的素养,养成终身学习的意识和能力。"作为一种关键能力,认知能力在学生核心素养的框架体系中具有重要地位,是促进学生德智体美劳全面发展的基础。

另外,还有许多具有特殊教育需求的儿童,他们或者存在感官方面的缺陷,或者存在不同形式的发展性障碍,使得他们对信息的加工处理能力较弱,在感知、注意、思维、判断以及逻辑推理等方面表现出明显的能力不足,对周围世界的认知速度及认识水平严重滞后于普通儿童。这些儿童认知功能发展更加需要依赖专门的康复训练,这对于促进其智力改善、增强社会适应具有更为积极的意义。

令人可喜的是,随着大家对认知能力内涵及重要性认识的深入,这几年它逐渐成为家长和教师们关注的发展重点,但是在针对特殊儿童的认知训练过程中,相关的指导性书籍却较少,而且内容常常过于理论化,缺乏实操性、系统性。同时,由于难以对学生的注意力、记忆力、思维能力等做出客观的评判,也不太容易看到实际改善效果。这些都是特殊教育领域迫切需要研究的内容,也是教师倍感困惑的地方。

作为高校特殊教育专业教师,笔者多年来一直从事特殊儿童认知训练方面的教学及实践,2015年曾出版《特殊儿童认知训练》作为课程教材。在考虑普通儿童和特殊儿童共性的基础上,我们对原书在结构和内容上做了进一步调整,增加了近年来儿童认知康复领域的一些最新成果,付梓新版。本书从儿童认知发展的基本规律和特点入手,对儿童认知功能的评估及康复训练方法进行了详细介绍。整体而言,在编写过程中我们力求突出以下特点:第一,注重系统性,从能力评估到康复训练,依据儿童认知发展的内在逻辑确定全书内容,结构合理,脉络清晰;第二,注重实操性,突出认知康复训练的实践环节,结合大量的活动设计案例来强化知识理解;第三,突出融合性,引导读者在教育康复活动设计中,能自觉地将特殊儿童教育与普通儿童教育融为一体。本书可以为特殊教育、教育康复相关专业的学生提供学习素材,可以为特殊教育学校或康复机构的教师和工作人员提供教学参考,也可以为特殊儿童家长开展有针对性的认知功能训练提供有益的指导。

全书分为上下两篇,共包含十三章。上篇是理论篇(第一至四章),主要是围绕儿童认知及认知功能发展,系统介绍了认知功能康复训练的生理心理基础、认知功能评估的方法以及儿童认知功能训练涉及的主要领域及内容;下篇为活动设计篇(第五至十三章),按照每章一个主题的原则,分别从感知觉、观察力、注意力、记忆力、分类能力、推理能力以及数概念、时间概念、空间方位概念等不同领域介绍了针对儿童进行认知功能康复训练的方法,考虑到特殊儿童在认知康复训练方面的特殊需求,在每章中我们还对特殊儿童的认知发展特点进行了专门的介绍。

各章节参与编写人员具体如下:第一至四章、第六章、第八章,张茂林;第七章、第九章、第十二章、第十三章,张伟锋;第五章、第十章,李晓娟;第十一章,王姣艳。全书最后由张茂林负责审核和统稿。在本书的撰写和出版过程中,得到了华东师范大学康复科学系杜晓新教授、黄昭鸣教授、刘巧云教授的大力支持,特别是杜老师提出的许多宝贵意见在书中得到了重要体现,南京师范大学出版社徐蕾总编、彭茜编辑、于丽丽编辑也为本书的出版付出了辛勤劳动,在此向他们表示衷心的感谢!

本书在写作过程中,参考了许多专家、学者的科研成果,在此一并致谢。由于作者学识有限,书中难免存在不足,恳请读者提出宝贵意见,以便后期完善。

目录

第一章 绪论　　001
　　第一节　认知与认知能力的发展　　003
　　第二节　儿童认知发展中的个体性差异　　009
　　第三节　儿童认知功能评估及康复　　014

第二章 认知康复训练的生理心理基础　　023
　　第一节　儿童认知发展的脑基础　　025
　　第二节　认知训练与脑的可塑性　　030
　　第三节　认知康复训练的心理学基础　　034

第三章 儿童认知功能的评估　　039
　　第一节　儿童认知功能评估的方法及原则　　041
　　第二节　儿童认知功能评估的内容及流程　　046
　　第三节　儿童认知功能评估的常用量表　　049
　　第四节　儿童认知功能的神经电生理测评　　059

第四章 儿童认知功能康复训练　　061
　　第一节　儿童认知功能训练的内容领域　　063

071	第二节	儿童认知功能训练的流程及活动设计
077	第三节	儿童认知功能训练的基本原则及策略
081	第四节	计算机技术在儿童认知康复训练中的应用

085　第五章　儿童感知觉的训练

087	第一节	感知觉概述
091	第二节	特殊儿童感知觉的发展特点
096	第三节	儿童感知觉的康复训练

109　第六章　儿童观察力的训练

111	第一节	观察力概述
115	第二节	特殊儿童观察力的特点
119	第三节	儿童观察力的训练

137　第七章　儿童注意力的训练

139	第一节	注意力概述
143	第二节	特殊儿童注意力的发展特点
147	第三节	儿童注意力的训练

155　第八章　儿童记忆力的训练

157	第一节	记忆概述
162	第二节	特殊儿童记忆力的发展与特点
167	第三节	儿童记忆力训练的内容与方法

183　第九章　儿童分类能力的训练

| 185 | 第一节 | 分类能力概述 |

第二节　特殊儿童分类能力的发展特点　　189
第三节　儿童分类能力的训练　　193

第十章　儿童推理能力的训练　　205

第一节　推理能力概述　　207
第二节　特殊儿童推理能力的发展特点　　212
第三节　儿童推理能力的训练　　215

第十一章　儿童数概念的获得与训练　　229

第一节　数概念概述　　231
第二节　特殊儿童数概念的发展特点　　235
第三节　儿童数概念训练的内容和方法　　238

第十二章　儿童时间概念的获得与训练　　253

第一节　时间概念获得概述　　255
第二节　特殊儿童时间概念的发展特点　　259
第三节　儿童时间概念的训练　　261

第十三章　儿童空间方位概念的获得与训练　　279

第一节　空间方位概念获得概述　　281
第二节　特殊儿童空间方位概念的发展特点　　285
第三节　儿童空间方位概念的训练　　287

主要参考文献　　309

第一章 绪论

认知，也称为认识，是指人认识外界事物的过程。随着孩子的出生及成长，他对这个世界的认识也开始了，儿童的认知能力会随着年龄增长而增长，并遵循一定的模式，不断从低级向高级水平发展。但是对于某些儿童来说，先天的、后天的，个人的、环境的各方面的因素可能会削弱他们对外界信息的加工处理能力，其认知发展的水平及速度往往会滞后于一般儿童，表现出明显的差异性。这些儿童认知功能发展的状况及康复干预问题，是本章乃至本书关注的重点内容。

认知与认知能力的发展

一、认知与认知能力的含义

（一）什么是认知

认知（cognition）是指人的大脑接收外界信息，认识、理解事物或现象，保存认识结果，利用有关知识经验解决实际问题的过程。认知是人类最基本的心理活动，属于智能方面的心理过程。所以有时候人们也用"认知活动"这个词替代"认知"，实质上它和"认知"这个词是同义的，不过更强调认知的过程。

个体的认知活动既包括低层级的基本认知过程，如感知、观察、记忆等，也包括高层级的智力活动，如思维、推理、想象、概念形成、策略运用、问题解决等。当然，这些认知过程并不是界限分明、相互割裂的，它们之间有交叉和重叠。例如问题解决过程既包含了基本的认知过程，也包含了复杂与高级的认知活动，如推理、判断、计划、策略运用等。此外，从认知加工的对象来看，认知包括对自然事物的认识和对社会现象的认识。其中，时间、空间、类别、序列、因果、数概念等均为儿童认知发展的重要领域，对这些领域的事物及关系的认知，是儿童后续发展以及全面认知社会的基础。

在心理学研究中，有学者将个体的认知过程大致分为三个范畴，即三种基本认知过程[①]。首先是感知，这是认知的起点，是人脑对客观物质基本属性的一种直接反映；其次是表象，这是人脑呈现的对于感知过的事物的一种映像，但不局限于直接感知的某一特定事物，所以表象既具有形象性的特征，又具有一定的概括性；再次是概念，这是对客观事物的概括和抽象，它在不同程度上反映了客观事物的本质属性。表象与概念是在感知的基础上获得的，并不是客观事物所直接赋予的，所以就其同客观事物的关系来说，可以叫作间接认知。人的各种认知过程，都是由这三者组成的，由于认知对象的形式与特点不同，对它们具体的认知操作，也就表现为相

---

① 刘范，张增杰. 儿童认知发展与教育 [M]. 北京：人民教育出版社，1985：16.

对简单或种种错综复杂的形式与水平。

（二）什么是认知能力

认知能力（cognitive ability）是指个体在认知活动中表现出来的水平，从心理学角度来讲，它是人脑加工、储存和提取信息的能力，是人成功完成各项活动最重要的心理条件。我们通常所讲的观察力、记忆力、思维能力等，都属于认知能力的范畴。人们在完成活动的过程中，有些人表现出敏锐、聪慧，而有些人却显得迟钝、笨拙，这说明他们在理解、接受或运用信息的能力上存在差异，表现出认知能力水平的差异。

从广义上说，认知能力还可分为一般认知能力、特殊认知能力和创造力等。一般认知能力也即我们通常所说的"智力"，它是保证人们有效进行认知活动的各种稳定心理特点的有机结合，是观察力、注意力、记忆力、想象力和思维能力等的综合。特殊认知能力是指人从事某种专门活动所应该具有的相应能力，如绘画能力、音乐能力、数学能力等。创造力是指产生新思想、发现和创造新事物的能力，是成功完成各种创造性活动所必需的能力。我们在本书中所谈的认知能力主要是针对一般认知能力而言的。

二、认知能力的发展

延伸阅读　幼儿认知发展中的关键阅读

人在出生后开始与外界环境接触，在适应环境的活动中，对事物的认知及面对问题情境时的思维方式与能力不断发展，并渐趋成熟，这表现为个体认知能力的发展。

（一）儿童认知发展的表现

新生儿对外界刺激最初的反应表现为各种无条件反射，如吸吮反射、抓握反射、觅食反射等，这些都是在种系发展过程中遗传的与生俱来的反射活动，是个体赖以维持生存和防御外来伤害的基本能力。例如初生的婴儿就懂得"吮吸"这个动作，这是他适应环境的方式，否则他有可能会饿死。这些反射活动尽管还不是名副其实的认知活动，但它们构成了认知活动的必要基础，个体认知的发生及随后的发展都是以此为基础的。

随着个体的不断成长，儿童认知能力的发展首先表现为各种心理机能的发展，其感知能力、注意能力、记忆能力、思维能力等慢慢开始发展起来，从原来只具备简单的反射活动，到后来形成复杂的心理过程。以记忆为例，1岁内婴儿只有当以前感知的事物在眼前重现时才能认识；其后，以前感知的事物虽不在眼前重现，但可在脑中重现，即"被想起来"；婴幼儿时期记忆时间短、内容少，容易记住带有欢乐、恐惧等情绪的场景，随着年龄的增长，他们的记忆内容更加广泛、记忆的保持时间也变得更长。在思维的发展方面，婴幼儿最初的思维与客观物体及行动是分不开的，离开了实物他们便无法思考；到 1~2 岁时，儿童的想象思维开始萌芽，在 3 岁左右其想象仍为片断的、零星的，直至学龄前期创造性想象才迅速发展并以具体形象思维为主，如学妈妈给自己穿衣服的样子去给娃娃穿衣服。以后，随着年龄的增长，他们才逐步学会综合、分析与比较等思维方法。

儿童认知发展还可分为不同领域知识的发展，如颜色、形状、时间、空间、数概念等。儿童对这些领域知识的认识也是由低级向高级逐步发展的，具体表现为这些领域知识的不断丰富和深化。[①]

（二）儿童认知发展的基本趋势

儿童认知范围的扩大与能力的提高需经历一个逐步发展的过程，其认知发展的基本趋势如下。

1. 由近及远

儿童的认知首先是以自身作为出发点和参照物的，然后逐步由近及远地扩展其范围。新生儿所接触的世界只是一个十分狭小的范围，他们甚至还没有将自己同客观环境分开来，对他们来说，世界便是自我。在婴儿期，儿童逐步有了客体永久性的认识，但相对而言，他们的认知范围还是有限的，只能根据自己直接经历的事物去认识那些间接的事物，只有到了童年期，这些问题才能得到解决。

2. 由表及里

儿童最初只是认识事物的表面现象，以后随着年龄的增长，才对事物内在的本质属性有了认识。比如将两根同样长度的铁丝呈现给 3 岁的幼儿，在他们面前把其中一根折弯，他们便认为长度不同了，这说明儿童最初的认知只是受表象的支配，以后才能真正把握概念的实质，这一发展过程是由表及里的。

3. 由浅入深

儿童认识某个事物，并不是一蹴而就的，从最初的认识到比较完全的认识，要经历多种水平或者阶段，由浅入深地进行。如前面所说的思维的发展，婴幼儿最初只具备简单的直觉动作思维，所有的思考都离不开实物和动作；随着他们表象能力的发展，到学龄初期，形象思维开始占据主要位置；但逻辑思维的发展，一直要到十四五岁时才能达到较好的水平。这一过程体现了思维发展由浅入深的特点。

4. 由局部到整体、由片面到全面

儿童往往先是专注于事物的某一部分而忽视其他部分，以偏概全，而后才能比较全

---

① 方富熹，方格，林佩芬. 幼儿认知发展与教育 [M]. 北京：北京师范大学出版社，2003：5.

面地看待事物。譬如，在比较两个匀速运动的模型汽车的速度时，4~7岁的儿童只会单纯地注意汽车运动的时间或空间，8岁以后才兼顾这两者。6岁以下的儿童，在时间上也只注意当前，到了7岁以后，才考虑到事物以前和以后的变化。

（三）儿童认知发展的动因

认知能力的发展与学习的关系十分密切。一定的认知发展水平是顺利进行学习活动的必要条件，而学习活动又有力地促进了儿童各项认知能力的发展。

皮亚杰认为，发展是一种在个体与环境的相互作用过程中实现的意义建构。在儿童认知发展的过程中，环境和社会不断向儿童提出各种新的要求，当新的要求超出儿童现有认知发展水平时，两者就会产生矛盾，这一矛盾将激起儿童新的学习需求，这是促使儿童认知发展的内因，也是儿童心理发展的动力。新的学习需要是在一定社会情景下，由社会和教育的要求不断在儿童心中内化而形成的，它促使个体不断积极探求新知识、解决新问题，反映了个体认知发展中动态与发展的一面。原有的认知水平是指个体通过一定的认知活动已经形成的认知水平，是过去的认知活动的结果，它反映了个体认知发展中静态与稳定的一面。新的学习需要与原有的认知水平会不断产生矛盾，又不断达到平衡。当新的学习需要足够强烈，成为矛盾的主要方面时，就会推动个体的认知活动，进而促进个体的认知发展。

需要指出的是，教育与训练在个体认知发展中起了重要的作用。教育与训练能为儿童创设适当的学习情景，不断向儿童提出新的学习要求，并通过采取有效教育与训练措施，激发儿童的学习动力，从而促进儿童将社会与教育的要求转化为自身的需要。

三、影响认知能力发展的因素

影响个体认知能力发展的因素大致可以分为两大类：一是生物因素，二是环境因素。生物因素主要包括先天的遗传和后天的成熟，它们是个体认知能力发展的物质基础和必要条件，为形成新的行为及思维模式提供了可能；环境因素则泛指影响个体发展的所有外部因素，包括自然环境、社会环境以及教育环境等。

（一）先天的遗传

良好的遗传因素和生理发育是婴幼儿认知发展的物质基础。没有这些基础，认知将失去发展的自然前提。显然，遗传基因的优劣对个体认知发展来说是十分重要的。一个生来大脑就有缺陷的儿童，其认知能力不可能获得正常的发展。就普通儿童而言，每个孩子的感觉器官结构、机能以及高级神经活动类型等又存在差异，这些差异为心理发展提供了不同的可能性。

英国遗传学家高尔顿（F. Galton）就坚持以遗传学的观点来解释个体之间的能力差异。他于1869年发表了著名的《遗传的天才》，明确宣称："一个人的能力是由遗传得来的，它受遗传决定的程度，如同一切有机体的形态及躯体组织受遗传决定一样。"

遗传决定论强调遗传因素在儿童认知心理发展中的作用，主张心理发展是由先天的、不变的遗传基因所决定的，心理发展的过程就是先天遗传素质自我发展和自我暴露的过程，儿童心理的发展主要是生理成熟的结果，外界环境和教育所起的作用甚微。持这种观点的人认为，儿童的智力在生殖细胞的基因中就已被决定了，环境的作用仅在于引发、促进或延缓先天素质的自我展开，并不能改变其本质。

（二）后天的成熟

成熟是指机体的成长，特别是指神经系统和内分泌系统的成熟。成熟是个体认知发展的一个重要条件，它为形成新的行为模式和思维方式提供了可能。

在儿童心理学发展史上，美国婴幼儿心理学家格塞尔（A. Gessel）提出的"成熟决定论"具有较大影响，他认为：个体的生理成熟决定着心理的发展，即随着儿童年龄的增长及生理机能的成熟，其心理功能也会自然而然地发展，最后达到成熟。

成熟决定论认为心理发展是由个体内部所固有不变的规律和顺序决定的，心理的发展是生理成熟的结果，成熟是影响发展的第一要素。由于儿童的生理成熟具有一定的顺序性，各系统器官成熟的早晚和速度存在差异，这种差别最终表现为不同个体心理发展速度及水平的差异。

（三）自然环境

环境和经历会影响人，人是在环境中学习，并不断增长"知识"和"经验"的。皮亚杰的"认识发生论"特别强调个体与环境的交互作用，认为环境是个体认识的来源。可见环境和经历对儿童认知发展有重要影响力。就环境类别而言，首先是自然环境。在对自然环境中的各类刺激信息进行加工的过程中，儿童通过动作对事物做出反应，并不断积累着关于物体特性的经验以及逻辑—数理经验。

从神经形态解剖学的角度来看，环境对认知的影响还伴随着影响大脑的变化。在丰富的环境中生活，大脑皮质会变得更厚更重，神经突触也会更大，也就是说，环境越复杂，大脑需要学习的东西就越多，大脑在物理层面就会有更多的改变。

（四）社会环境

社会环境主要是指社会生产方式及由此决定的国家政治、经济、思想、教育等，此外，还有家庭、邻里、亲友等关系。这些因素在一定意义上决定了儿童认知发展的水平、方向和个别差异。比如，当今科学技术迅猛发展，儿童的生活环境大为丰富，他们能接触到前辈在儿童时期不可能接触的许多事物，因而现代儿童认知发展的水平就会不断提高。但是即便是生活在同一时代的儿童，由于所处的家庭、具体的社会环境及教育影响的不同，认知水平和特点也会存在差异。

在社会环境因素中，教育又具有特殊的作用。教育的直接作用是促进儿童的认知发展，它作为一种决定性的条件制约着儿童认知发展的过程和方向。我们知道，学习是人类经验习得的重要途径。虽然不同个体的学习形式复杂多样，但所有人的学习都是一种提高认识、获得发展经验的活动或过程。教育就是通过学与教的活动的组织与管理，充分挖掘和利用儿童身上蕴藏着的发展潜力，不断地把儿童发展的可能性转化成现实性。

（五）生物因素和环境因素的相互作用

关于儿童心理发展影响因素的探讨，长期以来一直存在着遗传决定论和环境决定论的对立。争论的双方把遗传和环境完全孤立起来，要么强调遗传决定发展，要么强调环境决定发展。但是，遗传决定论、环境决定论的观点都失之偏颇，我们应该辩证地看待遗传、成熟、环境和教育的关系，这些因素间并不是简单相加的关系，而是存在着相互交织、相互渗透的影响和作用。

良好的遗传因素和生理成熟是儿童认知发展的物质基础。但是无论多么优良的物质基础都只提供了个体发展的可能性，而教育和环境才能把这种可能性变成现实性。许多事实和研究表明，离开了人类的生活条件，离开了人类社会，人的遗传特质不会得到正常的发展。现在越来越多的研究者开始以一种相互联系的、动态的视角去分析遗传和环境因素之间的作用，认为任何一种因素都是在与另外一种因素的相互渗透、相互作用的关系中，并与另外的因素有机地形成合力共同作用于个体的发展。认知发展是随着个体年龄的增长、内外各种条件相互作用而实现的。个体的生长和成熟以及积极主动的学习是促进认知发展的内在因素，而环境和教育则是促进认知发展的外部条件。在内外因的关系问题上，外因是变化的条件，内因是变化的根据，外因通过内因而起作用。

儿童认知发展中的个体性差异

儿童在成长过程中因受遗传、环境以及其他因素的影响，不同个体之间在认知发展的水平及速度上显示出彼此不同的特征，有些个体甚至还会出现与学习、记忆以及思维判断有关的大脑高级智能加工过程的异常，表现为认知发展障碍。

一、认知发展的差异性

同一发展阶段的儿童，虽然他们有着大体相同的心理特点，但同中有异。一个人在认知加工活动中所表现出来的较稳定的个体心理特殊性即为个别差异，它可能体现在感知觉、注意、记忆、思维等不同的认知加工环节。比如有些儿童注意力持久，有些儿童却容易分心；有的儿童善于思考，而有的儿童长于记忆。这些都体现了儿童认知发展中的差异性。

在注意方面，个体之间的差异主要表现在儿童注意的自觉性、目的性及各种注意的品质上。产生差异的原因之一是他们各自神经过程灵活性的差别，如神经过程强度水平高的人易于集中注意力或注意力更稳定，而神经过程平衡水平低的人较难分配注意力；此外，个人智力活动的积极性不同，也影响注意力的个别差异。如有些儿童有明确的学习目的，求知欲强，注意力稳定而集中，不容易分心；而有些儿童学习动机不强，学习时容易受外部事物的影响而分散注意力，或把心思放在与学习无关的其他活动上。

在记忆方面，个体之间的差异也非常明显，这主要表现在儿童识记和提取内容的速度、准确性及记忆内容的特点上。例如背诵一首唐诗，有的孩子很快就记在了脑海之中，有的孩子要复述好多遍才能够记住。有些儿童对形象的材料如实物、图形、声音、颜色等容易识记和巩固，而另一些儿童对语言材料如文字概念、数字符号等易于识记和巩固。一些儿童视觉记忆较好，一些儿童的听觉记忆较好，还有的儿童有运动觉，而另有儿童参与或运用多种记忆表象时成绩较好。据此，有人把记忆划分为相应的类型：视觉型、听觉型、运动型和混合型。研究表明，大多数儿童的记忆类型属于混合型，单纯的记忆类型比较少见。

在思维方面，个体之间也显示出不同的思维特点。如有的儿童擅长思考抽象的概念、定理、法则，有些儿童解决问题时需要依靠直观形象的支持，而有些儿童习惯于把思考问题和动手操作结合起来。思维能力的个别差异还表现在思维的广度和深度，思维的独立性、创造性、灵活性，以及思维的敏捷性、顺序性等思维的品质上。

二、认知发展障碍的含义及表现

（一）什么是认知发展障碍

认知发展障碍是指儿童在发育阶段出现的大脑高级认知加工过程的异常，以及由此引发在感知、记忆、学习、思维等某方面或多个方面出现障碍，有些还伴有语言发育方面的迟缓。任何引起大脑皮质功能和结构异常的因素均可导致认知障碍，表现为一个或多个发育能区与已建立的神经发育常模在质和量的比较上存在明显落后。常见的危险因素有器质性病变、精神因素、心理因素、外界环境因素等。儿童认知功能障碍要及早发现，及早进行康复训练。

（二）认知发展障碍的主要表现

儿童的认知发展障碍主要表现在感知、记忆、思维等方面。

1. 感知障碍

感知障碍的表现有很多，如感觉迟钝、感觉过敏、感觉剥夺、感知综合障碍等都是其中的重要分类。有些患有感知障碍的儿童，在日常生活中很容易表现出多动的症状。比如，上课时经常东张西望，很容易因为一些细小的响动而分心，即使是一些自己感兴趣的事情，也不能静下心来认真完成。

2. 记忆障碍

记忆障碍最典型的特征就是记忆水平差，记忆的速度和效率都很低。另外，记忆缺损、记忆错误等都属于记忆障碍的类型。很多存在认知障碍的儿童，在记忆方面存在着机械记忆和序列记忆的问题，比如，无法记住一些无意义的字词、抽象概念，以及无法依照正确的顺序回忆起信息等。

3. 思维障碍

思维障碍主要体现为抽象、概括、判断、推理等过程的障碍。这些障碍出现的主要原因是思维能力受损，不能理解概念各个要素之间的关系，概念形成比较困难。在学习的过程中，习惯按照固定的模式思考问题，缺乏灵活性，无法运用逻辑思维分析问题，也不会从成功和失败中总结经验。

三、特殊儿童的认知发展及需求

广义的"特殊儿童"，是指除普通儿童以外的其他各类儿童，既包括智力超常儿童，又包括各类身心存在缺陷或障碍的儿童；狭义的"特殊儿童"，主要指那些身心有各种缺陷或障碍的儿童，通常被称为残疾儿童。本书中所讨论的特殊儿童，主要是指狭义的特殊儿童。就认知康复的需求对象而言，主要包括听力障碍（简称"听障"）、视力障碍（简称"视障"）、智力障碍（简称"智障"）、孤独症、学习障碍等身心障碍儿童及发展性障碍儿童。

（一）特殊儿童认知发展的特点

特殊儿童的认知发展有其特殊性，但也与普通儿童存在很多共性，具有整体共同的特征，主要表现在以下两个方面：一方面，就发展规律来说，特殊儿童的认知发展也是经历了由表及里、由浅入深、由局部到全面、由低级到高级逐渐发展的过程。例如就感知觉的发展而言，特殊儿童和普通儿童一样先从积累丰富的感官经验到逐渐发展出较强的感官辨别能力。再如思维的发展，特殊儿童也大致经历从感知运动思维到形象思维再到逻辑抽象思维的发展顺序。

另一方面，就发展条件来说，环境对特殊儿童的认知发展具有同样重要的作用。甚至对他们而言，更加需要良好的环境条件支持，特别是教育环境对他们的作用和意义尤为明显。如一些存在感官缺陷的特殊儿童，缺陷影响到他们对外界刺激信息的接收，造成了他们在加工处理某些信息时存在困难，这时良好的外部支持条件就可以在一定程度上补偿他们的这一缺陷。例如视障儿童的视觉缺失对他们认识空间方位造成了极大的困难，但是经过后天的系统训练，他们依然可以有很好的方位辨识能力。同样，即使是存在发展障碍的其他特殊儿童，其认知能力在后天良好的环境及教育条件下也会有较大的发展空间。

（二）缺陷及障碍对特殊儿童认知发展的影响

由于自身存在的缺陷及障碍，特殊儿童在与环境互动的过程中处于不利地位，他们对各类刺激信息的加工处理能力较普通儿童弱，这给他们的认知发展也带来了诸多不利影响。

1. 感官缺陷的影响

对感官缺陷儿童来说，缺陷造成的信息接收障碍会直接导致他们感知世界的途径发生变化，从而影响其认知能力的发展。比如在记忆方面，由于缺少语音信息的帮助，听障儿童对语言材料的识记和记忆保持效果较差，所以他们在背诵课文时常常会觉得枯燥无味，习惯于机械地进行识记；此外，听力的缺失导致语言发展的障碍，由此又会影响到听障儿童逻辑思维能力的发展，因此他们的抽象逻辑思维能力总体水平不高。对视障儿童来说，缺陷所带来的影响最主要体现在他们的感知特点上，由于视觉器官缺陷，听觉、触觉、嗅觉成了他们感知事物的主要途径。因为不能用视觉感知事物，所以这些孩子缺乏视记忆表象。感性经验的缺乏，也使得视障儿童的综合分析能力较差，抽象概括水平普遍不高，他们所掌握的概念内涵往往不够准确，概念外延也有扩大或缩小的现象。

但是，感官缺陷儿童在某些感官存在缺陷的同时，亦可能在其他感官方面发展出补偿性的能力。如听觉障碍儿童由于听力的缺失，生活和学习中必须依赖视觉获得信息，由此就会使得他们的视觉发展得特别敏锐。有研究发现，听障儿童视觉认知发展的速度较快，到小学四年级时已接近普通成人。视障儿童由于在生活和学习中更多地依赖触觉和听觉获取外界信息，因此发展了较强的触觉辨别能力和听觉辨别能力，能够在一定程度上做到"以手代目""以耳代目"。例如，视障儿童可以比普通人更灵敏地通过触觉判断金属薄片的厚度差别，辨认不同的金属材质；视障儿童在热闹的街头能够辨别出同伴的脚步声，而且过马路时也可以通过气流及声音判断汽车与自己的距离等。

2. 精神发育迟滞及发育性障碍的影响

特殊儿童中的精神发育迟滞及发育性障碍儿童，如智力落后儿童、孤独症儿童、多动症儿童、学障儿童或伴有智力障碍的多重障碍儿童等，在发育期间因各类生理或心理的问题而造成发展迟缓，功能受限，这会直接影响到认知发展的速度与水平。如智力落后儿童的思维水平往往长久地停留于直观、具体层面上，形象思维较好，抽象逻辑思维的发展却很困难。再比如孤独症儿童，他们在日常感知及观察中往往会不恰当地关注某些细节，而忽视掉观察对象的重要部分。他们的形象思维相对占有优势，具有较强的形象感受能力，但形象思维所依赖的表象比较贫乏、零碎，内容单调、刻板，再加上孤独症儿童的语言缺陷，所以其实际表现出来的判断推理、问题解决能力极其低下，理解概念困难，从而把握事物之间的关系有困难。

大量研究表明，精神发育迟滞及发育性障碍儿童在认知过程中存在各种缺陷，概括起来，主要表现在如下几个方面。

（1）注意力涣散，很难对学习任务或游戏保持注意力，经常无法集中注意力听别人讲话，逃避需要持久脑力活动的任务，易受无关的外部刺激的干扰。

（2）观察能力低下，缺乏有效的观察策略，观察效果差。

（3）记忆缺乏明确目的，识记速度缓慢，工作记忆容量小，记忆保持不牢固，再现不精确，缺乏有效的记忆策略。

（4）推理能力差，难以同时从多个维度对信息进行加工。

（5）在认知活动中，自我监控与自我评价能力较弱，缺乏良好的计划、系统组织及排序能力，同时处理多项任务有困难。

（三）特殊儿童的认知发展需要特殊条件的支持

特殊儿童由于其自身的特殊性，在促进其认知发展所需要的具体条件特别是教育条件方面会有一些不同于普通儿童的地方。如视障儿童由于无法通过视觉获取事物的直观信息，因此更多地依赖触觉来获取外界事物的大小、形状、材质等信息。因此在日常生活和教学中，我们应多向视障儿童提供实物或模型，让儿童通过触摸获得直观印象，以促进其认知发展。此外，视障儿童对空间方位的定向能力也需要通过专门的训练才能实现。

听障儿童对外界事物的认识更多地依赖视觉，加上言语的缺失影响到他们的抽象逻辑思维，他们对事物的认识往往仅局限于表面的直观印象，难以深入实质。为了促进听障儿童对抽象概念的理解，在训练过程中，既要加强直观信息的呈现，同时也要注意直观形象与抽象概括的结合。例如为了要让听障儿童理解"跌倒"的含义，不能像对健听儿童那样采取讲解的方法，最好的办法就是为其直观演示跌倒的动作，同时及时巩固抽象概念。

智障儿童由于记忆力差、理解能力差、学习抽象的知识很困难，因此促进其认知发展的教学方法应充分考虑他们的这一特点，制定适合他们认知发展水平的训练目标，在训练中既要加强直观的演示与操作，又要注意与抽象概念的及时结合。此外，在训练过程中还应采取"小步骤，多循环"的策略，即将其需要掌握的知识目标分解为一系列难度逐渐递增的小目标，加强指导，同时让其不断复习、巩固所学习的新知识，直至智障儿童能够掌握。

根据孤独症儿童的认知能力及社交能力特点，在教育训练中，要加强任务分解，多采取一对一的教学方式，训练过程多使用视觉材料呈现信息，加强提示，反复练习，重视强化物的运用，以此才能促进其认知能力发展。

以上列举了几类特殊儿童认知发展需要的特殊条件的支持，其他类型的特殊儿童的认知发展还有一些特定的条件要求，在此不一一赘述。值得注意的是，同一种类型的特殊儿童，由于障碍程度的不同，促进其认知发展的条件亦可能有差异。因此，在具体的教学与训练中，应针对特殊儿童的具体情况，制定个别化的训练方案。

儿童认知功能评估及康复

一、儿童认知功能评估

认知功能评估是评估者利用一定的工具或量表对儿童的认知能力进行测试，并根据测试结果和其他多方面的资料（如医学检查记录、日常观察记录、个人的生长发育史、个人病史、家族病史等），对受试儿童的认知特征、发展水平及存在问题做出评量及判断的过程。

（一）儿童认知功能评估的目的

评估是为了明确儿童存在并想要解决的问题。在儿童教育与康复领域，认知能力评估的目的主要是分析被评估者的认知结构，确定其认知能力所处的发展阶段及考察其认知发展水平的高低。

分析儿童的认知结构是认知功能评估的首要目的。在认知功能评估中，重点不在于评估儿童在认知任务上的成就水平，而在于评估儿童通过心理运算的方式来解决问题时的认知结构或过程。

确定儿童认知能力所处的发展阶段，是儿童认知功能评估的第二个目的。在普通儿童发展过程中多数认知能力发展阶段都有可以对应的年龄界限。在评估有身心障碍的儿童或青少年方面，能够帮助确认认知能力发展阶段的评估是很有吸引力的。在同一认知运作水平上，这些有身心障碍的儿童或青少年的年龄通常会超越正常对照者的年龄，所以可用相应正常对照者年龄阶段来表示这些儿童的障碍程度。

考察认知发展水平和潜能是儿童认知功能评估的第三个目的。这种评估有助于将障碍儿童从普通儿童中筛查出来，或作为该儿童的背景资料，用于解释其学习、适应和社会性等问题。也有一些评估工具可用于预测特殊儿童的认知发展潜能，以便为特殊儿童的认知训练效果做出合理预期。

（二）儿童认知功能评估的意义

对存在发展障碍儿童的认知能力进行评估，了解其现有的认知水平，并在此基础上进行有针对性的干预及训练，是儿童康复教育工作的重要组成部分，具有十分重要的意义。

1. 帮助教师和家长了解儿童的认知发展状况

在实际教育工作中，我们经常发现不少儿童由于各种各样的原因，其认知发展的总体水平低于同龄普通儿童。对于各类特殊儿童而言，他们的认知发展更是需要特殊的干预及条件支持。对这些儿童来说，其认知发展状况到底如何？有哪些认知能力是可以提高的呢？这都需要教师和家长借助一定的评估工具来了解，并在此基础上对其进行认知能力的训练和教学。只有经过类似的评估和后续有针对性的教学训练，才能为此类儿童的全面发展打下基础，促进每一名儿童在听觉、言语、语言、社会适应等方面都得到应有的发展。

2. 确定儿童的特殊需要，制订个别化的认知训练计划

一个好的认知能力评估工具不仅能够帮助教师区分普通儿童和特殊儿童，而且能够提供如何对各类特殊儿童进行认知训练的线索。这就要求我们对儿童的认知活动过程进行动态分析，揭示认知活动的本质，以确定这些儿童的特殊需要。

事实上，儿童认知功能评估的主要作用是为了能够分析出特殊儿童的缺陷所在，并帮助他们克服这些缺陷，并给这些儿童提供合适的教育训练对策，以促进他们的发展。所以特殊教育教师和康复教师应认识到，通过儿童认知能力评估发现问题、分析问题只是干预过程的第一步，能根据评估结果提供的线索，制订合理的认知训练计划或给出适宜建议，这才能体现认知功能评估的核心价值。

3. 监控认知训练过程，检验认知训练的效果

与听觉、言语和语言训练等有明显外在行为表现的训练相比，认知训练的效果可能更难以考察，因为认知能力高低除了会表现在基本概念和知识的掌握情况等方面以外，还涉及个体在抽象、概括、推理等一些内隐的、比较难以评估和观察的心理过程中的表现。

因此，对家长和教师而言，需要有较客观的方法来检验认知训练效果，否则就有可能不理解或低估儿童认知训练的作用。同样，对康复教师而言，如果不能将认知能力加以量化，就难以监控认知训练的过程，也无法确定各种认知训练方法的有效性。

二、儿童认知康复训练

（一）儿童认知康复训练的内涵

1. 什么是儿童认知康复训练

儿童认知康复训练是针对儿童的认知发展障碍及需求，依托一定的活动设计，有目的、有计划、有组织地对其施加影响，帮助其积累感性经验，改善认知功能的过程。认知康复训练的根本目的在于通过对个体注意、观察、记忆、想象、空间感知、逻辑思维等基本认知过程的系统干预，提升并改善儿童的综合认知水平，增强他们对常见事物的认识和感知能力，让他们能逐渐做到正确地认识外界事物，具备一些生活常识、自然常识等，并能做出恰当反应。在对儿童进行认知功能的训练时，应该以儿童的认知发展规律为依据，确定训练内容，设计活动形式。

儿童认知康复训练是基于神经心理学和认知理论的训练模式，其主要形式以参与式的活动为主。这种活动与常规的课堂教学活动在本质上有着明显的不同，它要求教师在一种轻松和谐的氛围中，通过游戏活动的形式激发学生的参与兴趣，引导学生通过自己的实际操作去发现问题、解决问题，从而达到积累经验、改善认知功能的目的。

2. 儿童认知康复训练的意义

各类特殊儿童认知发展规律与普通儿童相比，既有特殊的一面，也有共性的一面。由于多方面的原因，特殊儿童各项认知能力的发展可能相对滞后，但是仍依照一般的规律向前发展。采用科学与系统的认知康复训练方法，能使这些儿童的认知能力得到最大化的补偿与发展。

（1）认知康复训练是对儿童身心缺陷进行补偿的重要途径。

认知康复训练是对特殊儿童实施缺陷补偿的重要手段。而且，从教育康复的实践来看，认知发展的滞后是影响孩子整体康复效果的非常重要的因素。所以通过认知能力的训练，不仅可以提高儿童的综合认知能力，还可以提升儿童康复的整体效果及水平。

以听障儿童为例，在现实生活中，我们发现不少听障儿童在接受早期言语、语言训练后，虽然成功地进入普通小学，但成绩往往不尽如人意，不能达到基本的教学要求，最后还是不得不进入聋校。是什么原因造成这种状况的呢？除了听力和语言的因素外，我们认为更重要的是这些听障儿童在想象力、逻辑思维能力、分析和综合能力等基本认知能力方面与同龄健听儿童相比存在很大差异。因此，随着学习的知识越来越抽象，他们逐渐无法理解，从而导致成绩下降。这些现象往往都是由于在学前认知能力发展的关键期内忽略了对儿童这些能力的培养而导致的。心理学研究表明，3~5岁的学龄前儿童处于认知能力发展的关键阶段。因此，从特殊儿童最早期的康复开始，就要注重认知能力的训练，如果错过了发展关键期，就会对儿童的成功康复造成很大困难。

（2）认知康复训练是加快特殊儿童社会化的有效手段。

社会化是个体在成长的过程中，通过社会互动，逐步养成独特的个性和人格，从生物人转变成为社会人的过程，这一过程对个体的生存与发展是至关重要的。就特殊教育的终极目的而言，它是为了在最大程度上促进各类特殊儿童的社会融合，使他们能够真正地融入社会。但由于认知活动有缺陷、认识水平低，这些儿童参加社会实践活动受到限制，活动经验少，这直接影响了他们的社会认知能力的发展以及健康个性的形成，不利于其社会化的正常进行。甚至，有些儿童是非界限模糊、意志薄弱，容易接受暗示，容易受到别人的教唆而做出违法犯纪的事情。

通过认知能力的训练，可以提升儿童的认识能力、思维水平以及推理判断能力，增强他们的社会认知水平，使其在参加各类社会实践活动的时候少受限制，进而加快其社会化进程。

（3）认知康复训练是提升儿童的整体适应能力的有力措施。

认知能力训练与否，训练得是否得当，对特殊儿童的发展具有极大的影响。训练得好，能增强他们对生活的感知和认识，提高生活自理能力和与人交往的能力，甚至接受培训后可以从事某项社会工作，实现生活、生存的自立。反之，如果听之任之，随着年龄的增长，他们将出现愈加严重的情绪、心理及行为等方面的障碍，给社会、家庭增加更多的压力。

认知康复训练的研究与实践在我国尚处于起步阶段，但西方发达国家已积累了几十年的研究与实践经验。有关研究和康复训练的实践表明，认知康复训练越早越好，针对儿童具体的认知领域障碍进行康复认知训练，可以有效改善和提升儿童的认知功能和社会适应水平。

（二）儿童认知康复训练的服务对象

通常意义上来讲，认知训练适用于所有儿童。但由于身心障碍儿童认知发展的速度及水平普遍低于普通儿童，所以更有必要对其进行科学而系统的训练和干预。在儿童认知康复训练中，服务的对象主要是各类存在认知功能发展障碍的儿童，其中又以感官缺陷儿童和精神发育迟滞及发展性障碍儿童为主。虽然不同类型的儿童具有不同的心理特征及认知特点，导致他们具有不同的训练需求，但就认知康复训练的具体领域而言，训练内容及要领是相通的。

1. 感官缺陷儿童

感官缺陷儿童主要是指听障儿童和视障儿童。这些儿童由于感知功能或言语功能的障碍而导致认知发展的障碍，他们在信息加工、语言学习、思维发展、社会交往等方面往往难以或无法适应正常学校教育，需要通过特殊教育和训练促进他们的身心发展。

2. 精神发育迟滞及发展性障碍儿童

（1）智力障碍儿童。智障儿童又称弱智儿童，是指智力明显落后于同龄普通儿童的发展水平，而且在社会适应方面存在明显缺陷的儿童。根据智商高低，可以把智力障碍分为四类：轻度智力发展障碍（也称为可教育的智力落后）、中度智力发展障碍（也称为可训练的智力落后）、重度智力发展障碍和极重度智力发展障碍。

与普通儿童相比，智障儿童由于大脑发育受到不同程度的损害，因而在感知、注意、记忆、思维等诸多领域都表现出明显的差距，所以这类儿童是认知训练的干预主体，是认知康复训练的主要对象。

（2）孤独症儿童。孤独症是广泛性发育障碍的代表性疾病。患有孤独症的儿童往往表现出三大类核心症状，即社会交往障碍、交流障碍、兴趣狭窄和刻板重复的行为方式。他们缺乏主动与人交往的兴趣和行为，对社交常情缺乏理解，对他人情绪缺乏反应，而且在言语交流方面还存在明显障碍；该类儿童对普通儿童所喜爱的玩具和游戏缺乏兴趣，在认知方面存在明显障碍。

（3）学习障碍儿童。学习障碍也称学习困难或学习失能，它属于特殊性发育障碍的一类，国内外研究者有着不同但相似的界定。在我国，结合教育实际，人们普遍把学习障碍儿童理解为智力正常，但在学习上缺乏一般的胜任能力，学习效果低下，成绩明显落后于同龄儿童。多数学习障碍儿童存在轻度的生理或心理障碍，主要表现为信息加工效率低、缺乏必要的学习策略、学习动机水平低、焦虑水平高，常常表现出好动、注意力分散、记忆力差、思维缺乏条理、行动不协调、情绪不稳定等特征。还有部分学习障碍儿童可能在听、说、读、写及运算等方面存在明显的困难。

（三）儿童认知康复训练的主要形式

1. 教学训练

教学训练是认知训练的主要途径，也是一个传统的途径。教师依据一定的教学计划，设计好一个完整的教学方案，并事先准备好所有课上需要的材料，组织儿童在一定的时间内完成这个活动。一般是在教室中，以小组或集体教学的形式进行。有些内容也常常以个别训练的形式，由教师与儿童一对一地进行。

教学训练的主要特点是教师的控制性强，活动有计划、有目的，活动目标单一集中，活动进行的节奏明确而紧凑，教师对儿童的注意力较容易掌握。一些新知识及需要专门的教材、教具的知识等，通常是以这种途径教授给儿童的。

教学训练的主要局限性在于缺乏弹性。课堂教学一般要按照教案，在一定的时间内完成预先设计的教学计划。而特殊儿童的实际情况不像普通儿童那样较容易掌握，往往出现预期以外的情况，如儿童的水平、兴趣、学习状态等与预期的不符，教学活动难以按照计划进行等。因此在课堂教学中，不能单纯为完成教案而教学，也要保持适度的灵活性。一方面在设计教学方案时，要尽量将儿童出现的问题设想周全，并设计好解决的方法；另一方面一旦出现无法按计划进行教学的情况，不要被教案所束缚，要从儿童的需要和水平出发，即时调整计划，为这些儿童提供真正有意义的活动。

2. 日常生活训练

大部分普通儿童能够利用日常生活中合适的机会，如家居活动、自由游戏等，自然而然地应用他们在课堂上学到的知识技能，实现知识的迁移。但存在认知发展障碍的各类儿童知识迁移较困难，自发地将课内知识应用于新场景的能力比普通儿童弱。因此，成人要有意识地利用日常生活的各种机会，让儿童练习、复习与巩固学过的内容。

在认知康复训练中，许多学习内容与儿童日常生活知识密切相关，如物品的名称、特点、用途、分类等。为了便于儿童更好地掌握相关基础知识，顺利完成训练任务，教师或家长可有意识地在日常生活中对儿童加以训练，丰富其生活经验，积累相关知识。值得注意的是，这种训练方式最好是在自然状态下随机进行，避免将儿童丰富多彩的生活程式化与教学化，从而加重教师、家长和儿童不必要的负担。

（四）认知康复训练中的教师与儿童

儿童认知能力的发展是关键经验习得的过程，这个过程在很大程度上依赖于儿童的主动学习。按照皮亚杰的观点，正是这些经验的习得使得儿童产生了适当程度的认知结构上的不平衡，从而给认知的重新构建提供了动力。只有把教学看成一种儿童自主的身体活动和思维活动之间建立联系的活动时，儿童认知能力的发展才能得到最有力的支持。

所以，在针对各类儿童的认知训练过程中，既要发挥教师的主导作用，又要发挥学生的主体作用。教师的主导作用表现在按照儿童生理心理成长的规律及特点，制定教学目标、设计教学内容和教学方法，组织相应的教学活动，促进学生认知、个性的发展。这种活动与正式的课堂教学活动，有着不同的性质及要求。在认知训练活动中，对教师最贴切的描述应为他/她是学生经验习得的积极支持者。教师是以一个观察者和参与者的身份参与活动训练的，他们为学生在此环境中获得关键经验提供了可能性。

相反，在训练活动中，儿童应该是积极主动的。儿童要不断运用已有的知识去认识周围的环境和事物，并主动调整原有的知识结构，丰富和深化获得的经验。环境对儿童认知的发展是非常重要的，但他们不是被动地接受环境的影响，而是利用已有的认知结构和加工策略，从环境中选择对他们最有意义的信息。普通儿童是这样，特殊儿童亦是如此。所以，理想的活动设计在于能把外在的要求变成学生内在的需要，变"要我学"为"我要学"。教师应该通过各种形式的教学活动或游戏活动，积极鼓励学生主动去探索，从而促进他们的发展。

三、ICF 理念下的儿童认知功能评估与康复

（一）ICF 理念及其基本框架

2001 年 5 月，第 54 届世界卫生大会正式通过了《国际功能、残疾和健康分类》（International Classification of Functioning, Disability and Health，ICF），它从残障人群融入社会的角度出发，对个人的健康状态进行全面的分类。ICF 是一个健康及与健康相关因素的分类体系，除了身体功能和构造、活动与社会参与因素外，还纳入环境和个人因素，强调疾病、功能、个人和环境间的交互作用，并从正向的观点角度出发描述个人的健康状况。ICF 基于"生物—心理—社会"医学模式，为健康与残障的理解提供了新概念、新视角。ICF 整个系统结构齐全，内容完整，使用字母进行编号。其中 b（body functions）代表身体功能，s 代表身体结构（body structures），d 代表活动和参与（activities and participation），e 代表环境（environmental factors）。

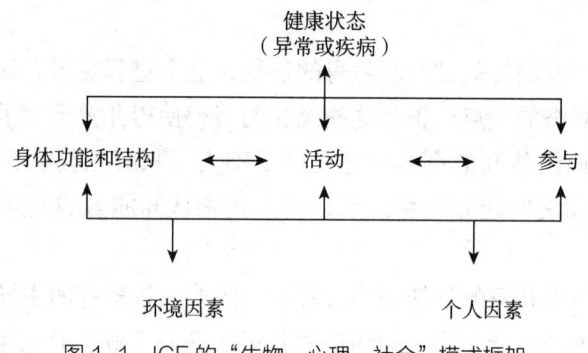

图 1-1 ICF 的"生物—心理—社会"模式框架

因儿童的发展特性与成人不同，世界卫生组织（WHO）又于 2007 年 10 月正式发布了 ICF 的儿童和青少年版（ICF-CY），该版本在 ICF 的基础上删减了不适用于儿童的众多项目，增加了 219 个描述儿童特有功能及环境相关的类目，包含了发展中儿童的认知、语言、游戏、性格与行为等特质。制定增加类目以相关的儿童发展和教育理论为指导，如皮亚杰的儿童发展理论、米勒的发展心理学理论、维果茨基的思维与语言理论、早期干预理论、环境理论等，使 ICF-CY 更具针对性和指导性，并为儿童健康的评估和干预提供了方法和工具。

ICF-CY 提供的框架基本分为两个层次，第一层次包含身体功能与结构的损伤情形，以及因身体、心理损伤所致的活动限制与社会参与限制，在功能与结构损伤类别下，再分别观察、测量活动和参与功能；第二层次则是指环境因素和个人特质这两种因素与障碍互动的情形。ICF-CY 的关键内容包括核心位码组、ICF-CY 各年龄层问卷、儿童身体（b/s）、学习（b1, d1）、对环境反应与适应（d2）、功能独立（d4-6）、参与（d7-9）、主要生活场所对上述功能的有利与有害环境因素等。

（二）基于 ICF 的儿童认知功能评估与康复

促进儿童发展是儿童康复的终极目标。在康复过程中，我们需要用明确一致性的描述和语言来准确表达发展中的儿童能力和需求。ICF-CY 最突出的价值就是提供了一种共同的、国际化的概念和语言体系，用以记录、描述、评估儿童与青少年的健康和机能。

ICF-CY 对儿童功能的各个方面都有明确且清楚的定义描述，但包含类目太多，临床应用面临诸多问题。我们不可能将这么庞大的编码数应用于描述特定疾病的残障结果，近年来，众多学者纷纷通过确定相关类目来开发特定疾病的 ICF-CY 核心组，目前已经对脑瘫、孤独症、天使综合征等疾病的核心组合进行了初步探索，ICF-CY 核心组合的研究将会进一步展开，并将会在儿童认知功能障碍的评估中发挥作用。就儿童的认知功能障碍来说，因为它是与大脑神经系统发育密切相关的异常，所以 ICF-CY 中 b1（精神功能）里面的多项条目与其高度相关，如智力功能（b117）、注意力功能（b140）、记忆功能（b144）、知觉功能（b156）、认知功能（b163 和 b164）以及语言精神功能（b167）等；在新增的活动和参与框架条目中，很多也与儿童的认知行为密切关联，如"经由物体之上行动而学习（d131）""获得信息（d132）""获得概念（d137）""引导注意力（d161）"等。

以 ICF-CY 作为参考构架，甄选有针对性的核心指标，我们可以对儿童的认知发展状况以及可能存在的障碍做出精准评估。华东师范大学黄昭鸣研究团队基于 ICF 的框架构建了中国言语嗓音、语言认知康复体系，其中认知功能评估是其评估体系的重要组成部分，包含了视觉、基础认知能力、保持注意力、短时记忆、长时记忆、视觉空间觉等条目。

ICF-CY 不仅可应用于评估，还可将 ICF-CY 贯穿于整个儿童认知康复过程中，使康复训练的过程更具有规范性、实证性和可比较性。ICF-CY 的相关条目可以成为康复干预的内容和依据，基于 ICF-CY 的认知康复训练应该包含四个环节：依据 ICF-CY 的内容框架和功能评估结果来制定康复目标、设计训练内容、监测改善及进步情况、评价康复结果。

第二章

认知康复训练的生理心理基础

脑是人类心理及一切高级行为的物质基础。自认知神经科学兴起以来，研究者就开始借助各种现代技术及方法对个体认知加工活动的内在机制进行探讨，试图揭示认知过程与大脑结构和功能特点等之间的关系，以及认知发展的神经机制，它们是认知功能康复非常重要的生理基础。心理学关于个体行为及认知发展的相关理论，如行为主义学习理论、皮亚杰的认识发展理论、维果茨基的儿童心理发展理论等，则为儿童认知康复训练的实践提供了有效的理论支持。

儿童认知发展的脑基础

PART 1
第 一 节

一、认知过程的神经生理基础

（一）神经元

神经元（neuron），又称神经细胞，是神经系统结构和功能最基本单位。神经细胞与人体其他组织器官的细胞不同，它具有特殊的构造和功能，具有极度的敏感性，可被输入刺激所激活，引起神经冲动，并进行传导。

神经元的大小、形状和功能各不相同，但在构造上基本由细胞体、树突和轴突三部分构成。细胞体是神经细胞的主体；树突是从细胞体周围发出的分支，多而短，呈树枝状，树突由此而得名，其功能是接收传入的信号；轴突是从细胞体发出的一根较长的分支，它的周围包以由髓磷脂组成的髓鞘；髓鞘具有绝缘作用，以防止神经冲动向周围扩散。轴突末端有许多分支状的球形小突起，称为突触小体，它的功能是将神经冲动传至另一个神经元。

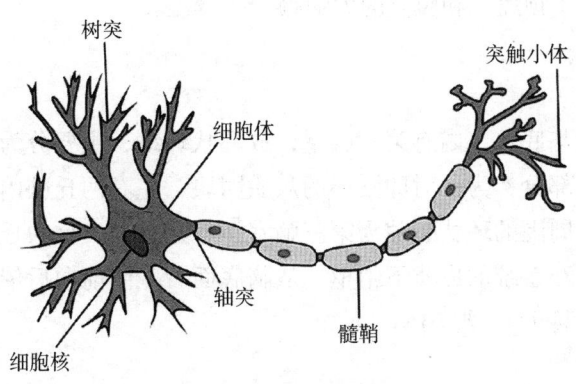

图 2-1　神经元的构造

在神经元之间，信息的交换是通过突触传递来实现的。突触传递仅使用两种基本机制：电传递和化学传递，分别通过电突触和化学突触来实现。电传递是通过缝隙连接（电突触）来实现的，电突触主要用来传递简单的、较快的去极化信号，通常不能传递抑制性作用或长时程的变化。化学突触更灵活，能产生更复杂的动作，具有可塑性。

化学突触能放大神经元信号，使突触前神经终末的小信号能变成一个大的突触后神经元电位。神经递质在突触传递中是担当"信使"的特定化学物质，简称递质。神经递质存在于脑、脊髓、外周神经，甚至某些腺体中。目前已经发现脑中存在着50种以上的神经递质，其中很多和人的认知加工活动密切相关，如乙酰胆碱、多巴胺等。乙酰胆碱与记忆活动有关，研究发现阿尔茨海默征患者记忆机能受损与乙酰胆碱的丧失有关。多巴胺与学习和注意有关，也与奖励和强化等动机过程有关。

（二）中枢神经系统

延伸阅读　神经递质

认知加工活动主要是中枢神经系统的功能。人的中枢神经系统由脑和脊髓组成，是人体神经系统最主体的部分。中枢神经系统接收全身各处的传入信息，经它整合加工后成为协调的运动性传出，或者储存在中枢神经系统内成为学习、记忆的神经基础。

特别是脑，它是人类一切高级行为的物质基础，是中枢神经系统的高级部分，大约由100亿～160亿神经细胞构成。脑位于颅腔内，向后在枕骨大孔处与脊髓相延续。脑可分为四部分：脑干、间脑、大脑和小脑。

1. 脑干

脑干由后向前依次分为延髓、脑桥、中脑。延髓：为脑干的末端，呈前宽后窄的楔形；延髓的腹侧有锥体、斜方体，其背侧分为闭合部和开放部。脑桥：位于延髓的前方，可分为基底部和被盖，基底部横向隆起，两端有三叉神经穿出。中脑：位于脑桥和间脑之间，内有中脑导水管；后端与第四脑室相通，前方与第三脑室相通，中脑导水管将中脑分为背侧的四叠体（顶盖）和腹侧的大脑脚。

2. 间脑

间脑前外侧接大脑的基底核，内有第三脑室，成环状环绕，主要分为丘脑和丘脑下部。丘脑：占据丘脑的大部分，为一对卵圆形的灰质团块，左右两丘脑内侧部相连断面呈圆形，称丘脑黏合块，周围的环状裂隙为第三脑室。下丘脑：又称为丘脑下部，位于丘脑的下方，是植物性神经系统的皮质下中枢，从脑底面看，由前向后依次为两侧视神经构成视交叉，灰结节（漏斗），乳头体。

3. 大脑

大脑是神经系统最高级的部分，由左、右两个大脑半球组成，两半球间有横行的神经纤维相联系。从内部结构看，主要包括大脑皮质、髓质和基底神经核等部分。

（1）大脑皮质：大脑半球被覆表面的灰质叫大脑皮质，主要由神经元的胞体构成。其分布于背面及前、外、后侧面，可分为前部的额叶、后部的枕叶（视觉区）、外侧部的颞叶（听觉区）、背侧部的顶叶（一般感觉区）。大脑皮质表面有很多下凹的沟（裂），沟（裂）之间有隆起的回，因而大大增加了大脑皮层的面积。

（2）髓质：皮质下是厚的白质，即大脑髓质。据构成的路径及其联系，髓质纤维束可分为三类——投射纤维、半球内的联合纤维和半球间的连合纤维。

（3）基底神经核：大脑内部在髓质中一些大的灰质团，称基底神经节或基底神经核，是大脑皮质下运动中枢，主要由尾状核和豆状核构成。

4. 小脑

小脑位于大脑的后下方，颅后窝内，延髓和脑桥的背面，可分为中间的蚓部和两侧膨大的小脑半球。

二、脑及神经系统的发育

脑及神经系统的发育要经历一个非常复杂的过程。在解剖学上，出生时的新生儿已具备了成人脑所具备的沟和回，但比成人的浅，在组织学上也已具备了大脑皮层的基本结构。出生后无论在解剖上还是在功能上又得到了迅速发展。具体地讲，自妊娠最后3个月至出生后2岁左右是脑发育最快的时期，也是最为关键的时期。

新生儿的大脑实质只有350 g重，占成年脑重的1/4；1岁时脑重达到950 g左右，是出生时的2.5倍。随着脑组织的发育，神经细胞的数量和长度也在不断增加，这就为幼儿提供了物质基础。但由于幼儿大脑发育不完善，神经细胞的兴奋和抑制过程很容易扩散并泛化，所以幼儿都比较易激动、易疲倦，精神也不集中、不稳定。

3～6岁时，幼儿的大脑细胞的数量不再增加，但细胞却在继续增大和分化，分支也不断加长、加深，这有利于神经元联系的形成。大脑半球的一切神经传导通路基本都完成了髓鞘化，身体在接受刺激后，可以快速、准确地由感官沿着神经通路传到大脑皮质高级中枢，所以儿童对外界刺激反应变得迅速、灵活、准确。这个阶段是人一生中智力发展的重要阶段，也是智力开发的最佳时期。

7～8岁的儿童大脑半球继续发育，脑重由6岁时的1 200 g增加到1 300 g左右，接近成人的脑重，同时神经细胞体积增大，细胞的突起分支变得更密，出现了许多新的神经通路。大脑额叶迅速生长，使儿童运动的正确性及协调性得到发展。由于大脑的发育，儿童大脑的抑制能力加强，对自己的行为、情感已能进行自我克制。儿童的行为变得更有意识，而且还能开始利用文字、图画来表达自己的意识，但这种能力还不太完善。

9岁以后，儿童的脑重量增加不多，这一时期主要进行着脑细胞内部的结构和功能的复杂化过程。神经的联络纤维在数量上大大增加，联络神经元的结构和皮质细胞结构功能在强烈地发展和形成着，这是联想、推理、抽象和概括的思维过程的物质基础，是大脑功能进一步成熟的标志。

三、认知发展与脑的关系

儿童青少年时期,个体经历着生理上的成熟发展,在大脑结构形态发生巨大变化的同时,其认知能力发展与大脑发育之间存在怎样的关系呢?随着认知神经科学的出现,研究者已开始借助先进的脑成像技术探讨儿童青少年认知能力发展与大脑结构发育和功能特点等之间的关系,这为揭示儿童认知发展的神经活动规律、正常和障碍群体的独特大脑神经结构等提供了重要启示。

1. 认知功能发展对应的脑区逐步专门化

个体出生后,随着认知的产生和发展,大脑的功能快速发展,在两三年内其功能的精细程度就接近成人的水平。[①]大脑神经解剖的研究结果表明,左侧大脑尤其是左侧颞叶脑区与个体言语能力密切相关,而右侧大脑多与空间知觉和音乐等认知能力相关,即存在认知能力发展对应脑区专门化的现象。随着先进的脑成像技术的出现与发展,研究者借助功能性磁共振(fMRI)等技术为认知能力发展对应脑区逐渐专门化的现象提供了新的证据。他们发现,在个体年龄增长和认知能力发展对应关键脑区不断变化的同时,与某一认知活动密切相关的脑区激活逐渐增强,或者与其不甚密切的脑区激活逐渐减弱,也即高级认知活动对应脑区激活逐渐集中,出现专门化的现象。[②]

2. 认知能力发展与大脑皮层发育成熟顺序具有一致性

已有研究表明,婴儿在1岁以前就已经具备视觉、听觉等感知能力并基本达到成人水平,而一些高级认知能力,比如问题解决能力,却要到五六岁左右才开始获得。[③]那么,与这些不同认知能力发展的先后顺序相对应,大脑结构发育表现出什么样的规律呢?研究发现,不同认知能力的发展顺序与其对应的大脑皮层发育成熟的顺序具有一致性。Gogtay 等(2004)对个体认知能力发展与皮层发育成熟的关系进行了分析,他们采用结构磁共振扫描技术对13名年龄在4~21岁个体被试的大脑皮层发育进行了长达数十年的追踪研究,并且每两年对被试的大脑皮层进行扫描一次。结果发现,主要的感觉皮层先成熟,然后才是顶叶外侧及其他区域,即与基本功能(比如感觉、运动)相关的脑区(感觉、运动皮层)早成熟,然后是与空间导向、语言发展和注意相关的颞顶叶联合皮层,最后才是与执行功能、注意以及协调动作相关的前额叶和外侧颞叶皮层发育成熟。

3. 认知能力发展与大脑结构的关系受到认知水平的调节

有研究表明个体认知水平与其大脑结构形态也存在相关,例如个体智力水平越高,

[①] 罗跃嘉. 认知神经科学教程 [M]. 北京:北京大学出版社,2006.
[②] 李艳玮,李燕芳. 儿童青少年认知能力发展与脑发育 [J]. 心理科学进展,2010(18):1700-1706.
[③] 陈英和. 认知发展心理学 [M]. 杭州:浙江人民出版社,2002.

其总脑体积越大，总脑灰质体积也越多。Shaw等人（2006）发现个体的年龄和智力水平共同影响智力与大脑皮层厚度，他们利用聚类分析法将307名儿童青少年分为一般智力组（IQ为83~108）、高智力组（IQ为109~120）和超高智力组（IQ为121~149），结果发现，三组被试的大脑皮层厚度随年龄增长都有显著下降，但是下降的时间点和速度不同：超高智力水平组被试既表现出了大脑皮层厚度的快速增加，也伴随着大脑皮层厚度的迅速降低；而一般智力组和高智力组被试在整个儿童青少年时期大脑皮层厚度并未出现显著的增加，同时下降速度较超高智力水平组被试都要慢。

认知训练与脑的可塑性

大脑结构和功能的可塑性是近些年来脑科学备受瞩目的领域之一，它涉及大脑通过训练和练习后自我重构的能力。在许多方面，正是因为脑的可塑性的存在，使得个体在最基本的层面上得以成长和发展。

一、脑的可塑性

（一）什么是脑的可塑性

所谓脑的可塑性（plasticity），是指脑可以被环境或经验所修饰，具有在外界环境和经验的作用下不断塑造其结构和功能的能力[1]。大脑皮层是可以被塑造的，生活中正常和非正常的经验都可能改变皮层的结构和功能。给经常练习小提琴的人的大脑做功能磁共振成像，会发现他们的大脑开发出很大一个区域用于映射他们的手指活动。这个变化的程度取决于他们平时练琴的数量和质量。尽管现在的研究技术还不清楚这些变化发生的具体过程，但足以证实这种明显变化的存在。

大脑能够发生变化，体现了神经系统的可修饰能力。这种可修饰能力是短期功能改变和长期结构改变的统一体，它有两个特点：使用依赖性和时间依赖性。使用依赖性脑的可塑性是人类神经系统的内在特性，能持续存在于人的一生，最典型的例子是人类新技巧的习得。大脑能随着环境的变化而变化，这是生长发育的结果，也是学习的结果。学习的过程使大脑发生变化，以便能恰当地实施新技能。从神经影像研究中发现，大脑的活动能力能够增加、减少和转移。这种变化是使用的结果，取决于重复的量，与扩充知识、有效学习和自动的过度学习有关。时间依赖性是指脑的可塑性的建立，需要一定的时间。研究发现，钢琴家长期手技巧的训练，"过度使用"大脑，脑产生的可塑性改变与其行为相关。大脑持续的长时间的可塑性的改变一般发生在复杂的技巧性的活动之后。

---

[1] 杨雄里. 脑科学和素质教育刍议 [J]. 教育理论与实践，2002，（2）.

（二）脑的可塑性的表现

脑的可塑性可以表现在脑结构的可塑性与脑功能的可塑性两个方面。脑结构的可塑性是指脑的结构与形态能够发生改变的特性；脑功能的可塑性是指脑的机能能够随着脑的结构与形态的变化而变化的特性。

1. 脑结构的可塑性

脑结构的可塑性表现在两个方面：一方面，从脑发展的角度来看，可塑性使得发展中的脑对环境具有敏感性以及适应性，从而在形态结构上从未成熟的脑逐渐发育成成熟的脑；另一方面，从动物研究来看，在环境和刺激的影响下，脑具有改变其结构与形态的能力。有研究者针对老鼠设计了三种类型的实验环境：丰富环境组、单调环境组、对照组。丰富环境组笼子里饲养多只大鼠，并备有各种玩具，如训练的轮子、转台和爬梯等，并定期更换；单调环境组笼子中仅养一只大鼠，没有玩具；而对照组的笼子环境介于两种环境之间。实验表明：丰富环境中成长的大鼠比单调环境中成长的大鼠脑皮层要厚6%。小于28天的幼鼠在丰富环境中生活8天，其皮层比其他组幼鼠增厚7%到11%。这些实验证明了学习与丰富环境的经验可以增加脑皮层的厚度。脑皮层厚度的增加与神经细胞的胞核面积和胞体增大、树突野扩大、突触数量增多、突触终端变大等有关。

2. 脑功能的可塑性

延伸阅读　两种可塑性

脑功能的可塑性体现为不同脑区的功能会受外界环境和刺激的影响而发生变化，包括人类在内的很多动物的大脑的发展都呈现出一个前进和退缩的过程。Rampon等人（2000）通过转基因技术剔除小鼠海马特定部位基因的遗传突变型，结果发现，小白鼠的学习记忆能力减退，而丰富的环境干预则可使其海马突触密度增加，树突棘增多，学习记忆能力增强。

对个体而言，大脑具有可塑性，功能是可以变化的，通过长期大量的重复训练，大脑未损伤的部分，可以替代损伤部分的功能。在空间认知方面，斯缔勒斯等人（1998）运用建构任务测查了损伤初期、3~4岁以及入学后的儿童的空间认知能力的发展。结果发现，在建构任务中，他们开始都存在着明显的缺陷，但随着年龄的增长，其成绩有所提高，最终与正常儿童不存在显著差异。

（三）条件反射与脑的可塑性

神经系统的基本活动模式是反射，而实现反射的结构基础是反射弧。反射弧是神经回路的基本模式，它由感觉神经元、中间神经元和运动神经元，以及它们之间的神经联系组成。20世纪初，巴甫洛夫首先发现条件反射，并提出无条件反射和条件反射的分类。无条件反射是先天固有的，具有固定的神经回路；而条件反射是后天经过训练形成的，是在无条件反射基础上建立起来的。由于建立了众多条件反射，动物和人才能有效地维护自己的生存，精确地维持机体与内外环境之间的平衡。

因此也可以说，条件反射是动物和人对来自内外环境刺激的一种适应性反应。有了条件反射这种活动方式，动物和人也就有了更强的适应能力[①]。脑拥有大量的神经回路，虽然有一些基本的回路是相对固定的，但大多数神经回路是可塑的，这是脑内神经回路的重要特征。为适应内外环境的各种变化，脑必须做出相应的反应，建立新的神经回路，或改变原有的神经回路。由此可见，神经回路的可塑性对脑执行各种功能是至关重要的。从某种意义上说，脑的可塑性也就是神经回路的可塑性。

二、认知康复训练与脑的可塑性

受学习、训练以及经验等因素的影响，大脑皮层会出现结构的变化以及功能的重组，而在儿童青少年时期，个体认知能力迅速提高，其中枢神经系统的可塑性也最强。

练习和训练可以改变大脑皮层厚度等结构形态，也即出现大脑结构上的可塑性。Haier 等人（2009）对处在青春期的女生进行为期三个月的视觉空间问题解决的计算机任务训练，并分别在练习前后对被试进行磁共振成像（Magnetic Resonance Imaging, MRI）扫描，结果发现，这些被试的大脑 BA6 和 BA22/38 区皮层厚度显著增加。同样，功能性磁共振成像结果也表明练习和训练可以促使大脑活动模式发生变化，也即出现大脑功能的可塑性。Koelsch 等人（2005）对 10 名接受不同强度音乐训练的儿童在不规则弦音刺激下的大脑活动模式进行研究，他们将儿童分为没有接受过音乐训练的儿童组、接受中等强度音乐训练的儿童组和接受过度音乐训练的儿童组，结果发现，音乐训练与额叶岛盖和颞上回前部的脑区激活增强相关，也即接受音乐训练的时间越长，对应额叶岛盖和颞上回前部的脑区激活越强。

认知训练能够有效改善儿童神经认知发育障碍的认知功能。基于心理语言学的认知辅导训练常用于干预阅读障碍儿童。在一项干预研究中，语言教师对发展性阅读障碍儿童进行连续 8 天的形—音对应辅导，包括系统的语音意识和编码策略辅导，发现能够显著提高阅读障碍的阅读准确率，并且行为的改善能够持续 1 年以上。同时，脑成像方面检测发现被试的布洛卡区和颞顶联合区的大脑激活增强。有研究者使用数字运算游戏干预发展性计算障碍儿童，经过 20 小时的训练，患者的计算成绩接近正常对照组，言语工作记忆成绩显著提高，同时前额叶和顶叶的激活显著降低。

---

① 梅镇彤. 学习和记忆的神经生物学 [M]. 上海：上海科技教育出版社，2001：

三、脑的可塑性对认知康复训练的启示

1. 充分利用大脑的可塑性，重视早期教育

人脑大约有140亿个脑细胞，而经常处于活动状态的只占总数的8%左右。因而从理论上讲，大脑具有极强的可塑性。有关大脑可塑性的研究也表明，在个体发展的生命全程中，大脑都具有一定的可塑性。因而要充分利用大脑的可塑性，最大限度地开发大脑的潜能。但是，在个体发展的不同阶段，大脑的可塑性并不一样。脑的不同功能的发展有不同的关键期，某些能力在大脑发展的某一敏感期最容易获得，此时相应的神经系统可塑性大，发展速度特别快，错过了这段时期，则可塑性与发展速度都受到很大影响。一般来说，大脑可塑的关键期集中在童年阶段，此时大脑的可塑性较强，进行教育或干预的效果最佳。

2. 提供丰富而适宜的教育环境，全面开发脑的潜能

认知神经科学以及有关大脑可塑性的研究表明，大脑正是因为受环境及刺激的影响才产生可塑性的变化，因而环境和刺激在大脑可塑性方面起着十分重要的作用。就环境本身而言，其对大脑的影响有时是积极的，有时则是消极的。因而要大量提供和创设有利于大脑潜能开发的适宜教育环境，同时要尽量避免诸如经验剥夺以及忽视等对个体发展不利的经验对大脑的消极影响。另外，大脑的不同功能区域都具有极强的可塑性，同时还存在跨模块的可塑性，因而提供和创设丰富的教育环境，不仅可以加强神经元之间连接的强度，而且可以诱发跨通道的神经网络层面的可塑性，这样才能达到全面开发大脑的目的。

3. 寻求脑可塑性与康复训练的最佳结合点

如前所述，多种因素会影响大脑的可塑性，年龄是影响大脑可塑性的一个很重要的因素。一方面，在个体发展的不同阶段，可塑性是动态变化的；另一方面，就大脑各脑区的发展而言，它们并不是同步的，因而不同脑区在不同的时间其功能活性以及可塑性本身也不一样。就训练或强化而言，训练或强化的类型、强度、持续时间、训练或强化与所期望的行为的关联程度等都会影响大脑的可塑性。所以，在进行认知康复训练的过程中，制订相关方案或干预措施时，必须要综合考虑影响大脑可塑性的这些因素，才能加强教育的针对性和实效性。

认知康复训练的心理学基础

儿童认知功能康复训练是一项科学系统的工程，不仅具有生理学基础，而且也具有坚实的心理学理论基础，这主要涉及个体学习及认知发展的相关理论，如行为主义学习理论、皮亚杰的认识发展理论、维果茨基的儿童心理发展理论等。明确这些理论的基本思想，有助于我们在实践中更好地把握特殊儿童认知训练的内涵和实质，从而更加科学地制订实施方案。

一、行为主义学习理论

（一）基本观点

行为主义学习理论又称刺激—反应理论，是当今学习理论的主要流派之一。20世纪初由美国心理学家华生所创立，在赫尔、桑代克、斯金纳、班杜拉等人的推动下，先后经历了老、中、新三代，在心理学界占据统治地位达半个世纪之久。

该理论认为，人类的思维是与外界环境相互作用的结果，即形成"刺激—反应"的联结。行为主义学习理论的一个最基本的假设是，行为是学习者对环境刺激所做出的反应。他们把环境看成刺激，把伴而随之的有机体行为看作反应，认为所有行为都是习得的。环境决定了一个人的行为模式，无论是正常的行为还是病态的行为都是经过学习而获得的，也可以通过学习而更改、增加或消除。行为主义学习理论的创始人华生认为，行为就是有机体用以适应环境刺激的各种躯体反应的组合，有的表现在外表，有的隐藏在内部。在他看来，人和动物没有什么差异，都遵循同样的规律。

在早期行为主义理论的基础上，斯金纳（B. F. Skinner）提出了行为的强化理论，他以学习的强化原则为基础来理解和修正人的行为。所谓强化，从其最基本的形式来讲，指的是对一种行为的肯定或否定的后果（报酬或惩罚），它在一定程度上会决定这种行为以后是否会重复发生。斯金纳认为，人或动物为了达到某种目的，会采取一定的行为作用于环境。当这种行为的后果对自身有利时，这种行为就会在以后重复出现；而不利时，这种行为就会减弱或消失。人们就是用这种正强化或负强化的办法来影响其行为后果，从而修正其行为的。这一理论用于儿童的学习活动中，斯金纳提出了由主动参与、及时反馈、小步前进等程序所组成的程序教学法。

班杜拉（A. Bandura）是后期行为主义的典型代表人物，他所提出的社会学习理论属于社会认知理论的范畴。该理论着眼于观察学习和自我调节在引发人的行为中的作用，重视人的行为和环境的相互作用。班杜拉认为行为习得有两种不同的过程：一种是通过直接经验获得行为反应模式的过程，班杜拉把这种过程称为"通过反应的结果所进行的学习"，即我们所说的直接经验的学习；另一种是通过观察示范者的行为而习得行为的过程，班杜拉将它称之为"通过示范所进行的学习"，即我们所说的间接经验的学习。班杜拉的社会学习理论所强调的是这种观察学习或模仿学习。在观察学习的过程中，人们获得了示范活动的象征性表象，并引导适当的操作。

（二）对认知康复训练的启示

行为主义学习理论强调环境和教育对儿童发展的影响，否认遗传的作用，这是片面的。但其基本思想开创了将学习原则应用于个体发展领域的先河，为儿童能力的开发奠定了客观基础，同时也使我们看到，在训练过程中要特别注重环境及刺激的创设，方可起到实效。斯金纳的行为发展观虽然也有局限，但他提出的程序教学法对我们今天的训练仍有重要的启示意义，即在对特殊儿童进行认知康复训练的过程中，要遵循由低到高、由易到难、循序渐进、量力而行的原则，要根据儿童的实际表现及时调整训练策略，要注重对儿童积极行为的正向强化、及时反馈。班杜拉的学习理论开辟了行为主义的新纪元，启示我们可以更多地通过一些示范、模仿去对特殊儿童进行训练，通过间接经验的获得促进儿童认知能力的提升。

二、皮亚杰的认知发展理论

（一）基本观点

皮亚杰（J. Piaget）是当代最著名的心理学家之一，他所创立的发生认识论被认为是对儿童认知发展做出的最好解释。在皮亚杰的理论中，他关注的是儿童出生后如何从一个没有任何经验、思维和语言能力的个体发展为具备成熟的思维和丰富的知识经验的人。

皮亚杰认为，认知发展的实质，就其外部功能而言，是主客体相互作用中主体对客体（环境）的能动适应；而就其内部结构而言，认知发展的本质是认知结构不断建构的过程。皮亚杰将生物学的观点引入对人类认知发展的研究中，将认知发展视为有机体适应环境的一种方式。儿童刚出生的时候，无知亦无能，伴随着认知能力的发展成熟，儿童开始具备了认识客观世界的能力，懂得遵守社会规则，掌握了谋生的本领，从而能够独立有效地在世界上生存。认知发展的这种适应功能亦可在特殊儿童的发展中得到一定的验证，如智障儿童、孤独症儿童，由于其认知能力发展的缺陷，其适应社会、独立生存的能力亦有显著的缺陷。

皮亚杰采纳结构主义的观点，将认知看作一种结构。这种结构的最基本单元称为格式。皮亚杰认为，主体适应外部环境的方式，或者说认知结构获得发展的机制主要有两种：同化与顺应。简单来说，同化就是利用已有的知识经验来解释现实或解决问题；而顺应就是吸收新的知识经验或调整原有的知识经验以适应新的环境需要。同化与顺应不是相互独立的两个过程，而是相辅相成的两个方面。如果一个人只有同化，没有顺应，就无法学会新的知识；而如果只有顺应，没有同化，就会无法巩固旧的知识。只有同化与顺应取得平衡时，才能最有效地适应世界。在儿童认知发展过程中，同化与顺应总是处于动态的平衡过程中，没有绝对的平衡，只有相对的、动态的平衡。①

皮亚杰指出，影响儿童心理发展的因素，主要有成熟、经验、环境和平衡。他把儿童的思维发展分为四个阶段：感知运算阶段、前运算阶段、具体运算阶段和形式运算阶段。这四个阶段中的每一个阶段都在为下一阶段做准备，由于个体差异、环境、教育方面的原因，特定阶段的发展可能提前或滞后，但是发展的顺序是不变的。

（二）对认知康复训练的启示

皮亚杰所提出的关于儿童认知发展的理论对教育实践具有重大的贡献。皮亚杰认为，知识的获得是儿童主动探索和操纵环境的结果，学习是儿童进行发明与发现的过程。他还指出，教育的真正目的并非增加儿童的知识，而是设置充满智慧刺激的环境，让儿童自行探索，主动学到知识。这意味着我们在教育训练中要注意发挥儿童的主体性，不要把知识强行灌输给他们，相反，要设法向儿童呈现一些能够引起他们的兴趣、具有挑战性的材料，并允许儿童依靠自己的力量解决问题。

皮亚杰认为，认知发展是呈阶段性的，处于不同认知发展阶段的儿童其认识和解释事物的方式与成人是有区别的。因此，应了解并根据儿童的认知方式设计教学，如果忽视儿童的成长状态，一味按照成人的想法，只会给儿童带来压力和挫折，让他们感到学习是一件痛苦而不是有趣的事，从而扼杀了儿童学习的欲望与好奇心。另外，皮亚杰对认知发展阶段的划分是以个体认知方式而非年龄为标准的，他指出个体认知发展的速率是不同的，有快有慢，并不是同样年龄的儿童其认知水平就是相同的。这对特殊儿童的教育而言更具有现实意义，在教学中教师要切实注意个别差异，做到因材施教。

---

① 张兴春. 教育心理学 [M]. 杭州：浙江教育出版社，1998：87-88.

三、维果茨基的儿童心理发展理论

（一）基本观点

维果茨基（1896—1934）是苏联早期一位才华横溢的心理学家。他主要研究儿童发展与教育心理，着重探讨思维和语言、儿童学习与发展的关系问题。他所创立的文化历史发展理论不仅对苏联，而且对西方国家的心理学都产生了深远的影响。

维果茨基认为，个体的心理机能有两类：一类是低级心理机能，另一类是高级心理机能。所谓的心理发展，就是指一个人的心理在环境和教育的影响下，在低级心理机能的基础上，逐步向高级心理机能转化的过程。维果茨基强调，所有高级心理机能的形成都源于与社会的互动。人从出生时就是一个社会实体，出生后亦无时不处于社会文化的影响中，一定的社会文化环境和教育的影响是人形成人所特有的意识的必要条件，且社会文化历史条件也制约着个体的心理发展水平。此外，维果茨基还强调语言这种精神生产的工具在心理发展过程中的重要性。他认为，儿童在与成人的交往过程中实现高级心理机能的发展，是以语言这一精神生产工具的掌握为中介的。语言的掌握可以极大地提高儿童与他人间传递知识与经验的效率，同时可以为儿童提供在头脑内部进行思考与调节的工具。维果茨基认为，特殊儿童与正常儿童一样是按照这个规律来发展的。特殊儿童在某些方面有弱点，但在其他方面也有补偿的优点。对于成人来说，要以平常心去对待特殊儿童，重在基于他们优点上的教育而不是缺陷上的教育，特殊儿童有自己独特的自我规范的方式，成人要对他们施予适宜的帮助。

关于教学与发展关系的论述是维果茨基理论体系中的重要内容之一。维果茨基认为，教学和发展具有复杂的动力制约关系。合理、科学的教学过程是心理发展的源泉。基于这一观点，他提出了"最近发展区"的概念。所谓"最近发展区"，就是儿童现有发展水平与在他人指导或帮助下，通过模仿和自己的努力能够完成任务的水平之间的差距。儿童心理发展的机制总体上表现为从最近发展区向现有发展水平的转化。[①]

在维果茨基的理论中，还强调教学必须考虑到某一发展时期对于一定教学的敏感性，即要把握儿童的最佳学习时期。只有当儿童在自己的发展中达到一定的成熟程度时，一定的教学才有可能进行，这是教学的最低界限，这个界限以下的教学是无效的或者是低效的。传统教学对教学最低界限的认识走向了极端，即承认了教学最低界限的同时也认为教学不得超越这个界限，把教学仅仅定向于儿童能够独立做到的一切。例如在智障儿童教育中，因为智障儿童不善于抽象思维，就片面地强调对这类儿童的教学应该建立在直观教学的基础上，从而在教学中排除一切与抽象思维有联系的内容。实践证明，这种教学方法不但无助于智障儿童弥补他们的这一缺陷，反而巩固了这一缺陷。

---

① 余震球. 维果茨基教育论著选 [M]. 北京：人民教育出版社，2005：388.

（二）对认知康复训练的启示

维果茨基的理论重视个体本身的积极作用，强调文化情境的作用，指出儿童的心理发展既是个体的又是社会的，个体的知识建构过程是和一定的社会文化条件密切相关的。这一思想在心理学界独树一帜，具有极为重要的理论价值，对当下的儿童教育产生了深远的影响。

维果茨基提出了"最近发展区"和"最佳学习期"的概念与思想。这些概念对正常儿童、特殊儿童智力及人格发展的状况、速度和前景的诊断具有非常重要的意义，使人们对儿童教学和发展的相互关系问题有了新的认识，并有可能按照新的方式理解各种缺陷的诊断、补偿和矫正的问题。维果茨基强调教学在发展中的主导性、决定性地位，揭示了教学的本质特征不是在于训练和强化已经形成的内部心理机能，而在于激发、形成正处于成熟过程中而又未完全成熟的心理机能，这种观念对教育教学改革也产生了极其深远的影响。

在针对认知康复训练的具体过程中，维果茨基的理论及思想也具有重要的指导价值。通过对特殊教育需要儿童的诊断性评价，可以查明儿童现有的知识水平、能力发展状况以及学习上的特点、优点与不足之处，从而更好地组织教学内容、选择教学方法，以便对症下药、因材施教；通过对儿童的形成性评价，可以使教师及时获得反馈信息，从而更好地改进教学过程，提高教学质量。应该说，当前这些常规性的措施及做法都来自于维果茨基的思想。

第三章 儿童认知功能的评估

在认知功能康复训练中，认知功能评估是非常重要的一个环节。通过评估，我们不仅可以全面地了解儿童的认知发展状况及有关情况，还可以为训练计划的制订、康复效果的评估，以及过程性的管理等提供依据。围绕这一主题，本章主要介绍了儿童认知功能评估的方法、步骤、基本原则和常用的评估量表，并结合神经电生理学的进展，对相关的测评方法进行了简单介绍。

儿童认知功能评估的方法及原则

认知是人对外界客观事物的认识，涉及感知觉、注意、记忆、理解、判断、推理以及概念形成等基本的心理过程，其中任何过程的缺损均会引起认知功能障碍。我们尽管能从概念上把认知和动作、语言等其他范畴区分开来，但认知却主要是通过动作行为和语言输出的形式表现出来的。所以儿童认知功能评估主要是通过对儿童动作、行为、语言的观察以及标准化测评工具的运用，对儿童的认知状况做出功能性诊断的过程。认知功能评估有助于分析被评估者的认知结构，确定其认知能力所处的发展阶段，为后续康复训练计划的制订以及康复效果评定提供依据，所以尤为重要。

一、儿童认知功能评估的方法

儿童认知功能评估就其评估方式而言，包括直接评估和间接评估。直接评估是通过给予被评估者一定的任务，观察他们在任务中的表现，然后进行评估的方法；间接评估则是通过问询被评估者或者与其亲近的人来获取被评估者的相关信息，在此基础上进行评测的方法。尽管直接评估比间接评估更可靠，但间接评估受躯体功能的影响较小[1]，这对某些具有运动功能障碍的儿童显得更为重要。

儿童认知功能评估的方法多种多样，目前常用的方法有观察法、调查法、标准化测验法、顺序量表法和质性取向评估等。此外，游戏作为一种替代方法，也可以成为认知能力的评估方法[2]。

（一）观察法

我们可以用观察法对儿童的认知功能进行评估，这是一种直接评估的方法。观察法是评价者根据评估对象和评估指标的内涵要求，有目的、有

---

[1] 陈立典.认知功能康复学[M].北京：科学出版社，2018：102.
[2] 王辉.特殊儿童教育诊断与评估[M].南京：南京大学出版社，2007：256.

计划地直接在自然状态或控制条件下观察被评估者的行为并获取信息资料的过程。观察法是直接了解被评估对象的认知行为的最好方法，如儿童认知发展的重要途径是通过对物体的操作和摆弄，那么我们可以通过观察儿童的日常动作行为，以及儿童在摆弄一些物品时的操作行为来获得相关信息。为了提高观察的可靠性和精确度，我们一方面可以使观察经常化，尽量在自然状态下获取评估对象的资料，并做好有关情况的记录，使评估所用的资料更全面；另一方面可采用等级量表的方式（见表3-1），以提高评估的精确度。

表 3-1 等级量表

评定项目 \ 等级	优	良	中	差

观察法可以根据不同的标准划分为不同的类型。在特殊儿童认知能力评估中，我们可以把观察法分为系统观察和非系统观察两大类。

（1）系统观察：观察者有目的、有计划地观察和记录被观察者在自然情景中的一个或多个已经准确定义了的行为。

（2）非系统观察：观察者只需注意被观察者在自然情景中的表现，对其重要的行为、特征及背景做一些记录即可。

观察法可以用来确定经由正式测验或非正式测验所取得的结果是否属实，补充正式测验所缺乏的内容和材料。较之其他方法，观察法操作简单易行，获得的材料更真实。但是，这种方法也有一定的局限性。对儿童的观察一般是很费时间的，观察越细致，花的时间就越多。有些时候，观察结果也可能是不准确或不全面的，例如，有些观察者把自己的主观感受当成事实记录下来；有些观察者只关注自己期望看到的东西，对自己没有估计到的行为则注意不够。

（二）调查法

调查法是通过和儿童、家长、老师及相关人员之间的交流、问卷调查和资料查阅等，获取有关儿童身心发展的信息，如家庭教育环境、学校表现（如师生关系、伙伴关系、学习态度、学业成绩等），个人习惯，兴趣爱好等。在特殊儿童认知功能评估中，对家长或其他相关人员的调查也非常重要，因为通过他们得到的调查结果涵盖了儿童活动的多个方面，可以为儿童的认知功能评估结果找到更多的佐证。

在开展调查活动时，要求目的明确，准备工作充分，如制作问卷表、列出谈话提纲等。由于调查容易带有主观性，掌握的情况也可能不全面，其结果常有误差，因此要认真分析调查资料，并且只能将该方法作为一种辅助方法。

（三）标准化测验法

标准化测验法在儿童的认知发展评估中运用很广泛。对于儿童认知能力的评估，传统上采用的主要是标准化测验法。测验是运用测量理论和方法编制出标准化的量表，用以对评估对象进行考量，获取评估信息。

标准化测验是专业人员按照严格的程序和要求进行的测验，一般分为常模参照性测验和标准参照性测验。常模参照性测验主要目的是把被试的测验结果同常模进行比较，从而判断被试在所属团体中的相对位置。很多心理或教育测验都是常模参照性测验，如斯坦福—比纳智力测查量表、学前儿童智力测验等。其优点是能在同一时间内用同一试卷测验众多的对象，收集到大量可供比较的资料，不仅简便易行，而且具有常模，评分客观准确，结果较可靠，常用于鉴别或筛选具有某类特征的被试或显示被试在常模团体中的相对地位。而其缺点是只能表明儿童在群体中的相对水平，而不能说明儿童掌握知识的情况及对测验分数做出明确的解释，施测时间一般比较长，而且此类测验的编制比较难。

标准参照性测验是在一定的行为领域，按照具体的行为标准水平对被试的测验结果做出直接解释的测验，它为人们提供了有关被试是否达到某种行为标准水平或要求的信息。它的优点是能对儿童进行详细的评估，能诊断儿童在某个方面的缺陷，能显示儿童对某个项目的掌握情况，能证明儿童所达到的掌握水平。而其缺点是不能反映被试在同龄被试中的相对水平，难以用简短的方式来解释测验结果，而且测评的内容范围一般比较狭窄。

（四）顺序量表法

我们可以使用顺序量表来对儿童的认知功能进行评估，即以项目间的层级关系为基础来选择认知项目，某一认知领域的项目是依据难度水平进行选择和排列的，是否进入到下一个项目或能力水平，则取决于儿童是否掌握了前一个项目。顺序量表与传统评估不同，它通过采集儿童某一特定认知领域内的资料信息，可以就该儿童的具体认知能力提供更具描述性的信息，有利于研究者确认儿童所能达的最高认知标准，如婴儿发展心理量表（Infant Psychological Development Scales, Uzgiris & Hunt, 1975），该量表代表着某种将发展理论框架用于认知评估的途径。作为顺序量表就意味着他们认为早期认知能力包含着从低功能向高功能水平的变化。顺序量表对发展状况的了解是通过注意儿童在量表上通过的最高级项目而获得的，它在多数情况下并不涉及年龄范围或等值。[1]

---

[1] 方俊明.特殊需要婴幼儿评估的实践指导[M].上海：华东师范大学出版社，2005：128.

（五）质性取向评估

质性取向评估的目的在于分析发展的阶段和本质，而不在于比较儿童与常模组的成就表现[①]，主要包括实作评估、动态评估和课程本位评估（即以课程内容为参照）等方法。其中，实作评估是以观察和专业判断来评估学生学习成就的评估方式（Stiggins, 1987）[②]，它与实际制作、运用和行为有关，着重于考察所学所知在具体的成果以及应用过程中的表现，也着重于启发高层次能力以及考察思考过程和逻辑推理程序。动态评估是指教师以"测验—介入—再测验"的形式，对儿童的一般认知能力或特定学科领域进行持续性学习过程的评估，借此了解教师介入与儿童认知之间的关系，以及儿童认知发展的可修正程度，确认儿童所能发展的最大学习潜能，并诊断学生学习错误的原因，从而提供处方性信息，来进行适当的补救教学。课程本位评估是以实际上课的课程内容为依据，来评估儿童技能发展的评估程序，它能给施教者提供快速而有效的信息，可以让教师根据儿童目前的课程表现来决定他们的教学需要。如《卡洛莱纳特殊需要婴儿和学步儿课程》（第二版）(Carolina Curriculum for Infants and Toddler with Special Needs, Second Edition; Johnson-Martin, Jens, Attermeier & Hacker, 1991)涵盖了儿童在 24 个月内的所有发展领域，对有关认知技能进行了较全面的评估。课程性评估旨在确定儿童的功能性水平，以根据儿童能力变化而改变教育与训练内容。[③]

二、儿童认知功能评估应遵循的原则

评估原则是在实践中总结出来的，能使认知功能评估的过程更能达到预期目的。认知功能评估原则反映了认知评估的规律，是用来指导认知评估工作的基本要求，也是衡量认知评估是否科学而有效的主要标尺。为了避免认知功能评估工作的盲目性、随意性，儿童认知功能评估应遵循以下一些基本原则。

1. 评估与训练相结合

儿童认知能力评估的根本目的是全面了解该儿童的认知发展水平，为制定和调整训练计划提供依据，使训练过程更符合儿童的发展需要。评估工作都是紧紧围绕了解该特殊儿童、促进特殊儿童发展这一总目标而展开的。为了达到这一目标，儿童认知功能评估与其持续的训练过程要紧密结合。具体来说，评估者应时刻意识到：评估是为训练服务的；评估应被安排在不同的训练阶段；渗透在不同训练阶段中的评估都应目的明确、内容具体，以更好地观察与了解该儿童认知发展的过程。

[①②] 王辉. 特殊儿童教育诊断与评估 [M]. 南京：南京大学出版社，2007：117，392.
[③] 方俊明. 特殊需要婴幼儿评估的实践指导 [M]. 上海：华东师范大学出版社，2005：396.

2. 认知能力评估与其他能力评估相结合

对儿童认知能力发展水平进行评估时，要通过多种途径广泛搜集有关信息，从而对涉及儿童认知发展的各方面情况进行全面的价值判断。评估时，既不能只对发展的个别方面进行评估，也不能只运用一种方法搜集评估信息，以避免形成以偏概全的判断。

由于个体的认知能力本身是综合的、立体的，它与其他各种心理能力交织在一起，具有现实的鲜活性和一定复杂性，也由于同一个孩子在不同情境、不同任务中所表现的认知水平可能有很大的不同，因此应该考虑把认知能力评估与其他心理能力评估结合起来。通过一些相关能力评估任务的实施来反映被评估者某方面的认知能力。在评估过程中，还应记录被评估者测试时的状况，了解其平时在家庭和学校（幼儿园）环境中的表现等，以帮助教师科学地对评估结果做出评价。

3. 过程性评价与终结性评价相结合

发展性评价主张把过程性评价与终结性评价结合起来，既要注重考察针对这些儿童的教学与训练过程，又要考察其训练的效果。对儿童认知训练的过程性评价，要综观儿童的训前准备状态、训练过程、师生互动、迁移运用等整体过程。终结性评价主要是一个阶段或学期末的训练效果评价。把过程性评价与终结性评价结合起来，才能形成一个关于儿童认知能力发展的比较完整、全面的评价，才能对儿童的训练情况形成一个相对全面、真实、准确的结论。

这种过程性评价与终结性评价相结合的做法，有利于充分调动训练的主动性和积极性，有利于比较客观、全面地考察和评价儿童的学习情况，有利于促进教师的教学和儿童的学习，有利于师生互动和儿童的发展。当然，采用这种评价方法对特殊儿童进行评估时要注意下面几点：首先，要有一个相对科学合理的评价标准；其次，整个评价过程要力求做到公平、公正、公开，评价相对客观合理，并充分发挥教师、家长和学生的作用，让每一个人既成为学习的参与者，又成为学习的评价者。

4. 静态评价与动态评价相结合

静态评价是按照确定的评价标准对评价对象已经达到的水平或已经具备的条件进行评价。它考察的是该评价对象在某一阶段内发展的现实状况，其特点是便于进行横向比较，有助于分析该儿童在某阶段是否达到了正常儿童发展的一般水平。动态评价是对评价对象发展、变化状态的分析与判断，重在考察该儿童当前的发展较之过去的进步情况，以及今后的发展潜力和趋势，其特点是便于进行纵向比较。动态评价有助于教师从新的视角更全面地了解每个受评价的儿童，发现其新的进步。其不足之处在于难以了解儿童当前的发展状况与该年龄段发展要求之间的差距。静态评价与动态评价各有所长，又各有所短。如果仅用静态评价或动态评价都不能很好地完成认知评估任务，只有将两种评价相结合，才能更好地发现评估对象的进步及其与正常儿童的差距。因此，在进行儿童认知发展评估时，要将静态评价与动态评价相互结合，做到扬长避短，优势互补。

儿童认知功能评估的内容及流程

一、儿童认知能力评估的内容

认知能力是儿童在认知过程中所表现出的心理能力,因此这个过程又包含注意、感知、记忆、思维、推理、问题解决等一系列的心理活动,所以,儿童的认知能力就与这一系列的心理活动有关。想要对儿童认知能力进行评估,就需要对个体在感知、注意、记忆、思维等一系列心理活动中表现出的各种认知能力进行分析和评估。当然,目前还没有哪一个评估工具能对儿童的认知能力进行整体和全面的评估,只能在已有评估工具中选择所需的合适项目,对儿童的认知能力进行针对性的专项评估。

1. 综合智力评估

综合智力评估即智商(Intelligence Quotient, IQ)测试,是对儿童总体认知能力、社会理解能力和实践知识进行的评估。

2. 感知觉能力评估

感知觉能力评估主要集中于评估儿童的视觉、听觉、皮肤觉、味觉及空间知觉、时间知觉等方面的能力,重在了解儿童的感知活动表现。

3. 注意能力评估

注意能力是一切智力活动的基础,是最重要的基本学习能力。对儿童注意能力的评估主要是通过他们的行为和反应来识别他们的注意能力水平,包括注意的维持能力、在不同事物之间注意分配的能力及冲动控制力等。

4. 记忆能力评估

对儿童记忆能力的评估,主要是通过给定线索让儿童快速学习,并执行一定的记忆任务,测试儿童对线索的回忆和识别能力。比较典型的有视觉记忆评估、空间记忆评估、言语记忆评估、数字记忆评估、工作记忆评估等。3岁以下儿童的记忆评估尚不成熟。

5. 执行功能评估

"执行功能"的概念来源于前额叶皮层损伤的研究，前额叶皮层的损伤会引起一系列神经心理的缺陷，如计划和概念形成、抽象思维、推理、认知灵活性、利用反馈、按时间先后对事件排序和对动作的监控等方面有困难，这些困难对应的一系列能力就是"执行功能"最初含义，对这方面能力的评估是认知评估的重要内容。

二、儿童认知能力评估的基本流程

一般来讲，儿童认知能力评估需要由一定比例的专业人员组成评估团队来执行，评估的过程主要包含以下四个步骤。

（一）明确评估目标和了解评估对象

在进行认识能力评估前，首先要明确此次评估的目的，以便确定评估的内容，选择恰当的评估工具和方法。认知能力评估的目标有分析认知结构、确定认知功能运作的阶段和考察认知发展水平等。不同的评估目的，其评估的内容、工具和方法不尽相同。评估者在明确评估目的之后，在设计评估方案之前，还需要进一步了解评估对象的障碍类别、年龄、阅读水平及相关检测资料等，以选择更恰当的评估工具和方法。如给听障儿童做认知能力评估，就要考虑掌握口语的听障儿童和没有掌握口语的听障儿童的不同情况，前者可使用含有语言测试部分的工具，后者只能用自陈式（书面）测试或操作性测试工具。

（二）设计评估方案

明确了评估目的和评估对象后，接着就要考虑评估的具体项目、内容、工具及方法了。有些认知评估可能非常简单，只需要对儿童的某个领域进行评估；有些评估则比较复杂，需要对该儿童的整体情况进行评估。无论是简单的还是复杂的评估，都应事先拟订一份评估方案。

设计评估方案包括要确定评估的具体范围与项目（如认知测查、疾病史、家族史、家庭和学校情况等）、选择合适的资料收集方法、途径以及拟采用的评估工具，并设计出评估程序。评估程序是指为收集资料制定一个时间表，以明确哪些资料先收集，哪些资料后收集。为了使收集资料工作能有序进行，评估者应该先了解各方面的情况，通过和家长、任课老师、校长、医生等协商，最后制定一个相对合适的资料收集的时间表。

(三)实施测评

测评是检查、测试、评估与询问的阶段,即通过和儿童本人及其家长的接触,采用各类不同的方法来获得有关儿童认知发展的数据和信息。一般由评估人员接待前来参加评估的儿童及其家长,并和家长进行初步交谈,然后按照所选方法或工具要求的标准化程序实施测试,最后收集和汇总各项测评的资料,检查是否有需要补充的信息等。

(四)综合分析与评定

这是评估的最后一个环节,也是至关重要的一个环节。评估人员汇总评估对象的测评材料,依据确定的评估指标体系,通过分析、综合和讨论,对评估对象认知发展的各相关方面做出客观的评价,并指出儿童的特殊教育需要,为其写出评估意见和教育建议,以便为其制订个别化认知训练计划。

由于受评估或测试环境、儿童身心状况、家长配合程度、专业人员的观察水平及专业水准等多种因素的影响,认知评估的结果往往会存在一定程度的偏差,而且儿童认知能力的水平永远是处于动态的发展过程中的,因此,对特定儿童的认知能力评估结论并非终结性的,还需要在以后的训练和认知教学中不断进行综合分析,以验证评估结果的科学性、准确性。

三、影响儿童认知功能评估的因素及注意事项

对儿童的认知功能状况进行评估是一个复杂的过程,影响其评估的因素有很多。从评估者的角度来看,其对被评估儿童可能存在的认知障碍致残原因、发展过程及其愈后的了解程度,对有关评估工具、方法的熟悉程度等,均会影响到评估的进行与评估的准确性。就被评估的儿童而言,儿童自身状况及其家长的心理、情绪状态和期望值等,也是重要的影响因素。在评估的过程中,为了保证评估的顺利进行以及评估效果的准确,应注意以下事项。

(1)评估前,评估者应该熟悉各种有效的评估方法,确定相应的评估内容并制作适当的评估表格,准备相应的评估工具,选定合适的评估环境。

(2)评估时,评估者首先要与被评估儿童建立良好的关系,尽可能地争取被评估者的合作;其次在评估过程中提示语言应该标准化,语言表达清楚,同时避免出现对评估结果不满意的表情,特别是被评估者不能通过评估项目时不能表现出着急或厌恶的表情,以免造成紧张情绪而影响评估结果;再次就是要做好各项评估记录。

(3)评估后,评估者需要反省自己在评估过程中对被评估者是否无偏见,以及与被评估者的关系是否友好。另外,还要认真检查是否按照评估手册中的标准进行评估。

儿童认知功能评估的常用量表

一、儿童认知功能评估测评量表

量表一直是测定认知功能的重要方法，随着人们对认知功能障碍认识的不断深入，各种认知功能评估量表不断更新，评估工具的发展也逐渐标准化。由于受语言水平、动作技能等各方面因素的影响，加之儿童的认知发育是连续经验的累积，是动态变化、呈阶段性的，所以很多成人认知评定量表并不一定适用于儿童，需要有特定的儿童版本，或者特别针对儿童受测对象进行专门设计。

按照检查的认知功能内容，我们可以把量表分为综合认知功能评估量表和单项认知功能评估量表。综合认知功能评估量表涵盖对多个认知功能领域的评估，形式多样，测查范围广泛，可较为全面地反映个体认知功能情况；与综合认知功能评估量表相比，单项评估量表测量的内容较为单一，可以在较短的时间内有针对性地深入测查某一方面的认知功能，如记忆力、注意力等。表3-2对以上两类常见的儿童认知功能评估量表进行了汇总。

表 3-2　儿童认知功能评估常用量表汇总

评估内容	量表	适用年龄（年/月）	测试内容
综合认知能力评估	丹佛发育筛查测试（DDST）	0/0~6/0	个人/社会行为、细动作、语言和大运动
	麦卡锡幼儿智能量表（MSCA）	2/6~8/6	言语、知觉操作、数量、记忆和运动
	韦克斯勒幼儿智力量表（WPPSI-Ⅳ）	2/6~7/7	言语理解、知觉推理、工作记忆和加工速度
	韦克斯勒儿童智力量表第四版（WISC-Ⅳ）	6/0~16/11	同上
	Das-Naglieri认知评估系统（DN：CAS）	5/0~17/11	计划、注意、同时性加工、继时性加工
	希-内学习能力测验	3~17	穿珠、记颜色、辨认图画、看图联想、折纸、短期视觉记忆、摆方木、完成图画、记数字、谜方、图画类同、空间推理

续表

评估内容		量表	适用年龄（年/月）	测试内容
单项认知功能评估		学前儿童五项认知能力测验	3~6	空间次序、动作系列、目标辨认、图形推理和逻辑类比
		学龄儿童五项认知能力测验	7~14	数字推理、图形推理、异类鉴别、情景认知、记忆策略
	感知觉评估	儿童感觉统合能力发展评定量表	4~12	前庭失衡、触觉防御、本体感、学习能力、大年龄特殊问题
		视知觉发展测验（DTVP）	4~10	眼—手协调、临摹、空间关系、空间位置、图片—背景；视觉填充、视觉—动作速度、图形恒常性
		视觉—运动整合发育测验（VMI）	3~18	
		简明知觉动作测验（QNST）	6~12	
	记忆力评估	临床记忆量表	7岁以上	指向记忆、联想学习、图像自由回忆、无意义图形再认、人像特点联系回忆
		韦氏记忆量表	7岁以上	个人经历、时间和空间的定向、数字顺序关系、逻辑记忆、顺背和倒背数字、视觉再生、视觉再认、图片回忆、触摸测验及联想学习等
		言语记忆测验		
	注意力评估	儿童日常注意力测试（TEA-Ch）	6~16	持续关注、选择性注意、注意控制、听觉和视觉模式双重任务
		视听觉注意力持续操作测验（IVA-CPT）	4岁以上	视觉注意力、听觉注意力、视听觉组合注意力
		数字划消测验		
	执行功能评估	瑞文推理测验	5岁以上	知觉辨别力、图形比较、类同比较、比较推理、抽象推理
		威斯康星卡片分类测验（WCST）儿童认知发展水平诊断工具（IPDT）	6岁以上	分类、概括、认知转移能力
		连线测试（TMT）	7~15岁	守恒、表征、关系、分类、规律

二、儿童认知功能的综合评估

（一）丹佛发育筛查测试

丹佛发育筛查测试（DDST）是由美国丹佛学者弗兰肯堡（W. K. Frankenburg）与多兹（J. B. Dodds）编制的，是20世纪60年代对美国丹佛地区儿童进行了大量的测试后所制订出来的简易测试法。丹佛发育筛查测试操作简便，容易掌握，一次检查时间不超过 30 分钟，属于筛查性测验。

DDST 的检查对象为出生到 6 岁的婴幼儿，如果婴幼儿不能完成其中一些选择好的项目，便认为该婴幼儿可能会存在问题，应进一步进行其他的诊断性检查。必须注意的是 DDST 是筛选性测验，并非测定智商，对婴幼儿目前和将来的适应能力和智力高低无预言作用，只是筛选出可能的智商落后者。测试表由 104 个项目组成，分为 4 个能区。

（1）个人—社交能区：这些项目表明小儿对周围人们的回应能力和料理自己生活的能力。

（2）精细动作—适应性能区：这些项目表明儿童看的能力、用手取物和画图的能力。

（3）语言能区：组成本能区的项目表明儿童听、理解和运用语言的能力。

（4）大运动能区：本能区项目表明小儿坐、步行和跳跃的能力。

DDST 测查的对象是一般正常或基本上正常的婴幼儿，它能把发育上可能有问题的婴幼儿筛选出来，对感到有问题的婴幼儿可用 DDST 客观上加以证实或否定，并对高危婴幼儿如围产期曾发生过问题的婴幼儿进行发育监视。

（二）麦卡锡儿童智能量表

美国儿童发展心理学家麦卡锡（D. McCarthy）于 1972 年编制了麦卡锡儿童智能量表（McCarthy Scale of Children's Abilities, MSCA）。该量表属于个别智能测验，适用于 2.5~8.5 岁儿童，可对儿童心理发展进行综合测评。测验材料是儿童喜闻乐见的事物，多数近似玩具，测试时间约 1 小时，它既可评价普通儿童的智力功能，也可作为弱智儿童的诊断工具，在国外应用较广。

华东师范大学心理系于 1991 年完成了该量表的中文版修订工作。MSCA 包括 18 项分测验，分为言语（V）、知觉操作（P）、数量（Q）、记忆（Mem）和运动（Mot）5 个分量表。言语分量表由图画记忆、词语知识、词语记忆、词语流畅性和反义词类推 5 个分测验组成，用于评定儿童用言语表达词语概念及对词语的理解能力。知觉操作分量表包括积木、拼图、连续敲击、左右方向、图形临摹、画人和概括归类 7 个分测验，用于测查儿童的知觉、操作和非言语概括、推理能力。数量分量表由数的问题、数字记忆和数的区分 3 个分测验组成，用于测查儿童数的能力和对量词的理解。记忆分量表包括图画记忆、连续敲击、词语记忆和数字记忆 4 个分测验，用于测查儿童的短时记忆功能。运动分量表由腿的动作、手臂动作、动作模仿、图形临摹和画人 5 个分测验组成，用于测定儿童运动和精细动作的整体协调能力。其中，言语、知觉操作和数量 3 个分量表构成总智能量表，以评估总的认知功能，其意义相当于韦氏智力量表的总智商。这些分量表所包含的分测验有重叠，即有些分测验分属两个以上分量表。

麦卡锡儿童智能量表较全面地反映了 2.5~8.5 岁儿童在言语、知觉操作、数量、记忆、运动和一般智能等方面的发展水平，同时还附带测查儿童左右利手情况。由于测验内容的趣味性、普遍性、浅显性，该量表适合于测查幼儿及智障儿童，中国版常模特编订了智龄转换表，以供 8.5~14.5 岁的智障儿童评估时用。本量表中文修订版的经信度、效度检验均达到标准化心理测量学所要求的水平，适合于中国各地区儿童智力测查之用。

（三）韦克斯勒儿童智力量表（第四版）

韦克斯勒儿童智力量表（Wechsler Intelligence Scale for Children, WISC）最早发表于1949年，是在韦氏成人智力量表（Wechsler Adult Intelligence Scale, WAIS）的基础上编制而成的。2003年，韦克斯勒儿童智力量表第四版（WISC-Ⅳ）正式出版了。与前三个版本相比，WISC-Ⅳ首次对量表的结构、内容做了大幅度调整，不仅更新了常模、增加了部分新的分测验，而且改进了设计理念和记分方法，使得测验的结果更有助于专业工作者做出准确的解释和临床判断。在WISC-Ⅳ中，量表结构由以往的"两因素"结构（言语和操作）变为"四指数"结构，以更全面地评估儿童的智力及认知结构。2008年，由北京师范大学张厚粲教授主持完成了WISC-Ⅳ中文版的修订。

中文版全测验共包含14个分测验，分为10个核心分测验与4个补充分测验。这些分测验通过合成分数组成4个指数，即言语理解指数、知觉推理指数、工作记忆指数和加工速度指数，同时导出总智商（Full IQ）。其中，言语理解指数（Verbal Comprehension Index, VCI）测量儿童解决言语问题的能力，涉及语言的概念形成和同化、与言语相关的抽象思维、分析、概括能力等因素。在WISC-Ⅳ中，言语理解指数的测量任务包括类同、词汇、理解等核心分测验。在完成这些任务的过程中，儿童会表现出经过一定的学习而积累关于各种事物的一般知识，能够解释常见事物的概念、词汇的意义，并对这些信息进行比较、分析、推理和判断的能力和水平。知觉推理指数（Perceptual Reasoning Index, PRI）测量儿童解决视觉信息构成的问题时所具有的能力，涉及空间知觉、视觉组织及逻辑推理等对非言语信息进行概括、分析的抽象思维能力。在WISC-Ⅳ中，知觉推理指数的测量任务包括积木、图画概念及矩阵推理等核心分测验。儿童在完成这些任务的过程中，会表现出对常见事物的知觉，以及对这些事物的特征、功能、意义等进行理解、分析、比较、归纳、分类的能力和水平。工作记忆指数（Working Memory Index, WMI）主要测量儿童的短时记忆、对外来信息的存储和加工及输出信息的能力。在WISC-Ⅳ中，工作记忆指数的测量任务包括背数和字母—数字排序等核心分测验。注意力集中、短时记忆容量大、能够迅速适应新任务的要求、心智操作方面具有优势的儿童通常会在这一指数上有突出的表现。加工速度指数（Processing Speed Index, PSI）测量儿童处理简单而有规律的信息的速度、记录的速度和准确度、注意力及书写能力等。在WISC-Ⅳ中，加工速度指数的测量任务包括译码和符号检索等核心分测验。儿童在完成这些任务的过程中，需要迅速学习并适应新的任务要求，对任务中的符号或图案进行快速视觉扫描，并同时做出是否符合任务要求的判断。

韦克斯勒儿童智力量表第四版（WISC-Ⅳ）适用于6～16岁的人群。完成10个必做分测验，大约65～80分钟。WISC-Ⅳ将对儿童智力的测量进一步细分到言语理解、知觉推理、工作记忆和加工速度四大更为具体的认知领域，为临床工作人员提供了更精确、更具体的信息，也有利于专业人员做出更准确的分析和判断。总体说来，WISC-Ⅳ

是一套比较综合的、设计理念先进、临床应用价值较高、注重生态学效度的智力量表。

（四）希-内学习能力测验

美国 Nebraska 州大学 Hiskey 教授 1941 年着手为听障学生设计了一套智力量表，在 1966 年再版修订时，定名为希-内学习能力测验（Hiskey-Nebraska Test of Learning Aptitude, H-NTLA）。该测验用于语言交流困难、智力低下及对复杂文字性测试题目有困难者，可用手势语（听障儿童）或少量指导语（健听儿童）指导测试。目前已成为国际流行的非语言智力测验之一。1991 年起，山西医学院曲成毅等与中国聋儿康复研究中心协作组对全国聋人常模进行了第一次制订，修订以后的常模在全国聋儿康复系统内得到广泛应用。2011 年，协作组又对 3～7 岁小年龄组听障儿童的常模进行了修订。

希-内学习能力测验中国修订本（简称 H-NTIA-CR）适用于 3～17 岁的儿童。该测验有两套指导语，一套是手势语，用于听障儿童；另一套是口语，用于健听儿童。该测验基本保留了原测验的结构和题目，由穿珠、记颜色、辨认图画、看图联想、折纸、短期视觉记忆、摆方木、完成图画、记数字、谜方、图画类同、空间推理 12 个分测验组成。

该测验是国内第一套专门为听障人士修订的智力测验，并且已在全国范围内抽样，确定了标准化的听障儿童常模。从信度和效度的检验结果来看，该测验已达到测量学的要求，适合在我国听障儿童中使用。

延伸阅读　认知能力评估与康复训练仪软件简介

（五）儿童五项认知能力测验

儿童五项认知能力测验分学前儿童五项认知能力测验和学龄儿童五项认知能力测验两个部分。

1. 学前儿童五项认知能力测验

该测验由华东师范大学杜晓新教授等人编制，于 2010 年进行了大样本施测。该测验以戴斯等人的智力 PASS 模型作为理论依据，主要用于考察儿童对信息的继时性加工能力和同时性加工能力，也可以考察儿童的短时记忆、语言理解、类比和传递推理等能力，为制订个性化的康复训练方案提供依据。

本测验的测试对象为 3～6 岁的幼儿园适龄儿童。测试题目有 40 题，分为空间次序、动作系列、目标辨认、图形推理和逻辑类比五类，其中动作系列、空间次序两种测验任务用于考察继时性编码能力；目标辨认、图形推理、逻辑类比用于考察同时性编码能力。该测验以多媒体软件的形式呈现，将图像和声音完美结合，并能动态、规范地呈现测验题目。这既符合幼儿的感知特点，激发了幼儿的兴趣，也增强了测验的规范性和科学性。

2. 学龄儿童五项认知能力测验

该量表也由杜晓新等人编制，适用于7～14岁的儿童，已有上海市常模。该测验主要评估儿童逻辑推理能力。测验包括数字推理、图形推理、异类鉴别、情景认知、记忆策略五项。

（六）Das-Naglieri 认知评估系统

Das-Naglieri 认知评估系统（Das-Naglieri Cognitive Assessment System, DN: CAS）是 J. P. Das 与 Naglieri 等人基于智力 PASS 模型所编制的一套认知测评工具，用于考察5～17岁儿童的认知加工过程。PASS 是指计划（Planning）、注意（Attention）、同时性加工（Simultaneous Processing）、继时性加工（Successive Processing），DN：CAS 是 PASS 模型的操作化，考察了这4个认知过程，共有12个分测验，每个认知过程形成一个分量表，含有3个分测验。

DN: CAS 分为基本版和标准版两种。DN: CAS 标准版的计划分量表包括数字匹配、计划编码和计划连接3个分测验，是涉及执行功能的认知过程（决定、选择及有效地使用策略），并根据需要修改计划以保持与原始目标相一致的能力。注意分量表包括表达性注意、数字检测和接受性注意3个分测验，涉及对认知活动的聚焦、特定刺激的检测及对分心刺激的抑制。同时性加工分量表包括非言语矩阵、言语—空间关系和图形记忆3个分测验，要求儿童觉察项目各成分之间的关系，将分离的元素整合成一个使用言语或非言语内容的相互联系的完整模式或观念。继时性加工分量表包括词语系列、句子复述和句子提问3个分测验，要求个体理解和把握按照特定顺序呈现的信息。

中文版 DN: CAS 是由华东师范大学心理发展障碍研究中心得到编制者 J. P. Das 的授权后修订而成，尽管尚未标准化，但相关研究已经证明其具有较好的信度和效度。

三、儿童认知功能的单项评估

（一）感知觉能力评估

1. 儿童感觉统合能力发展评定量表

该量表由北京医科大学精神卫生研究所（1994）引进，经在国内10多个地区的施测，具有较好的信度和效度。此量表由58道问题组成，由儿童的父母或知情人根据儿童最近1个月的情况认真填写。量表的评分按"从不""很少""有时候""常常""总是如此"五级评分。"从不"为最高分，"总是如此"得最低分。根据年龄及性别将各项原始分数转换成标准T分数（均数为50，标准差为10）。儿童的得分低于40分为有轻度感觉统合失调，低于 30 分为有严重的感觉统合失调。

量表分成五项，每一项内容如下。

（1）大肌肉及平衡：主要涉及身体的大运动能力，包括"手脚笨拙，容易跌倒"等 14 道题。

（2）触觉过分防御及情绪不稳：主要对情绪的稳定性及过分防御行为进行评定，包括"害羞，不安，喜欢孤独，不爱和别人玩；看电视或听故事，容易大受感动，大叫或大笑"等 21 道题。

（3）本体感不佳，身体协调不良：主要涉及身体的本体感及平衡协调能力，包括"穿脱衣服，系鞋带动作缓慢；不喜欢翻跟头、打滚及爬高"等 12 道题。

（4）学习能力发展不足或协调不良：主要涉及由于感觉统合不良所造成的学习能力不足，包括"阅读常跳字，抄写常漏字或行，写字笔画常颠倒；不专心，坐不住，上课常左右看；对老师的要求及作业无法有效完成，常有严重挫折"等 8 道题。

（5）大年龄的特殊问题：包括对使用工具及做家务的评定，主要评定 10 岁以上的儿童，有 3 道题。

2. 视觉—运动整合发育测验

视觉—运动整合发育测验（VMI）是由 K. E. Beery 设计的一种常规筛查工具，主要目的是通过检查儿童的视觉—运动整合能力来帮助早期识别和预防儿童的学习和行为问题。该量表最早发表于 1967 年，经 3 次修订，1997 年的版本简称 VMI-4。视觉—运动整合发育测验包括低龄版和完整版两个版本。低龄版（用于 3~8 岁儿童）由 18 张图片构成，完整版（用于 3~18 岁儿童）由 27 张图片构成，每张图片上都有一个几何图案。这些图形从简单到复杂按顺序排列，通过让儿童临摹几何图形来反映他们的视觉—运动整合能力。

视觉—运动整合发育测验是目前常用的知觉动作统合测验之一，测验的分半信度 0.79；稳定性系数的中位数 0.81；评分者信度系数 0.93；效标关联效度在 0.37 至 0.82 之间。施测时不受时间的限制，可个体或集体进行，其中个体测查一般用于 4 岁以下儿童。

（二）注意力评估

1. 儿童日常注意力测试

儿童日常注意力测试（Test of Everyday Attention for Children, TEA-Ch）来自成人注意力测试，包括持续关注、选择性注意、注意控制、听觉和视觉模式双重任务子测试，用来评估儿童保持注意力、不同事物之间注意力分配、改变注意力及约束语言和动作反应的能力。TEA-Ch 常用于 6~16 岁儿童发育状况评估，对注意缺陷与多动障碍 ADHD 患者的注意力损伤有独特的敏感性，多用于注意缺陷与多动障碍患者的评测。

TEA-Ch 由 9 个如同游戏一样的项目组成，以测查儿童注意力的三大主要部分：选择性注意力、转换性注意力和持续性注意力。选择性注意力是指忽视具有竞争性的分心刺激，而将注意集中到目标刺激上的能力；转换性注意是指随任务目的的不同而灵活转换注意目标的能力；持续性注意是指在没有外界诱因的情况下对重复刺激做出反应的能力。

2. 视听觉注意力持续操作测验

视听觉注意力持续操作测验（Integrated Visual and Auditory Continuous Performance Test, IVA-CPT），又称视听整合持续测试，简称 IVA 评估或 CPT 测验，该测验是一种能够评估儿童反应控制能力、注意力及视听整合功能失调情况的工具。

视听觉注意力持续操作测验包含视觉注意力、听觉注意力、视听觉组合注意力测验三个部分，分别通过呈现视觉、听觉、视听结合的数字刺激，让被试对特定数值给予触发，以此来测量测试者的视听觉注意力、冲动性及反应能力。该测验被广泛运用于儿童注意缺陷与多动障碍（ADHD）、注意力缺陷等疾病的辅助诊断及疗效评估，通过 IVA-CPT 与 DSM-IV 诊断的 ADHD 的对照研究，对比、评价其临床意义，结果显示 IVA-CPT 可应用于 ADHD 及其临床分型的诊断。

3. 数字划消测验

数字划消测验是评估和训练注意力的传统测验项目，测验材料由阿拉伯数字组成，共有 5 个分测验，每个测验有不同要求，一个测验进行 3 分钟，5 个测验连续进行，可进行团体测验或个别测验，5 个测验难度依次升高排列。各测验中划去的数字与无关的数字（不划去的数字）的比率分别为 4%，4%，2%，4%，2%，划去的数字分布均匀，但又不是规则分布。

在第一种测验中，要求划去数字"3"（或其他的指定数字），目的是考察注意的指向性和集中力；在第二组测验中，划去数字"3"前面的一个数字，这是对注意转移力的一种考察；在第三组测验中，划去数字"3"前一位的数字"7"（或其他数字），这有助于考察注意的选择性；在第四组和第五组测验中，分别划去数字"3"和"7"中间的数字以及"3"和"7"中间的偶数数字（或奇数数字），目的在于评价注意的广度和分配能力。

（三）记忆力评估

1. 韦氏记忆量表

韦氏记忆量表系列是临床心理评估中被广泛应用的评估工具之一，初版系由 Wechsler（1945，甲式）和 Stone（1946，乙式）所编，包括 7 个分测验，后来历经了多次修订。韦氏记忆量表在我国目前有龚耀先的修订本（WMS-RC）。龚耀先等以 WMS 为蓝本，增加和修订了测验内容、改变了计分系统，仍分甲、乙平行本。内容包括个人经历、时间空间的记忆（定向）、数字顺序关系、视觉再生、视觉再认、图片回忆、联想学习、触摸测验、理解记忆、顺背和倒背数字等。

作为神经心理测验的一种，韦氏记忆量表在临床主要用于儿童认知能力的评估，特别是注意缺陷与多动障碍儿童、学习障碍儿童、抽动秽语综合征儿童、癫痫儿童、智力发育迟滞儿童以及脑炎患儿等特殊儿童的认知功能评估。

2. 临床记忆量表

本量表应用于临床记忆障碍的诊断，学习、记忆能力的评估以及儿童、少年、成年及老年记忆的研究等方面。它于1984年由中国科学院心理研究所许淑莲、吴振云等设计编制。由于实际需要，分别于1986年和1989年将量表（有文化部分）的年龄范围扩展至15~19岁和7~14岁，并建立了有关常模。适用于7~89岁的人。

量表备有甲、乙两套材料，可供前后比较用。内容包括指向记忆、联想学习、图像自由回忆、无意义图形再认、人像特点联系回忆五个部分。该量表各项目分半信度相关分析为：甲套0.60、0.7、0.75；乙套0.78、0.68、0.67。甲、乙复本相关系数为0.85。效度方面：记忆与学习成绩的相关显著；记忆与大脑功能一侧化的关系为：联想学习与左脑功能有较大关系，无意义图形再认与右脑功能有较密切关系，结果与设计构思相符；记忆与年龄的关系为：20岁组以后，得分随年龄增长而下降。各分测验的相关：相关不高，结果很显著。

（四）执行功能评估

1. 瑞文推理测验

瑞文推理测验，简称瑞文测验，是由英国心理学家瑞文（J. C. Raven）于1938年创制的一种非文字智力测验。该测验以智力的二因素理论为基础，主要测量一般因素中的推理能力，即个体做出理性判断的能力。

瑞文测验在20世纪五六十年代几经修订，目前发展成标准型、彩色型和高级型三种形式。

（1）标准型（Raven's Standard Progressive Matrices, SPM）由瑞文于1938年创制，是瑞文测验的基本型。1986年，张厚粲等人完成了对瑞文标准型测验的修订，并出版了瑞文标准型测验的中国城市修订版。

瑞文标准型测验适用于6岁到成人的被测者，其测试题按逐步增加难度的顺序分成A、B、C、D、E五组。每组都有一定的主题，题目的类型略有不同。从直观上看，A组主要测试知觉辨别力、图形比较、图形想象力等；B组主要测试类同比较、图形组合等；C组主要测试比较推理和图形组合；D组主要测试系列关系、图形套合、比拟等；E组主要测试互换、交错等抽象推理能力。每一组中包含12道题目，每道题目由一幅缺少一小部分的大图案和作为选项的6~8张小图片组成。测验中要求被测者根据大图案内图形间的某种关系——这需要被测者去思考、去发现，看将哪一张小图片填入（在头脑中想象）大图案中缺少的部分最合适。

（2）彩色型（Cooler Progressive Matrices, CPM）编制于1947年，适用于5.5～11.5岁的儿童及智力落后的成人，分为3个系列，共有36道测试项目。

（3）高级型（Advanced Progressive Matrices, APM）包括渐进矩阵 I 型（12道题）及 II 型（36道题），类似于瑞文标准型测验，但难度更大，可对在标准型测验上得分高于55分的被测者进行更精细的区分评价。

为了满足实际测试的需要，国内有研究者将瑞文测验的标准型与彩色型联合使用，称为瑞文测验联合型（Combined Raven's Test, CRT），这样可使整个测量的上下限延伸，适用范围可扩大到5～75岁，并编制了成人、城市儿童和农村儿童三个常模。

本测验一般没有时间限制，但在必要时也可限制时间。在个别测验时，如果记录下测试所用时间，并分析其错误的特性，还有助于了解被测者的气质、性格和情绪等方面的特点。被测者一般完成瑞文标准推理测验大约需要半小时，最好在45分钟之内完成。

2. 威斯康星卡片分类测验

威斯康星卡片分类测验（WCST）是一种单项神经心理测定方法，首先由 Berg（1948）用于检测正常人的抽象思维能力，后来发现它是为数不多的能够较敏感地检测有无额叶局部脑损伤的神经心理测验之一，尤其是对额叶背外侧部病变较为敏感。它所测查的是根据以往的经验进行分类、概括、工作记忆和认知转移的能力，适用于正常成人、儿童（6岁以上）、精神疾患者、脑损伤者以及非色盲者。

WCST共有4张刺激卡片和128张反应卡片，卡片上分别有红色、绿色、蓝色、黄色4种颜色，画有1～4个三角形、星形、十字形或圆形。其中4张刺激卡片上分别画有1个红三角形、2个绿星、3个黄十字形、4个蓝圆，并按上述顺序放于卡片盒上方。被试需要判断随机呈现的测试卡片与哪张刺激卡片是对应的。主试掌握分类原则（颜色→形状→数量），并告诉被试"对"或者"错"，但不给被试任何有关分类原则的提示。当被试连续10次判断正确后，在其不知情的情况下转换分类原则继续测验，直到正确完成分类6次或做完全部卡片为止。

3. 连线测试

连线测试（Trail Making Test, TMT）是 Halstead-Reitan 成套神经心理测验中的一个分测验，主要用以测查个体的注意、次序排列、灵活性、视觉搜索和运动功能，该测验是当前最常用的神经心理学测验之一，具有良好的信效度。这个测试分为两部分：在A部分，22个数字随机写在一张 8×11 cm 的纸上，要求被试对这些数字按照大小顺序依次连线；在B部分，纸张上包含了数字1～11和字母A～K，要求被试在数字和字母之间进行持续转换地连线（即1-A-2-B……）。考察指标为A和B两部分的连线时间以及转换时间（B部分时间减去A部分时间）。

儿童认知功能的神经电生理测评

随着神经电生理学以及相关技术手段的发展，越来越多的设备可以通过监测脑电活动、脑血流量及氧含量的变化来客观评估儿童的脑活动，这为探索个体的高级认知功能提供了一个可行而又客观的方法。正日益受到国内外学者的极大关注。

一、脑电图

脑电图（EEG）是通过头皮电极监测，记录脑神经细胞生物电活动的方法，可以较为客观地反映大脑神经细胞活动。EEG 检查结合事件相关电位（Event Related Potentials, ERPs），是评测认知功能的客观电生理指标。事件相关电位是伴随感觉、认知及操作事件所诱发的脑电位变化，反映认知功能，与感知觉、思维、判断、注意、记忆及智能等心理过程密切相关。ERP 测试不受文化程度和语言表达的影响，检测时间短，无痛苦，它对认知功能的诊断功能也越来越受到重视。

作为最经典的事件相关电位指标，P300 被认为反映了刺激的评价和分类过程。目前，P300 已经被广泛应用在儿童认知障碍的临床诊断中。事实上，在较多不同的认知任务中，都发现了正常组和认知障碍组在 P300 成分上的差异。例如，在学习障碍的研究中，发现相比控制组，学习障碍组的 P300 波幅更低，且潜伏期更长。另外一些对癫痫后伴认知损伤的患儿研究也发现了类似结果，即患儿的 P300 潜伏期明显长于同龄普通儿童，而 P300 波幅明显低于同龄普通儿童。一项研究也发现 P300 的潜伏期与精神发育迟滞的儿童智商呈负相关，即智商越高，P300 的潜伏期越短。可见，P300 电位在评价儿童认知功能中具有广泛的作用，其波幅和潜伏期的异常都可应用于儿童认知功能受损的诊断及疗效评价的指标[1]。

另外，事件相关电位的其他一些成分如 N400、N270、N2/P3 也被广泛运用于阅读障碍、数学学习障碍、注意缺陷多动障碍（ADHD）等儿童的相关认知加工活动分析中，障碍组孩子均表现出明显的成分异常。

---

[1] 伍海燕，刘勋. 事件相关电位对儿童认知功能的评估诊断 [J]. 中国实用儿科杂志，2017（4）.

二、功能性磁共振成像

功能性磁共振成像（functional Magnetic Resonance Imaging, fMRI）是一种新兴的神经影像学方式，广泛应用于评估大脑活动，检测大脑在执行特定任务时，脑内特定区域中局部血流量和氧含量的变化，用于检查面对认知测试时大脑的参与程度。由于fMRI的非侵入性、没有辐射暴露等问题，且具有较高的时间分辨力及空间分辨力，能显示脑功能快速变化的过程，所以它为进一步探索儿童认知加工活动提供了重要线索。

有研究表明，学龄期儿童在执行中文认知任务时，通过fMRI检查可以检测到在左侧额、顶、颞与语言相关的脑区已经出现与成人相似的激活。在执行反应抑制的持续性作业任务时，研究者发现随着年龄的增长，中央前额叶和扣带回激活的强度和区域明显提高。近些年来，对多动症与注意缺陷（ADHD）儿童脑功能成像的研究也在不断走向深入，人们首先观察到ADHD儿童前额叶区域的脑激活不足，进而又发现ADHD儿童存在主导执行功能的神经通路关键部位激活不足与其他部位的代偿性过度激活共同存在的范型，这种基本范型在不同的ADHD儿童个体存在不同的亚型表现。针对孤独症儿童的检测，多数脑功能影像学研究发现儿童孤独症谱系患儿的前额中叶、颞上回、颞顶联合区、杏仁核和梭状回在执行社会感知任务时激活不足。

近年来，儿童认知脑成像领域除使用fMRI，还应用正电子发射断层扫描（PET）和近红外光谱（NIRS）等多种技术，使儿童功能性大脑发育研究取得了实质性的进展。但是这些评估方法昂贵，要求儿童在检查时需要静止较长时间，不适用于年龄过小的儿童。

三、经颅多普勒超声

经颅多普勒（Transcranial Doppler, TCD）超声是检测脑血管功能的无创技术，测量静息和认知任务期间大脑中、前、后动脉和基底动脉的血流速度。静息时脑血流速度与认知表现相关，即过低或过高的收缩压和平均脑血流速度，与较差的神经认知功能相关。TCD超声检测对认知过程中的脑血流变化较为敏感，尤其在评估视觉和语言任务时。TCD超声适用于各年龄段儿童，是认知功能评估较为客观的方法。

TCD超声可以即时监测双侧脑血流速度（CBFV），记录瞬间CBFV改变，并且不受运动的干扰，对儿童、不能配合的患者是很好的检查手段，对儿童大脑偏侧化检查价值很高。在语言功能受损重建方面与成人相比，儿童因重建方式及语言模式的不同，重建能力明显强于成年人。5岁以下的儿童由于配合欠佳，在使用fMRI检查时相对困难，而TCD超声不会引起儿童惧怕，可操作性更强。

第四章

儿童认知功能康复训练

在对儿童进行认知训练时，需要以动态及发展的眼光来确定训练内容、制订训练计划，并进行有针对性的训练。然而，训练目标能否达成，受多方面因素的影响，如训练目标是否得当、训练内容是否合理、活动设计是否科学、儿童能否积极参与等，这些都是在训练过程中需要认真思考并妥善解决的问题。本章中，我们将结合儿童认知训练的需求，着重围绕儿童认知功能康复训练的内容领域及活动设计、原则要领等方面加以介绍，希望为读者在进行儿童认知训练的活动设计时提供一些参考。

儿童认知功能训练的内容领域

PART 1
第 一 节

一、认知训练的基本框架

儿童认知训练的内容确定应遵循从浅入深、从简单到复杂、从具体到抽象的过程。感知觉是个体认识事物的起始和开端,通过视觉,我们感知物体的颜色、形状、大小等;通过听觉,我们感知外界的声音并可以对各种声音刺激做出理解和判断,这些内容既属于认知的范畴,又是后续认知加工活动得以顺利进行的基础,所以我们把这些基础感知训练作为认知训练内容的第一部分。在完成这些基础感知训练的基础上,将进行初阶认知能力的训练,这是第二部分的训练,主要涉及个体认知活动的低层次加工环节,如观察过程、记忆过程等;另外,还包括注意力的训练。第三部分为高阶认知能力训练,其主要是针对思维、概念形成等具体领域,涉及推理、判断、分类、概括等高级认知加工过程中的一些环节。下面我们将分别对各部分的训练内容进行简单概述。

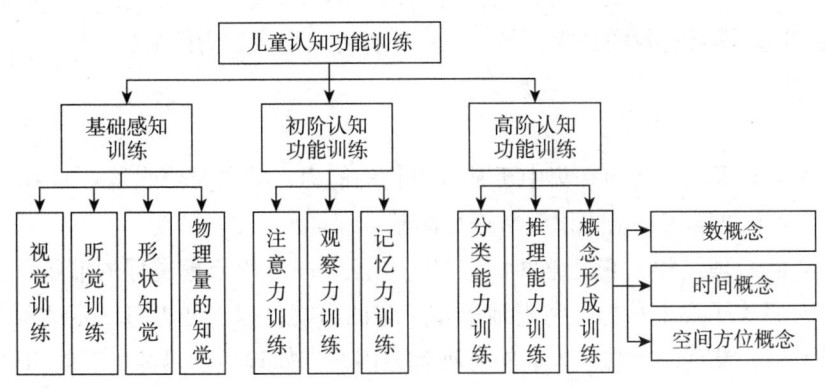

图 4-1 儿童认知功能训练的基本框架

(一)基础感知训练

基础感知训练的内容主要涉及视觉和听觉感知,具体包括颜色感知、形状感知、对基本物理量的知觉以及听觉训练等方面。颜色是儿童在认识客观事物的时候首先感知到的一个基本属性。对于部分特殊儿童来讲,颜色感知水平的发展缺陷，会严重影响其认知能力的发展和良好个性的形成，因此对其进行颜色认知的训练，对于促进其认知及个性的发展均有着十分重要的意义。形状是对自然物体外部轮廓的抽象和概括，认知简单的图形不仅有利于儿童辨别日常生活中的物体，发展初步的空间知觉和想象能力，而且有利于儿童理解和掌握抽象概念，促进思维的发展。物理量如大小、长短、轻重等也是物体基本属性的反映，这些方面感知能力的发展对于促进儿童推理、判断、分析、概括等高级思维能力的发展也有积极的作用。听觉训练主要培养儿童对周围声音的敏锐听觉，能够分辨声音的高低，并能感知不同音色、不同方向的声音来源等。

（二）初阶认知功能训练

1. 观察力

观察是有目的、有计划、比较持久的知觉，是人对客观事物感性认识的一种主动表现，是有意知觉的高级形式。在观察过程中，个体所表现出来的稳定的品质及能力，即为观察力。观察力与注意力、记忆力、想象力、创造力关系密切，是构成智力的要素之一。

观察是人们认识世界、增长知识的主要手段。它在人的一切实践活动中具有重大的作用。人们通过观察，获得大量的感性材料，获取对外界事物具体而鲜明的印象。个体的观察主要依赖于视、听通道。人们常用"聪明"一词来概括一个人的智力。聪明就是耳聪目明的意思，顾名思义，聪明首先应当包括观察力。一个观察力敏锐的个体能够快速处理复杂的信息，发现别人难以发现的细节，把握事物的本质特征，从而为解决问题提供更多更有效的线索。可见，观察力是人类智力结构的重要组成部分，是一切科学发明和艺术创造的前提。学会有效的观察，是人们认识世界、提高智力的前提。

2. 注意力

注意力是指人的心理活动指向和集中于某种事物的能力，其主要功能是对加工目标的选择和维持，它是认知加工活动得以正常进行的基本保证。

注意不是独立的心理过程，它是感知、记忆、想象、思维等心理过程的准备状态。由于有注意力，人们才能集中精力去清晰地感知一定的事物，深入地思考一定的问题，而不被其他事物干扰；没有注意力，人们的各种智力因素，如观察、记忆、想象和思维等将因得不到一定的支持而失去控制。所以，注意力是认知能力最基本的要素之一，被人们称为"心灵的门户"。

3. 记忆力

个体在记忆过程中表现出来的能力，即为记忆力。记忆是人脑对过去经验的反映，是在人的头脑中积累和保存个体经验的心理过程。从信息加工的观点看，记忆是人脑对外界输入的信息进行编码、存储和提取的过程。记忆包括三个基本阶段：识记、保持和回忆。人们在生活中感知过的事物、思考过的问题、体验过的情绪、经历过的事件、做过的动作、学过的知识等，都可以通过识记成为人的经验而保持在人的头脑中，在日后需要的时候可以再认或者再现。

（三）高阶认知功能训练

1. 分类能力

属性相同的许多事物共同组成的群集，称为类。分类主要是把相同或者具有某一方面共同特征或属性的东西归并在一起。我们知道，事物本身是十分复杂的，就其属性而言，既有颜色、形状、大小等方面的外部物理属性，也有使用功能等方面的属性，还有所属概念范畴的内部属性，因此，按照不同的属性或标准，可以对事物进行不同的分类。对这些属性和标准的认识是儿童分类能力发展的基础。

分类能力是个体最基本的一种认知能力。在类的区分和归并过程中，儿童要经历观察、分析、比较和综合等思维过程，因此能够促进儿童思维能力的发展。同时，它对个体数学能力、语言能力的发展也具有同样重要的意义。

2. 推理能力

推理是一种高级的思维活动，它是在已有知识的基础上，由一个或几个已知条件推出一个新的判断的过程。任何一个推理都由前提和结论组成。进行推理时所依据的已知条件是推理的前提，通过推理得到的新的判断是结论。

特殊儿童由于其智力、听力或者其他方面的障碍，导致他们在逻辑推理方面的发展较正常儿童有明显的滞后。有鉴于此，在认知训练过程中，教师或家长应重视对儿童进行有针对性的推理能力训练，促使其学会有步骤、有计划的思维方式，学会思考各种因果、顺序、时间和空间关系，提高儿童的概括、类比、逻辑推理能力。

3. 概念形成

概念形成是个人掌握概念的过程，又称概念习得，它是智慧学习的一种。在概念形成的过程中，人们以感觉、知觉和表象为基础，通过分析综合、抽象概括等思维活动，从个别到一般，从具体到抽象，逐步把握同类事物或现象的共同关键特征（或本质特征）。

儿童在认知发展过程中所涉及的概念包罗万象，体现在生活、学习的方方面面。在本书中，我们主要是从时间概念、空间方位概念、数概念的形成和建立这几个角度来对儿童进行训练。时间和空间都是运动着的物体存在的基本形式，是对物体的空间存在以及存在的持续性、顺序性的反映，对时空的认识不仅是人类智慧的基本成分之一，也涉及科学世界观的形成。数概念是数学中最基础的知识，也是儿童开始积累数学的感性经验时首先遇到的问题之一。掌握数概念是一个比较复杂的过程，不仅要会数数，还要理解数的含义，知道数的顺序和大小，理解数的组成和数的守恒，掌握数的读写法等。数概念的形成和建立是儿童逻辑思维能力发展的重要标志。

二、各领域的训练要点及目标

(一)基础感知训练

1. 训练要点

基础感知训练阶段,主要包括引导儿童认识颜色、认识图形、认识基本物理量、辨别声音等。认识颜色的训练主要包括认识基本色(红、黄、蓝等)与次常见色,能区分同一颜色的不同鲜明程度、认识混合色;认识图形主要包括认识平面图形和认识立体图形两部分;认识基本物理量主要包括认识大小、长短、轻重等;声音辨别主要是能感知并识别出不同的声音刺激。训练时可以从单维度加深和扩展,然后从二维或多维度的组合进一步提高认知任务的难度,强化儿童的理解。

2. 训练目标

初级:认识并说出红色、黄色、蓝色三种常见颜色的名称;认识并说出圆形、三角形、正方形三种基本的形状;能够在两个差异较大的物体中辨认和区分出最大、最小、最长、最短的一个;能感知到声音,能分辨出不同乐器或不同动物发出的声音。

中级:能进一步认识并说出紫色、橙色、黑色、白色、灰色等颜色名称;认识长方形、椭圆形、梯形等形状,认识球体、正方体、长方体和圆柱体;能够在差异较小的物体中辨认出最大、最小、最长、最短、最重、最轻的一个,能够初步掌握通过比较和测量物理量来区分物体;进一步增强对声音的敏感性训练,能分辨不同音高、不同方向的声源。

高级:能区分同一颜色鲜明程度的不同,如红和深红、绿和浅绿等,知道不同的颜色能混合成其他颜色;认识几何图形的分解和组合,能够将分解的图形重新组合成原来的图形;能比较多个物体的量,并能够用语言来准确描述物体的量;能在干扰条件下对声音进行辨别。

(二)观察力的训练

1. 训练要点

重点训练儿童准确把握事物的外部特征的能力。在对特殊儿童观察力的训练过程中,要帮助儿童明确观察目的,提高观察的目的性,注重培养儿童良好的观察策略或方法。经过干预和训练,使儿童在面对不同的观察对象时,能够灵活运用不同的观察策略,准确把握事物特征。观察力训练中,个体要高度集中注意力,同时对信息进行快速编码,在工作记忆中将编码后的特征与目标特征相比较,从而发现隐藏在无关信息中的关键信息。

2. 训练目标

初级：能初步掌握观察的方法，会有目的地感知事物比较明显的特征。

中级：能较熟练地掌握观察的方法，会有目的、有顺序地观察周围常见的事物，并发现事物的某些细致特征。

高级：具有明确的观察目的；能够较为灵活地运用各种观察策略和方法；能较全面地感知和概括事物的细致特征，发现相似事物的细致差别。

（三）注意力的训练

1. 训练要点

注意力训练主要涉及注意的稳定性、分配能力、转移能力等方面。特殊儿童维持注意的时间普遍较短，注意力很容易分散。为此，注意力训练的重点应该放在注意的维持功能上，即注意的稳定性上。训练的时候一般是让特殊儿童在干扰条件下，在规定时间内完成一项复杂的任务。干扰信息可以有多种形式，除了视觉干扰、听觉干扰外，还可以设计一些无关的动作作为目标过程的干扰因素。

2. 训练目标

初级：能在提示下注视与自己说话的人；对特定刺激有一定的注意分配；做较容易或熟悉的工作时，注意力能维持3分钟以上；能参与小组活动（任务）5分钟以上。

中级：能注意发令人的动作或指令并做出相应的反应；能注意并分辨同时出现的常见声音；做较容易或熟悉的工作时，注意力能维持5分钟以上；能参与小组活动（任务）10分钟以上；能较顺利地从一项活动转移到另一项活动中。

高级：能注意发令人的动作或指令并迅速做出相应的反应；能跟随音乐节拍或指令同时做两个以上动作；做较容易或熟悉的工作时，注意力能维持10分钟以上；出现干扰物时，仍能继续工作（活动）；能较顺利地从一项活动转移到另一项活动中；能较迅速地从一项活动转移到另一项活动中。

（四）记忆力的训练

1. 训练要点

就记忆的品质而言，主要包括记忆的容量、保持的时间、准确性、广度等方面。研究表明，训练很难提高人的记忆广度，但记忆策略的训练可以有效增加个体记忆的容量和信息保持的时间，并提高记忆的准确性。因此，特殊儿童的记忆力训练主要应该围绕如何促进特殊儿童记忆的目的性、提高记忆策略（如复述策略、精制策略、组织策略等）的运用水平来展开。训练过程中，可以充分利用各种视觉、听觉、触觉、味觉、嗅觉刺激，来强化儿童对刺激信息的存储和提取能力。

2. 训练目标

初级：能对少数特定物品表现出记忆力；能对特定的声音表现出听觉记忆力；能对特定少数声音的顺序表现出记忆；会模仿简单动作；会运用简单的复述策略。

中级：能指出 3 种以上先前见到的物品；能按照特定的顺序对先前听到的两个命令做出反应；能模仿有 2~3 个步骤的简单动作；会运用一定的记忆策略及方法。

高级：能指出 5 种以上先前见到的物品；能按照特定的顺序对先前听到的 3 个命令做出反应；能执行前一项活动预定的命令；能模仿 4 个步骤以上的复杂动作；能比较灵活地运用记忆策略及方法。

（五）分类能力的训练

1. 训练要点

类属概念的形成和掌握是个体思维能力发展的关键。所以，在对学生的分类能力训练时，主要是利用分类、匹配、排序等方式，强化学生对类属概念的理解，从物体的外部特征、功用及内部属性等不同角度来认识物体的属性，并能据此作为分类的标准。在分类能力训练中，同类匹配、异类鉴别是比较常见的训练形式。同类匹配是指根据事物的某些相同特征或相同关系对事物进行分类或匹配，异类鉴别则是根据不同的标准（如外部特征、功用或概念等）从一组物体中找出最不相同的一个。

2. 训练目标

初级：能对 4~6 个刺激物按其外部特征（如颜色、形状、大小等）分成两个不同的类别；能按基本的功能类别进行分类。

中级：能对 6~9 个刺激物按其外部特征（如颜色、形状、大小等）分成 3 个不同的类别；能将 6~9 个刺激物按照功能分成 3 类；能将 6—8 个包含两种上级类别概念的刺激物分成两类。

高级：能依据外部直观特征将 10 个以上刺激物分成 3—4 个类别；能依据生活经验中熟悉的上位类别概念将 9 个刺激物分成 3 类；经提示能解决简单的类包含问题。

（六）推理能力训练

1. 训练要点

推理能力训练主要是提升特殊儿童对各种因果、顺序、时间、空间等逻辑关系的感知和理解能力。训练的形式主要包括：传递性推理能力训练——对项目排列次序关系的推理；序列推理能力训练——按照序列所蕴含的逻辑关系作出相应位置排列的推论；类比推理能力训练——根据已知的两个或两类事物之间的关系，推出另外两个或两类事物之间可能具有的类似关系。我们希望通过这些方面的训练，发展学生分析比较、抽象概括的能力，以加强学生对刺激信息进行逻辑加工的效率，从而促进整个智力活动更协调地发展。

2. 训练目标

初级：能根据图形的表明特征进行推理；能根据图形系列中颜色、形状或人物表情等简单的次序递进关系进行推理，预测后面的图形；能将3张图片按照事情发展的先后顺序重新排列。

中级：能够进行简单的3项传递性推理；能够根据图形的简单关系推理；能根据图形系列中颜色、形状或人物表情等较复杂的递进关系进行推理，预测后面的图形；能将4~6张图片按照事情发展的先后顺序进行重新排列。

高级：能够进行多项传递性推理；能根据图形间较复杂的关系进行推理；能够根据图形系列间所蕴含的量的关系进行推理。

（七）数概念的训练

1. 训练要点

数概念和其他概念的掌握一样，必须通过儿童主体和客体的相互作用发生。也就是说，儿童要通过实际的点数实物的操作活动，反复练习，才能从动作操作水平，逐步过渡到表象操作水平，最后内化为思维的操作活动。在数概念习得和训练的过程中，必须借助于多种多样的游戏活动，给学生提供动手动脑实际操作的机会，引导学生逐步发展对客观事物各种数量关系的认识。在训练方法上，主要有点物报数、按数取物、连数、填数等，训练的原则是由远及近、由易到难。

2. 训练目标

初级：发展简单的数前概念，能比较两个项目的物品，认识多、少；能够点数5以内的物体，能够按数取物；学写数字1~5，掌握正确的笔顺。

中级：会手口一致地点数10以内物品，说出总数，认读10以内的数字；学写数字6~10，掌握正确的笔顺；通过比较各种数量关系，发展守恒概念。

高级：认识数字11~20（50），学写数字11~20；能够认识单数、双数和相邻数，能够进行10以内的加减法；能理解数的组成，初步理解整体与部分、部分与部分之间的关系。

（八）时间概念的训练

1. 训练要点

儿童对时间概念的认知相对比较困难，在训练过程中，可以主要从儿童对时间顺序性的理解、对时距的认知以及对钟表的认知等方面来考虑设计训练内容。因为时间是十分抽象的，而且具有流动性的特点，所以在训练过程中，要将儿童对时间概念的理解与其生活经验紧密联系起来，丰富儿童的时间经验。训练时要遵循儿童认知发展的规律，引导儿童由近及远、由表及里、由简单到复杂、由部分到整体地认识时间。

2. 训练目标

初级：对相对固定性的时序如一年四季、一天早中晚、一周的星期排序等有较好的认识，能够正确排序；对相对可变的时序有初步的认识。

中级：认识简单事件发生的时序，理解简单的时间词如"最先""最后""现在""下一次""上午""下午""晚上"等所表征的意义；认识一天内时序的延伸，如"昨天晚上""明天早上"等。

高级：在前期基础上，继续认识向前扩展和向后扩展的时间词，认识日历和时钟，会看整点、半点，体会时间的不可逆性。

（九）空间方位概念的训练

1. 训练要点

空间方位概念具有一定的相对性，它和参照点的选取有着十分密切的关系。儿童在认知发展过程中，最先学会以自身为参照点确定事物的空间方位，然后才逐渐学会以自身以外的事物为参照点，理解空间关系。所以在空间方位概念的训练中，训练的内容主要包括以自身为参照点，让儿童学习辨认上下、前后、左右关系，然后逐渐过渡到以客体为参照点，让其辨认上下、左右、里外等空间关系。在这里面，认识空间的相对性是训练中的重点和难点。此外，在训练过程中，要特别注意帮助儿童正确理解和使用各种有关空间关系的词语。

2. 训练目标

初级：能够理解上下的概念，可以以自身为参照点辨别上下关系；初步掌握以客体为参照点辨别上下关系。

中级：能够较熟练地以客体为参照点辨别上下关系；能够理解中间以及自身同方向的左右关系；能够以客体为参照点理解里外关系。

高级：认识上下、里外、前后、中间的相对性，发展以客体为参照点的左右关系；能够正确理解和使用各类空间方位词。

儿童认知功能训练的流程及活动设计

第二节

一、认知功能训练的基本流程

儿童认知功能的训练要遵循儿童认知发展的一般规律及水平，其基本方法是活动法，并以各种游戏活动为主。虽然认知训练的内容领域较为宽泛，但就基本过程而言还是大体一致的，一般包含以下几个环节。

1. 收集基本信息，建立整体认识

通过访谈或问卷等形式对接受训练的儿童的背景和家庭资料、既往病史、家庭情况、学习情况、主要问题及表现等方面的信息进行收集，了解孩子的基本状况。在此基础上，领会可能与该对象有关的具体训练项目的要领和实施要求。

2. 客观评估训练对象的认知现状及需求

选用合适的测验工具，结合观察、访谈等方式，对儿童的认知能力水平进行考察，对其认知状况做全面细致的评估。对儿童的认知状况了解得越是全面细致准确，训练目标、训练计划的制订才能越有针对性。

在对特殊儿童进行认知功能评估的同时，还应积极了解有关训练对象的其他情况，如儿童喜好的强化物和讨厌的惩罚各是什么？儿童周围适宜训练的场所在哪里？儿童有没有不良行为？等等。对这些问题的了解，有助于我们在训练过程中有效把握儿童的兴奋点，调动儿童的参与兴趣；当儿童在训练过程中出现一些突发状况时，也能够积极应对。

3. 确立长短期目标，制订训练计划

在对儿童的认知水平进行了评量以后，下一步的工作是在此基础上拟订训练目标和训练计划，设计训练活动方案。训练目标的设定应结合具体情况，既要有长期目标，也要有短期目标，因为儿童的心理处于变化发展中，建议长期目标不超过四个月或一学期，短期目标可以以两周为一单元或根据情况自定，但也不能太短，因为训练效果有滞后性，训练有反复。

在确定相应目标后，应考虑设计具体的活动训练方案以达成设定的长

短期目标，举例如下。

　　长期目标：在2个月的时间内增强特殊儿童注意力的稳定性（持续注意10分钟以上）。
　　短期目标：能持续注意10~15秒（1周）；
　　　　　　　能持续注意20秒（2周）；
　　　　　　　能持续注意1~5分钟（3~4周）；
　　　　　　　能持续注意5~10分钟（5~6周）；
　　　　　　　能持续注意10分钟以上（7~8周）。

4. 实施训练计划

制订好活动训练计划后，接下来需要考虑的是训练计划的具体实施，其中训练内容、时间、数量、场地、负责人等都要精心安排。比如认知训练的训练量应精心设计，恰到好处，不能引起训练者的厌倦和疲劳。不同训练环节之间的过渡也要有一定的转换安排，可以穿插休息，也可以组织一些放松活动等。

在训练过程中力求做到：（1）训练必须按计划实施；（2）做好相关资料的收集、记录、整理及保存工作；（3）尽可能考虑将集体训练、个别化训练与家庭训练相结合；（4）在集体训练中，认知训练应该与学校学科学习内容相结合，例如将数概念的培养与训练融入生活数学课堂当中。

5. 监控训练效果

训练时，要对训练的过程及成效随时进行监控，及时进行反思。一是反思制订的目标是否得当，是否符合学生的实际认知状况。目标过难或过易都会导致训练失败或训练效果显现不出来，比较恰当的水平是让学生通过一定的努力就可以获得成功，"跳一跳，摘桃子"，从中获得"发现"的乐趣。二是反思训练方法是否得当，是否激发起儿童的兴趣，只有学生积极参与和配合的训练才有可能是有效的训练，所以在训练过程中，要时刻关注学生的情绪表现、配合程度等，必要的时候应该适当变化和调整活动设计方案。

在一个训练周期结束时，要及时总结行之有效的训练策略，积极分析存在的问题和解决办法，并记录和反映在下一步的训练活动中。当2~3个长期目标完成或几个月的训练结束后，要根据记录重新评定儿童的认知现况并制订新的计划，周而复始地坚持训练才能取得成效。

二、认知训练的活动设计

（一）认知训练的教学组织形式

认知训练过程中，常见的教学组织形式有三种：集体训练、小组训练和个别化训练。除这些形式以外，训练者还可以结合实际情况，在训练中采用合作学习、同伴教学等形式。这些组织形式在实践中又可组合产生多种变式。究竟采用何种形式，要根据参训学生的具体情况、学生数量、学生间的差异性、训练的内容以及软硬件资源状况而定。

1. 集体训练

集体训练通常是以班级为单位，教师或训练者对全体学生进行教育训练的组织形式，这是一种节省资源、耗时少，学生之间互动机会多的训练组织形式，适用于个体间差异不大，接受能力相对较强的学生群体。其不足在于集体训练参与人数多，教师很难兼顾全体学生，容易忽视个别学生的兴趣、爱好和特点；而且学生表现的机会相对较少，不利于学生主体性、主动性的发挥。

2. 小组训练

小组训练是根据学生的发展水平、训练内容、材料的不同，将学生分成若干小组进行活动的一种方式。训练时，每个小组可以分别安排一位老师或指导者，训练内容可以相同，也可以不同。相对于集体训练，小组训练为每个学生充分参与活动、教师充分了解学生提供了条件，有利于教师根据学生的不同水平进行指导。

3. 个别化训练

个别化训练主要采取一对一的形式，教师或其他辅助人员只对一名儿童进行个别训练。这种方式的训练针对性最强，教师可以在充分了解学生特点及发展需求的基础上，有针对性地设计训练目标，制订训练计划，安排训练活动。其优点是学生的参与程度是最高的，缺点是学生压力大，学生之间的交流互动少，而且需要相当的人力、物力资源。

在个别化训练中，也可以采取一对一式的变式，如序列式，学生按次序一个接一个在教师的指导下进行同样的训练。这种训练方式提高了教师资源和教具的利用率，也能在一定程度上增加学生观摩学习的机会。

（二）活动设计的基本要求

1. 训练目标要明确

认知训练活动设计的目标要符合儿童的认知发展水平，要具体、明确，操作性强。大的训练目标可以拆分为多个小项目，分步骤来进行。活动设计的目标确定中应该考虑学生水平的个别差异，突出个性化。例如，在认知颜色时，训练目标可以表述为：能认识红旗、红纸、红色积木的红色；能分辨红色与非红色；会用红色命名；学生甲、乙能指认和分辨，学生丙、丁能口头命名。

2. 训练内容要合适

注意训练内容的内在逻辑与学生认知发展基本规律之间的关系，这两者的有机结合是活动设计成功的关键。儿童的认知水平一般会经历从动作感知到具体形象再到逻辑抽象发展的过程，那么在进行训练内容的设计时，也应遵循从简单到复杂、从易到难、由浅入深、由具体到抽象的原则，比如对数的认识，首先应训练学生学会唱数，然后在此基础上能够手口一致地点数实物，说出总数，认识数的实际意义，然后再通过"比多少""认识数序""理解数字含义"等进一步加深对数概念的理解。如果学生前面的能力还没有形成和建立起来，后面能力的发展必然会受到限制。

3. 提供与学生发展需要相适应的训练材料

材料是认知训练活动计划实施的必要物质条件，也是学生学习、发展不可或缺的重要载体。皮亚杰的"相互作用论"告诉我们，儿童的认知发展是在不断与环境相互作用的过程中获得的。因此，我们在进行认知训练的活动设计时，应该努力将训练的目标和内容，将期望学生获得的经验，蕴含在物质材料及玩教具中，使学生通过与环境、材料、玩具的相互作用获得直接的感性经验。

4. 体现训练活动的重复性和联系性

重复性是认知训练活动设计的一个典型特征，针对某一范畴的特定训练目标，为了巩固训练效果，在头脑中搭建稳定的神经联络，要不断地重复练习，加深印象。当达成目标后，再逐步提高要求，继续拓展到其他层面的训练中，提升儿童的综合分析和实际运用能力。设计系列的单元活动是认知训练经常采用的方式，它体现了活动重复性及联系性的思想，通过主题单元活动设计，围绕一个主题来组织训练活动。

5. 寓教育训练于游戏活动中

活动是儿童的本能，而游戏是儿童获得发展的最好活动途径之一。让学生在游戏中学习，寓教育于游戏当中，是认知训练最基本的途径。当然，游戏本身并不能自发地促进学生的发展，所以老师在训练活动中，应该加强对学生游戏活动的指导，从每一个游戏活动的目标、内容、组织等方面积极筹划、精心设计，使学生能够真正从游戏活动中积累经验，获得认知发展。

三、训练过程中玩教具的选用

皮亚杰关于儿童智力发展的理论，强调让儿童通过手的动作和操作来认识事物、发展智力。儿童的认知发展离不开对事物的转换、移位、连接、组合、分离及再组合的操作和认识，因此给儿童提供此类经验的玩教具是必不可少的。

（一）认知玩教具的类型

认知玩教具的分类有很多种。按照玩教具的教育功能来分，有数字类、形状类、颜色类等；按照使用对象的年龄特征来分，有适合2~3岁年龄组、适合3~4岁年龄组、适合5~6岁年龄组或适合更大年龄组的等；按照使用玩教具时所用的感知觉来分，有视觉玩教具、听觉玩教具、触觉玩教具等；按照操作特征来分，有自我修正类（拼图、拼板、插板、套杯等）和自由组合类（积木、拆装类玩具等）。

教师应该了解各种玩教具的功能，最好的方法是在活动设计前亲自去玩一玩每一种玩教具。在操作玩教具的同时，还可以想一想以下问题。

（1）玩这种玩教具时，会特别使用哪一种感官知觉？（如视觉、听觉、嗅觉、味觉、触觉）

（2）这是一种自我修正型的玩教具，还是一种自由组合型的玩教具？如果是自由组合型的玩教具，那么它通常用来搭建各种建筑物，还是拼凑图案？除此以外，还能用来做什么呢？

（3）通过这种玩教具的操作，可以给学生提供哪些方面的发展或学习经验？学生可以学到何种概念和技巧呢？

（4）这种玩教具适合哪个年龄段的儿童？

（5）儿童会喜欢这种玩教具吗？

（二）认知玩教具的选取原则

延伸阅读 特殊儿童认知玩具的选择

1. 考虑玩教具的发展补偿功能

对于各类特殊儿童，发展是其首要的任务，因此选择玩教具不仅要使儿童玩得开心，更重要的是能促进其发展。玩教具最好能刺激儿童对四周环境的探索，为其提供组合、转换、预测、实验和操作的机会。通过使用玩教具，帮助他们促进身体、情感、认知等各方面的发展。

在发展儿童各方面能力的同时，玩教具也应具有补偿特殊儿童各方面缺陷的作用。比如对于很多发展性障碍儿童来说，首先应该考虑玩教具是否能补偿学生游戏动机的缺陷。很多发展性障碍的孩子不爱玩也不愿玩，或者仅仅喜欢敲打和旋转玩具。因此在选择时要注意玩教具的趣味性，玩具的颜色、造型、新奇性等都能引起孩子的学习动机。再如为视障儿童准备玩教具时，应该多选择真实的和仿真的玩具，以弥补学生表象认知的不足。

2. 考虑玩教具的多样转换特性

从认知发展的观点看，最好为特殊儿童提供开放性的、具有多样转换特性的游戏材料。这样的游戏材料大多是开放性的、不定型的，能让学生自由操作、试验、探索或即兴扮演。例如积木、沙球、多用活动板、拼板、套杯或各类拆装玩具等，这些玩具能随儿童的操作而移动、改变、表现出不同的形态。通过感知动作体验不同的转换，进而增进心理运算的能力，这正是特殊儿童所缺乏的能力。玩教具要有多种用途，任何一种玩教具若变化单一、玩法不多，儿童便会很快对它们失去兴趣，所以在为特殊儿童选择玩教具时，首先应该考虑那些具有多种功能和玩法的玩教具。

3. 考虑玩教具的安全与卫生

玩教具一定要卫生、无毒、安全，不能碰伤、挫伤、刺伤和毒害儿童，尤其在为特殊儿童选择玩教具时，更要考虑这些方面。因为特殊儿童的自制力及判断力较弱，不易区分危险因素，例如在为智障儿童选择玩教具时，就不宜选择较小的或者有细小附件的玩教具，以防其吞食；为视障儿童选择的玩教具应尽量避免尖锐的边角，不留竹刺、木刺，也不宜有绳索等的连接，玩教具上不宜有较宽的间隙，以防夹伤手指或接触到玩教具里面的尖锐零件……诸如此类的问题事先一定要考虑周全。

儿童认知功能训练的基本原则及策略

认知功能训练是依据儿童的身心特点及发展需要开展的训练，为了达成目标，更明显地体现训练效果，在训练活动设计和实施的过程中应遵循以下基本原则及相应的策略。

一、儿童认知功能训练的基本原则

1. 主体性原则

儿童是发展的主体、教育的主体，无论普通儿童或特殊儿童都是如此。因此在认知训练活动设计的过程中，突出学生主体、尊重学生，不但是必须的，也是必然的。突出学生主体地位，简而言之就是要求教师在认知训练过程中，应该帮助学生成为发展的主人、学习的主人，而不是单纯地根据自己的经验和认识去塑造学生。认知训练的前提是要了解学生，在进行活动设计时，教师要仔细观察、了解、记录学生在平时活动及学习中的不同表现及行为，评估学生的不同特点及认知发展水平，在此基础上设计适合他们发展的训练目标、活动及课程。

2. 发展性原则

认知训练的最终目的在于促进学生的认知发展。根据维果茨基的教育理论，只有走在发展前面的教学才是良好的教学。教学不应跟在发展的后面或在已达到的发展水平上进行，而应在没有完全成熟但是正在形成的心理功能的基础上进行。所以，认知训练要充分考虑每个学生的具体特点和认知需求，通过切实的评估与诊断，明确儿童当前的认知能力水平和发展需求之间的关系，按照知识的逻辑顺序和学生认识能力的最近发展区域进行教学及训练，使学生利用已有的知识去获得更多的新知识，同时发展智力。

3. 差异性原则

儿童尤其是特殊儿童存在着显著的个体差异，不仅表现为个体间的差异,而且表现为个体内的差异。因此,对这些儿童进行认知训练,不仅需要遵循一般儿童的发展规律,而且还要特别注意他们的个体差异,对其实施个别化的康复训练,使训练更有针对性。即便是在班级化的集体教学中,也应该考虑到班级内不同学生间的差异,对不同程度的学生有计划、有组织地开展分层训练、差异教学。

4. 活动性原则

活动性原则是指在儿童认知训练中,教师要以学生的实际活动为基点,创设各种情境,通过各种训练活动的有效组织,使儿童认知能力得到提高。现代心理学强调,儿童要获得知识,必须通过主体和客体的相互作用。幼儿认识事物大多依赖于直接经验,通过摸、看、闻、尝、听、抓、举、扔、捏、切等来了解物体的各种特性[①]。例如儿童要认识数,必须从点数实物开始;要获得类属的概念,必须亲自动手对实物和图片进行分类。通过这些实际的操作活动,儿童才能在原有的发展水平上进行提升。

5. 协调性原则

前面讲过,儿童认知的发展首先表现为各种心理机能的发展,如感知能力的发展、注意能力的发展、记忆能力的发展、思维能力的发展等,这些心理机能之间是彼此联系的,例如记忆离不开感知、注意等过程。此外,认知的发展还表现为不同的领域知识的发展,如数的概念、时间概念、空间概念、因果关系等等,儿童对这些领域的现象及事物的理解也是不断深化、相互促进的。所以,认知康复训练是一个系统复杂的工程,它涉及众多相互关联的心理机能及领域,训练中应把握好这些心理机能及领域之间的关系,坚持协调原则,促进儿童的均衡发展,而不应该顾此失彼,只偏重于某些领域的训练提升。

二、儿童认知功能训练的相关策略

1. 借助游戏引导

儿童认知训练的方法要遵循儿童认知发展的基本规律,最常见的训练形式就是活动法,并以游戏活动为主。游戏是儿童最主要的活动方式,特别是智力游戏,是儿童认识世界、发展智力的重要手段。因此,认知训练的活动形式要生动活泼,富有趣味,把康复训练活动寓于游戏之中,如在游戏中认字、数数、掌握概念等。这样边玩边学,就会把枯燥无味的知识变成吸引儿童的有趣的东西,使孩子的认知能力在不知不觉中得到提升。对儿童进行认知训练最忌讳的就是采用强制式,这样往往事与愿违,适得其反。

---

① 玛丽·霍曼,伯纳德·班纳特,戴维·P. 韦卡特. 活动中的幼儿——幼儿认知发展课程[M]. 周欣, 郝和平, 译. 北京: 人民教育出版社, 1995: 248-249.

2. 注重学生体验

认知训练必须和个人的直接经验发生联系才有意义。我们应该认识到，个体认知能力的提升大多依赖于直接经验，主要通过看、听、摸、闻、尝来认识事物，了解事物的各种特征。所以，认知训练活动的设计与实施要以学生的直接经验或体验为基础，将学生的需要、动机和兴趣置于核心地位，不能要求学生只是简单地接受学习，而应该让他们亲身经历实践过程，充分发挥自身的主动性和积极性。例如，以开放式空间为主，训练不应仅仅限于室内、讲台，还可以包括生活环境，使用多种活动形式进行训练，要有充足的教具，并善于运用生活资源来教学。

3. 提供辅助示范

在认知训练过程中，要注意及时给学生提供必要的辅助和示范。特别是针对许多理解能力比较弱的儿童，训练过程中的指令要清晰、简短、明确。训练时可以适当运用一些视觉策略，吸引学生的注意力，帮助学生明白任务要求。很多特殊儿童，由于身心方面的缺陷，他们在完成任务方面，往往存在很大的困难，常显得"笨手笨脚"，不够灵活，经常失败，又往往让他们变得退缩，不肯参与，没有自信。这个时候，只有我们耐心地给他们帮助，认真演示，为他们提供模仿的范例，甚至手把手地教他们，他们才能学会某些技能，而且会重新鼓起参与训练的信心及勇气。

4. 及时进行反馈

善用奖励制度、及时进行反馈也是一条重要的学习原则，是强化学生大脑神经皮层，建立正确神经通路的重要方式。在认知训练过程中，当学生完成训练的任务要求时要及时给予反馈，强化正确的反应。提供给学生的反馈信息不能仅仅是泛泛的表扬或批评，还应当具体说明学生正确的行为和不足的地方，分析错误产生的原因，并示范正确的反应方式，只有这样才能提高反馈的作用。特殊儿童的大脑皮层神经活动有兴奋消退快、保护性抑制、定向反射弱的特点。因此教师要坚持及时反馈的原则，以扩大学生大脑兴奋点，建立新的神经通路。

5. 适时拓展迁移

儿童对概念的理解普遍存在很大的局限性，教师在讲授一个概念时必须在不同的地点把概念呈现的不同形态告诉儿童，在多种多样的背景和关系中阐释相同的概念，这样才能较好地帮助儿童促进知识的迁移及概念的掌握。例如在教"灯"这个概念时，经过老师的反复告知，学生知道附着在墙体上发亮的物体叫作"灯"，然后老师又告之，放在桌上照亮的灯叫作"台灯"，在道路两侧用于夜晚照明的灯叫"路灯"等等，但是，一开始学生可能并不明白凡是"灯"同属一类，他们仅仅把灯作为一个词来标志，随着迁移能力的逐步增强，他们才开始逐步认识到类别间的关系，"灯"的概念才能真正建立起来。

6. 坚持循序渐进

在认知训练过程中,训练内容与训练方法要由易到难、由简到繁,训练量要由少到多,训练的任务与要求要逐步提高。认知训练要以学生的现有水平为起点,谨慎选择训练的切入点,想方设法维持儿童参与训练的兴趣,提高学习动机。在前项认知训练任务未完成之前,原则上不进行同领域的下一项目的学习。一旦违反这一原则,如任务难度过大,儿童可能会因为无法完成任务,从而表现出注意力涣散、烦躁、焦虑,甚至攻击行为。如果出现这种状况,训练者必须及时调整训练计划,重新实施训练方案。

计算机技术在儿童认知康复训练中的应用

随着网络及计算机技术的发展,计算机辅助认知训练也得到了广泛应用。计算机辅助认知训练可以对儿童认知功能进行系统评估,从而帮助教师有针对性地结合评估结果制订合理的训练方案。计算机辅助认知训练的内容丰富多彩、娱乐性强,可满足儿童的兴趣和好奇心,激发儿童参与热情,有力提高训练效果。

一、计算机辅助认知训练及其优势

(一)计算机辅助认知训练的发展

计算机辅助认知训练是利用计算机的多媒体交互功能,用计算机编程语言实现训练方法,以计算机作为训练平台,在计算机上进行的认知训练。这种方法改变了传统的认知功能训练模式,可以极大地提高儿童参与训练的兴趣和积极性,具有较好的训练效果。

早在20世纪60年代,日美等发达国家就对学习障碍儿童、注意缺陷与多动障碍儿童身上伴随的认知障碍开展了多方位的探索,并开始尝试将认知评估量表数字化、可视化,开发出多种计算机认知评估系统。20世纪80年代以后随着计算机技术的飞速发展及计算机的普及,计算机认知训练系统在欧美相继开发成功,并且在医院、康复机构和家庭中得到了广泛使用,取得了良好效果。

20世纪80年代后期,中国香港、台湾地区的一些康复机构及医院开始引进国外的软件用于认知障碍的评定,并研制出了一些中文康复训练软件模块进行临床测试。大陆地区有关认知障碍特征的系统化电脑分析研究相对较晚,始于20世纪90年代,但由于当时计算机应用尚未普及,最初也只是处在探索阶段,后来随着一些测评工具的数字化,计算机辅助康复训练得到了快速的发展,并在注意缺陷与多动障碍、脑瘫、孤独症等类型的特殊儿童群体中得到运用。

(二)计算机辅助认知训练的优势

计算机利用多媒体信息处理技术,可以综合处理各种多媒体信息——文本、图形、图像和声音,这在儿童认知康复训练中具有独特的优势。

1. 可以充分激发学生的积极性

计算机辅助认知训练的手段,形式生动活泼,具有极强的趣味性优势,它综合运用了图、文、声、像等多媒体信息刺激学生多个感官,同时还能将讲授与演示融为一体,在丰富多彩、富于变幻的信息传递中,使学生的大脑始终处于兴奋状态,从而调动了学生的学习情绪,激发训练兴趣,提高了他们的学习积极性。

2. 可用多元化手段呈现训练内容

传统的训练手段信息呈现方式单一,往往难以起到很好的效果。借助计算机多媒体的形象直观优势,可以突破传统教学中方法的局限性,将要学习的内容直观呈现出来,为儿童营造了一个声像同步、能动能静的情境。训练过程中,学生借助于图像烘托、声音渲染等手段,加强了视觉、听觉等多种感官的协调,在视听直觉感知中进行记忆、思维、想象,为积累感性经验奠定了坚实的基础。

3. 可以使评定和训练过程更为标准化

目前,国内有关认知训练的干预方案还没有形成一个统一的标准,关于认知训练研究的干预方式各不相同,研究者都是按照自己的研究目的,并根据所具备的客观条件,来制订适合于自己研究的干预方案。而计算机辅助认知训练系统使干预的流程有了一个统一的标准。它将认知功能训练内容分为不同的难度,并将每个难度又分成更细的训练内容;它可以针对参与者的基线能力,来设定任务难度的初始水平;它还可以根据参与者认知功能水平,来不断调整训练内容和训练难度。

4. 可以部分缓解专业人员缺乏的压力

计算机辅助认知功能训练的训练过程简单高效,工作人员经过简单的培训即可对儿童进行认知训练,因而对工作人员要求较低,可缓解专业人员不足的压力。由于训练是以计算机作为辅助平台,因此减轻了工作人员的工作量,提高了其训练效率,而丰富的训练内容也能够使受训儿童在与传统认知功能训练相等的时间内训练更多的内容,接受更多的刺激。

二、计算机辅助认知训练常用软件

目前国内外有多家公司在开发专门用于认知能力训练的专业软件,这些软件利用多媒体技术提供声音和影像，通过生动有趣的游戏和大量练习，激发学生的参与兴趣，提高学生注意力，进而达到提升认知能力的目的。该类软件既可以用于普通儿童认知能力的开发，也可以在特殊儿童认知训练中发挥较好的作用。

（一）儿童认知能力测试与训练系统

华东师范大学杜晓新教授以智力 PASS 理论与学习策略理论为指导，经过反复实践，构建了儿童认知能力评估与训练体系，并成功研发了儿童认知能力测试与训练系统。该系统包括学前与学龄儿童认知能力测试与训练两部分，它以儿童的认知发展规律确定测验及训练内容，以图形、文字、符号、数字等为主要训练材料，采用人机互动及动漫游戏的形式，并能够及时反馈训练效果。

1. 学前儿童认知能力测试与训练系统

以智力 PASS 理论来确定学前特殊儿童认知能力的评估内容。学前特殊儿童五项认知能力测验（3~5岁）包括空间次序、动作序列、目标辨认、图形推理、逻辑类比。其中，空间次序评估儿童对空间排列物体的记忆能力；动作序列评估儿童对动作系列出现顺序的记忆能力；目标辨认评估儿童对事物、人物空间关系的辨认能力；图形推理评估儿童依据各类图形关系进行逻辑推理的能力；逻辑类比评估儿童依据数字、符号及事物之间的逻辑关系进行类比推理的能力。其中前两项属于对儿童继时性编码能力的测验，后三项是对儿童同时性编码能力的测验。

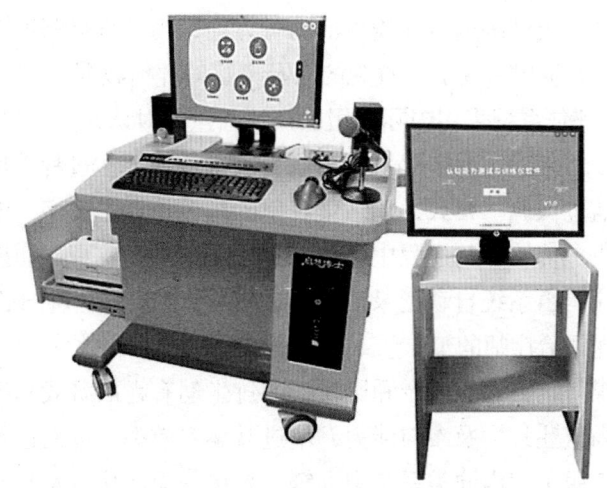

图 4-2　儿童认知能力测试与训练系统

学前儿童认知能力训练在评估内容的基础上，又有所扩展，包括了注意力、观察力、记忆力、数字认知、图形认知、序列认知、异类鉴别、同类匹配等八项。这八项同样符合智力 PASS 理论的实质。其中观察力、记忆力和注意力用来训练儿童基本的认知能力；数字认知、图形认知、异类鉴别、同类匹配主要用来训练儿童同时性认知加工能力；序列认知主要用来训练继时性认知加工能力。

2. 学龄儿童认知能力测试与训练系统

逻辑推理能力是认知过程的核心能力，学龄儿童认知能力的评估（6~15岁）主要是评估儿童对各种材料进行逻辑推理的能力，这一过程需要儿童按信息间的关系与特征进行分析与综合，并将其严密地组织起来。学龄儿童五项认知能力测验主要包括数字推理、图形推理、异类鉴别、情景认知和记忆策略。其中，数字推理可用来评估特殊儿童数概念的掌握及数字推理的能力；图形推理可用来评估特殊儿童利用实物图片及抽象图形进行推理的能力；异类鉴别可用来评估特殊儿童利用实物图片及抽象图形，分类与结合相关条件进行归纳的能力；情景认知可用来评估特殊儿童根据各情景之间的逻辑关系或事件发展规律进行推理的能力；记忆策略可用来评估特殊儿童利用蕴含一定内在规律的系列图片，依据策略进行记忆的能力。

学龄儿童五项认知能力训练在评估内容的基础上有较大扩展，具体包括数字推理、情景认知、图形推理、逻辑类比、异类鉴别、网状推理、语义理解、坐标推理、记忆策略、问题解决等十项。其中，情景认知和记忆策略主要用来进行线性加工的训练；坐标推理主要用来进行坐标结构的训练；网状推理和异类鉴别主要用来进行网状结构的训练；而数字推理、图形推理、逻辑类比、语义理解、问题解决主要用来进行综合结构的训练。

（二）Cogni 认知训练评估系统

该认知训练评估系统训练内容涵盖生活的各方面，内容难易跨度大，适合2~95岁之间任何年龄层次，并提供客观的、直观的以及丰富的评估数据。

Cogni 认知训练评估系统采用国际通用认知评估量表对认知障碍患者进行系统评估，它由 MMSE、NCSE、PACA、BIT 等认知评估量表组成，评估过程采用"全自动—患者人机对话—治疗师监控微调"模式，评估量表里的指令声音、文字、图片等均由系统发出及显示，有效解决了传统评估过程中评估用具繁多、难以整理、切换烦琐的弊病。训练对象的响应及反应均由系统自动记录，最后进行分析统计，并生成图文并茂的评估报告，这样可以显著降低治疗师的工作量，提高认知评估工作的效率。

该系统利用多媒体电脑提供声音和影像，通过生动有趣的游戏和练习，刺激引发训练对象的兴趣，提高其注意力及参与能力，增进其学习效率，进而达到训练言语认知功能的目的。该系统克服了国内同类系统中训练内容单一无变化以及与受训对象生活环境无关的难点，为儿童创造了一个新鲜、形象和多样化的训练环境，促使认知训练达到较好的效果。

第五章

儿童感知觉的训练

感知觉是认知过程的初级阶段，是人类认识世界的开端，是其他认知过程（诸如记忆、思维等）形成和发展的基础，也是个体正常心理活动发生发展的必要条件。那么，什么是感知觉？儿童的感知觉是如何发展的？特殊儿童的感知觉又有哪些方面的特点？如何对儿童开展感知觉方面的训练？本章将围绕上述问题对感知觉的内涵及特性进行阐述，在介绍儿童感知觉特点的基础上，着重介绍感知觉的训练方法，为后续的认知能力训练打下基础。

感知觉概述

一、感知觉的内涵及特性

（一）感觉的内涵及特性

客观世界有多种属性，如光线、声音、气味、温度、软硬等。当这些属性直接作用于我们的感觉器官（如眼睛、耳朵、鼻子等）时，我们的脑接受并对这些个别属性进行加工，就产生了感觉。感觉是人脑对直接作用于感觉器官的客观事物的个别属性的反映，如光线直接作用于我们的眼睛，集中在视网膜上，视神经将信息传到大脑的视觉中枢，就产生了视觉；声音刺激被外耳收集，经过内耳的听觉感受器传到听神经，就产生了听觉等。

感觉对人的日常生活和学习非常重要。"感觉剥夺"实验证明，在被剥夺感觉的情况下，人会产生无法忍受的不安和痛苦，人会出现病理心理现象，诸如注意力不集中、逻辑混乱、反应迟钝、心情烦躁等，甚至还会产生幻觉和神经症状。可见，只有基于感觉所获得的外界信息，人类才能认识客观世界，其他心理活动才能够产生和发展，个体才能正常生存。

（二）知觉的内涵及特性

知觉是人脑对直接作用于感觉器官的客观事物的整体属性的反映。知觉使我们认识到事物的整体，并知道它的意义，比如我们看到一朵花、听到一首歌曲。知觉是对感觉到的内容的解释，是在感觉的基础上对事物整体的认识。

感觉是知觉的基础，但知觉不是各种感觉信息的简单总和，它比个别感觉的简单相加要复杂得多。人的知觉过程是有组织、有规律地整合个别感觉信息，并根据个体的知识经验对感觉到的各种信息进行解释的心理活动过程，知觉的这种有组织、有规律的特性主要表现在知觉的整体性、知觉的选择性、知觉的理解性和知觉的恒常性四个方面。

知觉的整体性是指人根据自己的知识经验把个别属性、个别部分综合为整体加以识别的过程。如我们听到一首歌曲，把声音的高低、强弱、音色、节奏变化、时间延续等信息跟自己的知识经验整合起来,"知觉"为一首优美的歌曲。知觉的选择性是指人根据当前的需要,有选择地把少数事物当成知觉的对象进行加工的过程。其中,选择的事物就是知觉的对象,没有被选择的事物就是知觉的背景,例如上课时,我们会把老师的声音从环境中的众多声音中选择出来作为知觉的对象,这就是知觉的选择性。在知识经验的基础上,对知觉对象(如老师的声音)进行加工处理,做出某种解释,并赋予其意义的过程就是知觉的理解性。知觉的恒常性是指我们的知觉映像在一定范围内不随知觉条件变化而保持稳定性的过程,如我们看到一扇从关闭到打开的门,不论这扇门在视网膜上投射的形状是如何变化的,我们知觉到的这扇门的形状都是长方形的。

(三)感知觉的分类

通过感觉,人类不仅能够认识和分辨外部世界物体的各种属性,还能够认识自身的各种状态,如运动、饥渴、疼痛等。根据客观刺激物的性质和刺激物所作用的感官的性质,可以将感觉分为两大类:外部感觉和内部感觉。外部感觉接受外部刺激,包括视觉、听觉、肤觉、味觉和嗅觉,其中,肤觉又分为温觉、冷觉、触觉和痛觉。内部感觉接受机体内部刺激,包括运动觉、平衡觉和机体觉。

根据在知觉过程中起主导作用的感觉器官的特性,可以把知觉分为视知觉、听知觉、触知觉、味知觉和嗅知觉等。根据人脑所认识的事物特性,可以把知觉分为时间知觉、空间知觉和运动知觉。其中,空间知觉又包括形状知觉、大小知觉、深度(距离)知觉和方位知觉。

二、儿童感知觉的发展

感知觉是心理活动中的初级形式,它出现早、发展快,许多感知觉在婴幼儿时期已经达到成人水平。从个体发展来看,一般是先有各种具体的感觉,然后在此基础上出现各种知觉。

(一)儿童感觉的发展

1. 视觉的发展

视觉主要是由光刺激作用于人眼产生的一种重要的感觉。在我们获取的外界各种信息中,80% 来源于视觉,可见视觉对我们的日常生活和学习极其重要。

新生儿出生后便能察觉眼前的亮光,还能够区分不同明度的光,也能察觉移动的灯光，能用眼睛追随视觉刺激。婴儿到四个月时能够像成人一样可以看清不同距离上的物体，六个月至一岁左右的婴儿的视力已经达到成人的正常水平。

颜色是光波作用于人眼所引起的视觉经验。在颜色认知的发展方面，一般认为，儿童三四个月起能够分辨彩色与非彩色。幼儿能否正确地辨认颜色，主要在于是否掌握了颜色的名称。张增慧、林仲贤（1983）的儿童颜色命名实验表明：3 岁儿童颜色命名的平均正确率为 50%，4 岁儿童颜色命名的平均正确率为 67.5%，对红色、白色、黑色的正确命名率达到百分之百；5 岁儿童颜色命名的平均正确率为 90%，对红色、白色、黑色、黄色、绿色的正确命名率达到了 93% 以上，对蓝色和橙色的正确命名率也有 86.6%，对紫色的命名率只有 60%；6 岁儿童颜色命名的平均正确率为 94.5%，除紫色（正确率为 70%）外，对其他颜色命名的准确率都达到了 93% 以上。[1] 对八种常见颜色命名正确率的排序为：红色、白色、黑色、黄色、绿色、蓝色、橙色、紫色。这种颜色命名能力的发展还会受教育条件、生活环境及不同教育水平的明显影响。张积家等（2005）用 11 种基本颜色对 3~6 岁儿童的颜色命名能力进行了实验研究，结果显示：儿童对 11 种颜色命名的顺序是：白色、黑色、红色、黄色、绿色、蓝色、粉红色、紫色、橙色、灰色、棕色。[2] 还有研究表明，儿童在未能对颜色进行正确命名之前，已具有分辨颜色的能力。比如，四个月婴儿已能区别红色、蓝色、绿色、黄色，与成人相差不大。对颜色进行正确命名，除了和言语能力发展有密切关系外，还与对颜色的抽象及概括能力的发展有关。[3]

2. 听觉的发展

仅次于视觉的重要感觉是听觉，听觉是人通过耳对外界声音刺激的反应。新生儿已经有了听觉反应，还能够区分声音的音高、响度和持续时间。在出生时，婴儿的声音定位能力就已经相当不错，听到噪声会把头转向声音柔和的方向。婴儿对人说话的语音也相当敏感，两个月的婴儿可以辨别不同人的说话声，也能辨别同一个人不同情感的语调。还有研究发现，新生儿在听人说话时，具有使自己的身体动作（头、手、腿等的活动）与讲话声同步的能力。儿童的听觉能力在十二三岁以前一直在增长，成年后逐渐降低。

3. 其他感觉的发展

嗅觉是由有挥发性气味的物质作用于嗅觉器官引起的感觉，其发展非常稳定，味觉是由可溶性物质作用于味蕾引起的感觉，基本的味觉有酸、甜、咸、苦四种。新生儿已经能够区分几种气味，而且对气味的空间定位也相当敏感，出生一周的婴儿已经能分辨母亲的气味和其他人的气味，表现出明显的味觉偏爱——喜欢甜食，并能通过面部表情

---

[1] 张增慧，林仲贤.3—6 岁儿童颜色及图形视觉辨认实验研究 [J]. 心理学报，1983，(4).

[2] 张积家，陈月琴，谢晓兰.3—6 岁儿童对 11 种基本颜色命名和分类研究 [J]. 应用心理学，2005，11（3）.

[3] 张积家，等.智障儿童基本颜色命名和分类研究 [J]. 中国特殊教育，2007，6.

和身体动作等方式对酸、甜、咸、苦等味觉做出不同的反应。灵敏的嗅觉和味觉可以保护婴儿不受有害物质的伤害，对人的生存具有重要意义。

肤觉是刺激物作用于我们的皮肤引起的各种感觉，主要包括触觉、冷觉、温觉和痛觉。没有肤觉，人就不能回避各种伤害人体的危险，也不能实现对体温的调节。在母亲怀孕 32 周后，胎儿的整个身体对触觉已经很敏感，触觉在新生儿出生时就已经发育成熟，嘴巴和脸比身体其他部位更加敏感。新生儿对冷、暖已经很敏感，女孩比男孩更加敏感。婴儿天生就有感受疼痛的能力，当他们受伤时，心跳会加快、流汗较多、面部表情痛苦、哭声强度和音调也会改变。

（二）儿童知觉的发展

儿童对形状的认识发展具有如下特点：① 认识平面图形并达到图形守恒：4～5 岁的儿童开始能正确认识常见的平面图形，认识顺序依次是圆形、正方形、三角形、长方形、梯形。并且儿童能不受图形大小、颜色、摆放位置的影响而正确地辨认图形。② 认识立体图形并达到图形守恒：5～7 岁儿童开始能正确认识常见的立体图形，认识顺序依次是球体、正方体、长方体、圆柱体。儿童能区分平面图形和立体图形，并逐步理解两者的关系。③ 进行图形分割与拼合：4 岁以上的儿童对图形的分割与拼合活动表现出较高的积极性和一定的创造性。④ 理解图形对称：5 岁儿童开始学习对称图形，能等分图形。[1]

就大小概念的理解而言，4 岁普通儿童对大小概念已有粗糙的认识，能对大与小做出区分，是大小概念理解的萌芽期；5～6 岁是大小概念理解的迅速发展期；随着年龄的增长，大小概念的理解逐渐达到成熟水平，8 岁以后儿童与成人基本一致。这时候普通儿童已理解大小概念。[2]

儿童知觉的其他方面也发展迅速，婴儿已经具有物体形状和大小知觉的恒常性，婴儿出生后六个月就有了深度知觉（吉布森的"视崖"实验，1960）。婴儿能够对各感觉通道的信息进行整合，将感知和动作结合起来，并随着年龄的增长，此整合能力也不断发展，为以后的阅读和学习奠定基础。有关方位知觉和时间知觉的儿童发展特点和训练方法见本书第十二章和第十三章。

---

[1] 杜晓新. 特殊儿童认知能力训练的原理与方法 [M]. 上海：华东师范大学出版社，2012：132-133.
[2] 潘开祥，张铁忠. 4—10 岁儿童理解大小概念的发展研究 [J]. 心理科学，1997，20（5）.

特殊儿童感知觉的发展特点

第二节

特殊儿童（如智障儿童、视障儿童、听障儿童、孤独症儿童、学习障碍儿童等）感知觉的发展顺序和所遵循的规律与普通儿童基本是一致的，只是自身的缺陷以及其他继发性障碍等原因，导致他们在感知觉发展上存在一些问题。不同障碍类别的特殊儿童感知觉发展方面存在一些差异，即使是相同类别的特殊儿童，由于其障碍的程度不同，感知觉的表现也会存在差异。下面重点介绍三类特殊儿童感知觉的发展特点。

一、智力障碍儿童感知觉的发展特点

智力障碍儿童对外界感官刺激的感受性、感知速度等方面发展都比较迟缓，一般感觉分化较弱，知觉狭窄，知觉的选择性、恒常性和整体性较差，空间知觉、时间知觉发展落后，感知动作协调、感知水平和质量都低于普通儿童。

有研究表明，智力障碍儿童由于抽象能力发展落后，颜色命名能力比普通儿童晚四年左右，命名正确率很低，但颜色正确命名的顺序和发展趋势与普通儿童是一致的。[①] 虽然他们能识别和命名部分颜色，但正确率远低于普通儿童，颜色分类也存在明显的个体差异。这说明智力障碍儿童的颜色认知还处于较低级水平。有些轻度智力障碍儿童到五六岁还不能认识一种颜色，中重度智力障碍儿童的表现更差。

对于智力障碍儿童来说，他们大多以感性认识为主，抽象思维的能力较弱，较难从自然物体中抽象提炼出几何形状，他们的图形认识存在明显不足。林于萍（1998）通过对智力障碍儿童的形状知觉特点的研究，发现智力障碍儿童在形状知觉各层次上显著落后于普通儿童。智力障碍儿童在形状知觉的三个层次上的具体表现为：分辨层次，基本能粗略分辨；识别层次，对基本图形能进行较粗略的识别，但能认不能画，无法临摹；组合

---

① 林仲贤，等. 弱智儿童颜色命名能力的发展研究 [J]. 中国健康心理学杂志，2000，8（5）.

层次，对图形各部分关系无法把握。智力障碍儿童最普遍的困难是形状知觉不够分化，其实质是认知加工笼统和粗略。① 林仲贤等（2001）通过对智力障碍儿童视觉图形辨认的研究，发现与同龄的普通儿童相比，无论在哪一种呈现速度条件下，智力障碍儿童对图形辨认的正确率明显低于普通儿童。②

在大小知觉方面，7岁以上中重度智力障碍儿童基本能够比较物体的"大"和"小"，但7～9岁儿童对于难度相对较高的物品大小排序的判断正确率相对较低。随着年龄的增长，智力障碍儿童对物体"大""小"的理解也更好，10～12岁时理解水平表现出快速增长。③ 就认识长短而言，有研究结果表明绝大多数4～6岁幼儿对长度概念的掌握程度较好，而7～16岁的中重度智力障碍儿童能基本掌握成对相同物品和成对相似物品的长短区分任务，但只有14～16岁智力障碍儿童才能熟练掌握相同物品的长短排列任务。④

二、孤独症儿童感知觉的发展特点

（一）异常的感觉反应

研究表明，孤独症谱系障碍患者中约45%～95%的个体存在异常感觉反应症状，学龄前孤独症幼儿中则有69%～90%的个体存在异常感觉反应症状。⑤ 目前，将孤独症谱系障碍患者的异常感觉分为反应过度、反应不足和感觉寻求三类。

反应过度是指对感觉刺激夸大，表现为感觉过敏或感觉防御。如有的孤独症儿童对特别微小的声音表现得异常强烈，当经历剪发、刷牙或量体温等触觉体验时会哭闹不止，拒绝别人的碰触或拥抱。反应不足是指对感觉信息的输入没有反应或反应缓慢。如有的孤独症儿童对摔伤或自伤行为没有感觉或异常迟钝，对别人叫他的名字没有任何反应。感觉寻求是指对某种感觉体验存在异常强烈的、持久的渴求或兴趣。如有的孤独症儿童长时间注视着旋转的物体，重复眨眼，翻看手掌，旋转身体，闻某些物品等。一个孤独症谱系障碍患者有时会同时存在以上三种感觉反应类型。随着年龄增长，反应过度行为会增加，反应不足行为没有规律性地变化，感觉寻求行为在4～9岁之后开始减少。

从感觉通道的角度来看，孤独症儿童在视觉、听觉、触觉等方面都有敏感和迟钝并

---

① 林于萍. 智力落后儿童形状知觉特点的实验研究[J]. 中国特殊教育，1998，19（3）.
② 林仲贤，等. 弱智儿童视觉图形辨认的实验研究[J]. 心理发展与教育，2001（1）.
③ 孙圣涛，钟秋婷. 中重度智力落后儿童对"大""小"的理解[J]. 现代基础教育研究，2011，4（12）.
④ 孙圣涛，蔡雯，李冠华. 中重度智力落后儿童对于"长""短"词义掌握的研究[J]. 中国特殊教育，2010，118（4）.
⑤ 张永盛，杨广学. 自闭症谱系障碍患者异常感觉反应研究综述[J]. 中国特殊教育，2014（7）.

存的现象。有的孤独症儿童在正常的光线条件下会有闭眼、皱眉等动作，但偏爱手电筒的光线且不眨眼；有的儿童对别人的话充耳不闻，但自己却喜欢制造拍手、拍桌子等发出的声音。

（二）局部加工优于整体加工

正常人在对客观事物进行感知时，更倾向于从整体到局部，而孤独症儿童首先关注的是事物的细节和局部，倾向于对刺激的局部特征进行优先加工。不论是对图形加工（镶嵌图形测验和积木测验），还是对面孔的加工，孤独症儿童都表现出了局部加工优势。[1]那么，孤独症儿童是否具备整体加工的能力呢？研究表明，在没有指导和要求的情况下，孤独症儿童优先感知图形的局部信息，而在要求他们注意整体信息的条件下，他们表现出与普通儿童相同的整体加工能力。可见，孤独症儿童存在明显的局部加工优势，也具备一定的整体加工能力。

孤独症儿童感知觉的特异性特征提醒我们，在对孤独症儿童进行感知觉康复训练时，教师与父母要充分考虑孤独症儿童的感知觉特征，比如教室里的灯光要尽量柔和、隔音效果要好，环境的布置尽量采用冷色调，要采用柔和的声音与儿童讲话等，了解并利用儿童的知觉优势，培养他们的特殊技能。

三、学习障碍儿童感知觉的发展特点

学习障碍儿童的感觉器官是正常的，但对各种感官刺激的反应方面却存在问题，有的儿童写汉字时常常多一笔或少一画，有的儿童把偏旁部首写颠倒，有的儿童把数学中的数字写颠倒或看颠倒，有的儿童分不清形近字，有的儿童不能区分左右，体育运动基本动作不协调、节奏感差等，这些表现是儿童的知觉出现了问题。学习障碍儿童的感知觉加工问题主要表现在视知觉、听知觉和感知—运动统合能力三个方面。

（一）视知觉

视知觉是指理解、组织视觉感知刺激的能力，对学习障碍儿童视知觉问题研究最多的是视觉空间障碍，存在该问题的学习障碍儿童视觉分辨力低下、对视觉信息空间位置关系混淆以及数学符号概念形成困难，这种视觉空间认知缺陷使输入的信息被忽略或发生改变，使儿童难以注意和正确理解自己所处环境中像视觉这样的非言语性感知觉信息

---

[1] 石晓辉，吕雯慧，甘诺. 自闭症谱系障碍者的整体与局部视觉加工研究综述[J]. 现代特殊教育（高教版），2015（3）.

所包含的意义。[①] 张修竹等（2012）采用本顿视觉保持测验对 2~4 年级的学习障碍儿童的视觉空间认知特点进行了研究，结果发现，非言语型学习障碍儿童存在更多的变形错误、位置错误和大小错误，难以把握事物的整体和局部特征，控制能力差，存在精细运动协调能力的缺陷。[②] 在另一项研究中发现非言语型学习障碍儿童存在深度知觉障碍[③]。

（二）听知觉

学习障碍儿童听知觉方面的问题主要表现在听觉辨别、按次序加工听觉信息、混合单个语音或音素以及听觉理解等方面的能力较差。刘巧云等（2017）对 2~4 年级学习困难儿童进行了低通滤波言语识别、竞争句聆听、双耳数字分听和频率模式识别四项听觉能力测验，结果发现，学习困难儿童在竞争环境下聆听目标句子和数字的能力以及识别频率模式的得分显著低于普通儿童，学习困难儿童的听处理能力明显低于普通儿童，并指出学习困难儿童在听觉处理方面的问题主要是由其听觉处理障碍本身引起的。[④]

（三）感知—运动统合能力

感知—运动统合主要涉及有关的感知觉与运动的肌肉的协调，感知—运动统合能力与学习密切相关，如写字过程中的手眼协调能力。研究发现，1~4 年级的学习障碍儿童的视觉—运动统合能力较普通儿童显著落后[⑤]。有知觉—运动协调问题的学习障碍儿童往往写字存在困难，写字经常出格子、速度慢，体育动作协调性差、平衡能力弱。由于感知—运动是与基本的肌肉运动相联系的，因而在儿童早期就可能被父母或老师发现，儿童在走路、跑、跳这些大肌肉运动或扣扣子、绑鞋带、搭积木、拿勺子这些精细动作等方面存在困难。

另外，视觉障碍儿童由于缺乏视觉通道所获取的视觉信息，听觉、触觉、嗅觉等其他健全的感知觉成为他们感知外界的主要途径，并在听觉、触觉方面非常灵敏，在一定程度上补偿了视觉的缺陷，但在空间知觉、知动统合等方面，尤其是对距离的准确知觉和深度知觉方面表现出困难。听觉障碍儿童由于各种原因导致听觉器官受到损伤，无法接收听觉通道所获得的听觉信息，听不到或听不清外界环境的声音，听觉障碍使儿童对感知到的信息加工不完整，知觉的整体性和理解性受到制约，也限制了语言的发展，但听觉障碍儿童的视觉感知具有优势，在感知过程中视觉功能得到加强，在一定程度上补偿了听觉的缺陷。

---

① 赫尔实. 近年来国内学习障碍儿童认知特征研究综述[J]. 中国特殊教育，2005.
② 张修竹，刘爱书，张妍. 非言语型学习障碍儿童的视觉空间认知特点研究[J]. 中国特殊教育，2012（2）.
③ 郭靖，陶德清，黎龙辉. 学习障碍儿童深度知觉能力的研究[J]. 心理科学，2001（6）.
④ 刘巧云，周文苑，张梓琴，等. 学习困难儿童与正常儿童听处理能力的比较研究[J]. 听力学及言语疾病杂志，2017，25（1）.
⑤ 张凯峰，徐秀，刘静，等. 学习障碍儿童的视觉认知特征研究[J]. 中国儿童保健杂志，2013（9）.

总之，特殊儿童在感知觉方面的障碍严重阻碍着特殊儿童的发展，只有发展了他们的感知能力，才能为其他高级的认知能力的发展提供前提条件。因此，通过感知觉训练提高特殊儿童的感知能力，在特殊儿童康复训练中具有非常重要的意义。并且，在特殊儿童感知觉的康复训练中，要考虑到不同类别特殊儿童感知觉的不同特点，即使是同一类别的特殊儿童，也要考虑到其感知觉的个体差异，只有这样，儿童感知觉的康复训练才能取得最大的成效。

儿童感知觉的康复训练

第三节

感知觉是人类心理现象的基础，人的记忆、思维等复杂的认识活动，必须依赖感知觉提供的原始信息，一个人若没有感知觉，就不可能形成记忆、思维、想象等复杂的心理活动。因此，感知觉训练在儿童发展中非常重要。本节中，主要从以下几个方面来列举儿童感知觉训练的方法。

一、视觉训练——认识颜色

（一）训练目标

对儿童颜色认识的训练主要以儿童颜色认知发展的一般顺序来制订训练目标。学前儿童颜色认知发展的一般规律如下：小班儿童——能认识红色、黄色、蓝色、绿色四种常见的颜色；中班儿童——进一步认识紫色、褐色、橙色、白色、黑色、灰色等颜色；大班儿童——能区分同一种颜色的不同鲜明程度（饱和度），同时进一步认识更多的混合色。因此，特殊儿童颜色训练目标的制订可以参考此发展顺序，但要注意特殊儿童认识颜色的发展速度要落后于正常儿童。

从儿童学习事物所经历的命名、辨认、发音三个阶段来看，儿童在颜色认知训练中应达到以下目标：命名阶段，能指认物品颜色并说出颜色名称或某一颜色的概念，帮助儿童建立颜色与颜色概念之间的关系。例如，"这是红色的""这是绿色的"。辨认阶段，儿童能根据某一颜色概念从 2~3 种颜色中找出与该概念相对应的颜色，例如，"哪个是红色的""哪个是绿色的"。发音阶段，儿童能说出颜色的名称或概念，例如，"这是什么颜色"，儿童能够回答"这是红色的""这是绿色的"。最终的目标是让儿童能分辨各种不同色调和饱和度的颜色，准确地说出某一种颜色的名称，促进其颜色认知能力的发展。

（二）训练内容

儿童颜色认识训练的内容包括从基本颜色的认识到混合颜色的认识。现代汉语基本颜色词有白、黑、红、黄、绿、蓝、紫、灰8个[①]。因此，认识基本颜色的训练包括白色、黑色、红色、黄色、绿色、蓝色、紫色和灰色等各种颜色的命名、辨认和发音等。认识混合色的训练是为了让儿童知道两种或多种颜色混合在一起，会变成一种新的颜色，以帮助儿童体验和了解颜色变化的简单规律。例如，将红色和黄色的水彩颜料混合在一起，就变成了橙色（认识橙色）；将红色和蓝色的水彩颜料混合在一起，就变成了紫色（认识紫色）；将黄色和蓝色的水彩颜料混合在一起，就变成了绿色（认识绿色）。在此阶段，对颜色混合的认识训练包括填色训练和组合训练等。

（三）训练活动设计举例

活动1　认识基本颜色

功能

1. 训练儿童认识红色、绿色两种基本颜色的能力。
2. 提高儿童对颜色命名、指认和发音的能力。

准备

颜色图片一组，由多张红色、绿色两种颜色的苹果组成。另外，准备红色、绿色两种颜色的苹果实物（或图片）数个。

过程

（一）环节1——命名颜色

1. 教师出示图片，呈现认识颜色的训练材料。

教师："同学们，请观察老师呈现的这一组图片，有两种不同颜色的苹果，一种是红色的苹果，另一种是绿色的苹果。"

2. 教师命名示范，学生观察。

教师指着不同的图片，告诉学生"这是红色的苹果"或"这是绿色的苹果"，帮助学生将颜色的感官特性和名称对应起来。

3. 学生在教师指导下开展命名练习。

学生跟着教师认识不同颜色的苹果并命名："这是红色的苹果"或"这是绿色的苹果"。

（二）环节2——指认颜色

1. 教师呈现红色、绿色两种不同颜色的苹果图片，要求学生指认。

教师："这里有不同颜色的苹果，哪一张是红色的苹果？（或哪一张是绿色的苹果）"

---

① 于慧婧. 现代汉语基本颜色词研究 [D]. 大连：辽宁师范大学，2007.

2. 教师呈现多张红色、绿色苹果的图片，要求学生指认。（指导语同上）
3. 教师呈现多个红色、绿色的苹果实物，要求学生指认。
教师："这里有不同颜色的苹果，哪一个是红色的苹果？（或哪一个是绿色的苹果）"

（三）环节3——指导发音
1. 教师呈现红色、绿色两种不同颜色的苹果图片，要求学生说出颜色名称。
教师："这里有不同颜色的苹果，这是什么颜色的苹果？"（回答：这是红色的苹果，或这是绿色的苹果）
2. 教师呈现多个红色、绿色苹果的实物，要求学生说出颜色名称。（指导语同上）

活动2　认识混合色

功能
1. 懂得两种颜色混合在一起可以变成一种新的颜色。
2. 通过填色训练，提高儿童手眼协调能力和对颜色的兴趣爱好。

准备
颜料笔一套，填色涂卡一张。

过程
1. 教师呈现填色涂卡（图5-1），要求学生说出卡片上已有基本颜色的名称。
（回答：这是红色，或这是黄色，或这是蓝色）

图5-1　填色涂卡

2. 教师指导学生完成颜色混合的填色训练。
教师：① 请在红色圆形和黄色圆形重合的地方，分别涂上红色和黄色。
　　　② 请在红色圆形和蓝色圆形重合的地方，分别涂上红色和蓝色。
　　　③ 请在黄色圆形和蓝色圆形重合的地方，分别涂上黄色和蓝色。
3. 教师呈现填色涂卡（图5-2），引导学生观察新颜色。
教师："你们在重合的地方看到了什么颜色？"（回答：橙色、紫色和绿色）

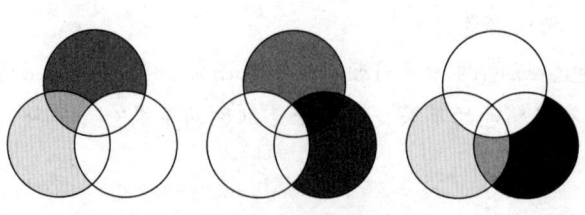

图5-2　填色涂卡

4. 教师出示图片（图5-3），指导学生完成颜色混合的组合训练。

教师："我们刚才看到两种颜色混合以后会得到新的颜色。请选择合适的颜色，并用等式表示两种颜色的混合色。"（共完成3组）

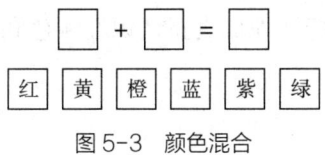

| 红 | 黄 | 橙 | 蓝 | 紫 | 绿 |

图5-3 颜色混合

延伸阅读 教学案例示范：《认识红色》教学设计

（四）活动设计建议

1. 激发儿童的兴趣，引导他们做到有目的地进行颜色观察和学习

在活动中，教师可通过利用儿童喜欢的物品，激发儿童训练的兴趣，并针对不同儿童的特点开展有针对性的训练。比如，智力障碍儿童可能会把呈现的所有颜色说成是某一种印象较深的颜色，或把当前正在学习的颜色说成最近刚学过的颜色名称，或者把所有颜色都叫成他自己喜欢的名称。教师在训练中需要引导儿童的兴趣，培养他参与学习观察的积极性，使他们对认识事物的外部特征和物理属性感兴趣。

2. 根据儿童能力水平，由易到难、分步骤渐进地进行颜色训练

颜色训练的内容对正常儿童来说较易掌握，按照训练的目标和要求开展即可，但对特殊儿童，需要针对不同类别特殊儿童的特点反复训练才能使其掌握。以智力障碍儿童认识颜色为例，最好是一次只学一种颜色（颜色要一样），可让他从不同物品中抽出"红色"特征的物品；待一种颜色学会并巩固以后，再学第二种；待第二种颜色完全巩固了以后，再把两种颜色放在一起，让儿童辨认。两种颜色全会了，再让儿童学习第三种颜色。需要注意的是，智力障碍儿童新学习的颜色必须掌握十分牢固了，才能将已学会的颜色放在一起让儿童辨认，否则又会导致儿童颜色认知的混淆。

3. 训练时，指令要明确，必要时可提供协助支持

儿童的信息处理能力较弱，完成一些要求抽象和概括能力的任务时会有困难，因此，在训练过程中，需要尽量提供简短明确的讲解和指令要求，以帮助他们理解。例如，智力障碍儿童容易把颜色与所用的教具"混"在一起，如用红积木教儿童认识红色后，再让儿童从红积木、黄毛巾、红缎带、红盒子中挑出"红色"的东西时，他们一般只会挑出红积木。因此，教师在必要时要提供指导和协助，可先让智力障碍儿童指认各种颜色，回答"这是什么颜色"的问题以后，再完成"挑出红色的东西"的训练任务。

4. 为特殊儿童提供尽可能多的操作机会，在重复练习中不断巩固

对一些特殊儿童而言，从具体事物中抽取某些物理属性加以认识是非常困难的。他们可能会说出某一种事物的名称，但是很难做到认识某一种物理属性。需要提供多次操

作机会和不断重复练习,才有可能帮助儿童掌握知识,例如让智力障碍儿童认识画画用的颜色,如红色水彩色、绿色水彩色等。用反复指认法教会单一颜色以后,还应要求他们在一些画有苹果、树叶、上衣、积木、小圆环等的图画纸上涂颜色,如将苹果涂红色、小圆环涂红色、积木也涂红色。过一天后再要他们把树叶涂绿色、上衣涂绿色、小圆环也涂绿色。这样,才有可能让他们真正认识红颜色和绿颜色,并且知道颜色与具体物体是可以分开的。

二、听觉训练——声音辨别

(一)训练目标

听觉训练的目标在于提高儿童对周围环境中各种声音的敏感性和辨别力。对儿童进行听觉训练,意义在于培养其倾听的习惯和乐于收听声音的动机,培养儿童对周围声音的敏锐听觉,能够分辨声音的高低、不同音色,找出不同方向的声源,并分辨各种不同乐器或物体或动物所发出的声音,能分辨乐音和噪音,能在嘈杂的环境中接收某种特定的声音等,促使儿童更好地感知周围环境,为其他认知能力的发展和听觉学习奠定基础。

(二)训练内容

听觉训练的主要内容包括声音的敏感性训练,分辨不同响度、不同音色、不同方向、不同时间长度的声音,分辨各种物体或动物或人发出的声音,分辨熟悉的和不熟悉的声音,分辨乐音和噪音等。

(三)训练活动设计举例

活动1 你听到了吗?

功能

1. 训练儿童的听觉敏锐性。
2. 培养儿童注意听的习惯。
3. 提高儿童对生活和自然界声音的认识。

准备

搜集各种各样自然界或人为发出的声音的录音与图片,如动物声与图片、人声与照片、交通工具声与图片、家具声与图片、交通工具声与图片、乐器声与图片等;准备好长短、快慢、高低等不同的声音。

过程

1. 让儿童坐在椅子上，背对教师。教师在儿童背后拿出可发出不同声音的各种日常物品或玩具，也可播放事先准备好的各种声音，音量尽量大些，距离近一些，然后让儿童听到声音时就回答："听到声音了"或举手或跟教师示意一下。待儿童作出反应后，教师告诉儿童是什么声音，是由什么物体发出的，并给儿童看发出声音的物体图片或照片，让儿童了解是什么声音，是由什么物体发出的声音。

2. 教师播放声音，声音的音量大小可交替，距离或远或近，在不同的方位播放声音，让儿童听到声音回答，或举手，或跟教师示意。其他过程和要求同上。

活动2 听一听，辨一辨

功能

1. 训练儿童的听觉辨别力。
2. 提高儿童的听觉专注力。

准备

同活动1

过程

1. 辨别熟悉的不同类的声音。教师播放各种儿童熟悉的不同类的声音，如狗的叫声、人说话的声音、乐器的声音等，让儿童说出听到了什么声音。

2. 辨别熟悉的同类声音。教师播放各种儿童熟悉的同类的声音，如儿童熟悉的动物的叫声，熟悉的交通工具的声音，熟悉的人说话的声音等，让儿童说出听到了什么声音，并要求儿童说出这些声音是由什么（物体或动物或人）发出的。

3. 辨别不熟悉的同类声音。教师播放各种儿童不熟悉的同类声音，如不熟悉的乐器声音，让儿童说出听到了什么声音，并让儿童说出各种声音是由什么物体发出的。

4. 在前一过程基础上，可加入不同长短、不同节奏的声音，也可改变声音呈现的远近、方位等，让儿童辨别声音，增加训练的难度。

（四）活动设计建议

1. 根据儿童的特点准备适宜的听觉刺激训练材料

训练前教师要了解儿童的生活经验，根据不同儿童不同的生活经验准备他们熟悉的和不熟悉的声音刺激，也可自己录制儿童周围的物体或人等发出的声音作为训练材料。

2. 可通过设计游戏的形式或材料的变化增加训练的趣味性

如教师可让儿童比赛，看谁先回答出是什么声音，并给予奖励。也可把发出声音的物体，如米粒、红豆、黄豆、水等装到不透明的容器中，让儿童自己摇一摇、听一听、辨一辨；或准备不同的玻璃杯，每个玻璃杯装有不同高度的水，让儿童用筷子或勺子敲击装水的玻璃杯，并辨别声音。

3. 根据特殊儿童的特点，适当给予帮助或降低要求

如针对智力障碍儿童的特点，在对周围声音进行辨别训练时，主要让其分辨熟悉的声音，可通过图片或实物的提示帮助儿童熟悉不同的声音并能分辨声音，适当降低难度。

三、大小知觉训练——认识大小

（一）训练目标

大小知觉是依靠视觉、触觉和动觉协同活动实现的。训练儿童的大小知觉，目的在于帮助儿童形成物体大小概念，感知和辨别物体之间的大小差异，通过比较和测量等，提高儿童对大小区分的精确度和认知能力，提高儿童生活和学习的适应能力。

（二）训练内容

大小知觉的训练内容主要是分辨图形、物体的大小，形成大小知觉。

（三）训练活动设计举例

活动1　认识大小

功能

1. 训练儿童认识物体大小的能力。
2. 提高儿童对物体大小的命名、指认和发音能力。

准备

认识大小的图片一组，由多张不同大小的物体图片组成。另外，准备不同大小的实物（或图片）数个。

过程

（一）环节1——命名大小

1. 教师出示认识大小的训练图片（图5-4），呈现一大一小两个正方形。

教师："请观察老师呈现的这一组图片，有两个不同大小

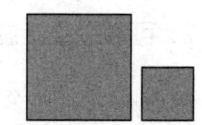

图5-4　不同大小的正方形

的正方形,我们来比一比。"(一个正方形大,一个正方形小)

2. 教师命名示范,学生观察。

教师指着不同大小的正方形图片,告诉学生:"这是大正方形"或"这是小正方形",帮助学生将大小的感官特性及其名称对应起来。

3. 学生在教师指导下开展命名练习。

学生跟着教师认识不同大小的正方形并命名,如"这是大正方形"或"这是小正方形"。

(二)环节2——指认大小

1. 教师呈现两张不同大小的正方形图片,要求学生指认。

教师:"同学们,这里有两张不同大小的正方形图片,哪一张是大正方形(或哪一张是小正方形)?"

2. 教师呈现多张不同大小的物体图片(图5-5),要求学生指认。(指导语同上)

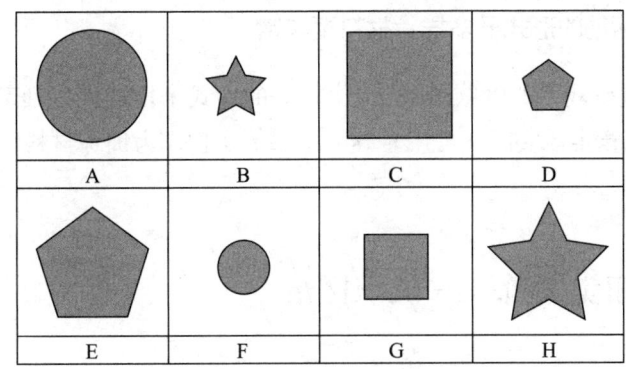

图5-5 不同大小的图形

3. 教师呈现多个不同大小的实物,要求学生指认。

教师:"同学们,这里有不同大小的物体,请问哪一个大,哪一个小?"

(三)环节3——指导发音

1. 教师呈现两张不同大小的物体图片,要求学生说出物体大小。

教师:"同学们,这里有两张不同大小的物体图片,哪一张的物体是大的(或是小的)?"(回答:这是大的,或这是小的)

2. 教师呈现多个不同大小的实物,要求学生说出物体大小。(指导语同上)

(四)活动设计建议

1. 遵循儿童大小知觉的发展特点来设计训练活动

根据儿童判断图形大小的特点,应先从判断简单图形的大小开始,如圆形、正方形和等边三角形,再到判断复杂图形的大小,如椭圆、长方形、菱形和五角形等图形。

2. 每个环节活动设计内容要由易到难，并根据儿童的表现及时调整训练内容和节奏

如实物大小的指认中，教师可先呈现两个大小差距较大的物体，让儿童指认辨别大小，然后再呈现大小差距较小的物体，让儿童辨别大小，再逐渐增加大小辨别的数量，由两个物体指认其大小到三个、四个以及更多，在儿童掌握之后，可让儿童按照从大到小或从小到大的顺序排列物体。若儿童在比较差异较小的物体或数量多的物体的大小时存在困难，则要依据儿童的表现，适当增加该水平的训练量，直到儿童掌握之后再开展下一环节的训练。

3. 训练中尽量多感官协同活动

除了视觉之外，触觉和动觉在大小知觉的形成中也很重要。因此，在训练过程中，不仅仅是让儿童仔细观察图形或实物的大小，也让儿童通过说一说、摸一摸等方法来帮助儿童形成大小知觉。

4. 开展训练活动的形式要多样、材料要丰富

可让儿童通过游戏（如电脑游戏）、比赛等的形式来增加训练活动的趣味性；训练材料要尽量贴合儿童生活实际，可用套娃、水果等实物作为训练材料。

四、形状知觉训练——认识图形

（一）训练目标

儿童图形认知训练的目标主要是通过视觉、触觉、动觉等丰富儿童的感性经验，正确认识形状，理解与掌握平面图形和立体图形基本特征；并在此基础上，引导儿童理解两者之间的关系；同时培养儿童的空间观念以及细致观察、主动探索的能力。在对儿童进行图形认知训练的过程中，要注意调动其多感官尤其是触觉的参与。

从儿童认识各种几何形状的发展来看，训练目标是通过专门的教学训练帮助儿童从认识平面图形向认识立体图形过渡。在认识平面图形训练中，先认识圆形，然后认识正方形、三角形、长方形、半圆形、椭圆形和梯形等；在认识立体图形的训练中，逐渐认识球体、正方体、圆柱体、长方体等。

（二）训练内容

认识图形的基本训练内容包括认识圆形、正方形、三角形、长方形与梯形等平面图形，以及球体、正方体、长方体、圆柱体等立体图形，还要理解图形的分合和图形的对称等图形特征。

（三）训练活动设计举例

活动1　认识三角形

功能

1. 发展儿童的形状知觉能力。
2. 提高儿童对形状的辨别能力。
3. 提高儿童对三角形的命名、指认和发音的能力。

准备

三角形图片一组，由三角形和其他起对比作用的图形组成。另外，准备三角形及其他图形的实物（或图片）数个。

过程

环节1——命名三角形

1. 出示图片（图5-6），呈现认识三角形的训练材料。

图5-6　三角形图片

教师："同学们，请观察老师呈现的这一组图片，这都是三角形。"

2. 老师命名示范，学生观察。

教师指着所呈现的图片，告诉学生："这是三角形。"帮助学生将三角形的感官特性及其名称对应起来。

3. 学生在教师指导下开展命名练习。

学生跟着教师认识不同的三角形并命名："这是三角形。"

环节2——指认三角形

1. 呈现三角形和另一张不同形状的图片，要求学生指认三角形。

教师："同学们，这里有不同形状的图片，三角形在哪里呢？"

2. 呈现多张不同形状（含三角形）的图片（图5-7），要求学生指认三角形。指导语同上。

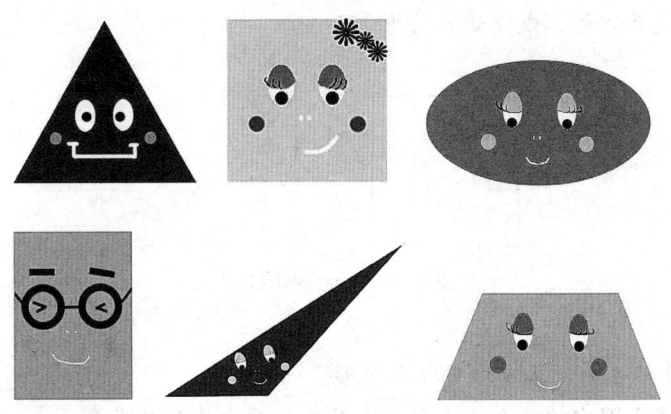

图5-7　不同形状图片

（图片来自于：杜晓新.特殊儿童认知训练的原理与方法[M].上海：华东师范大学出版社，2012.）

3. 呈现多个不同形状的实物,要求学生指认三角形。

教师:"同学们,这里有不同形状的物体,哪一个是三角形呢?"

环节 3——发音

1. 呈现两种不同形状的图片,要求学生说出三角形名称。

教师:"同学们,这里有不同形状的图片,这是什么形状?"(回答:这是三角形)

2. 呈现多个不同形状的实物(图 5-8),要求学生说出三角形名称。指导语同上。

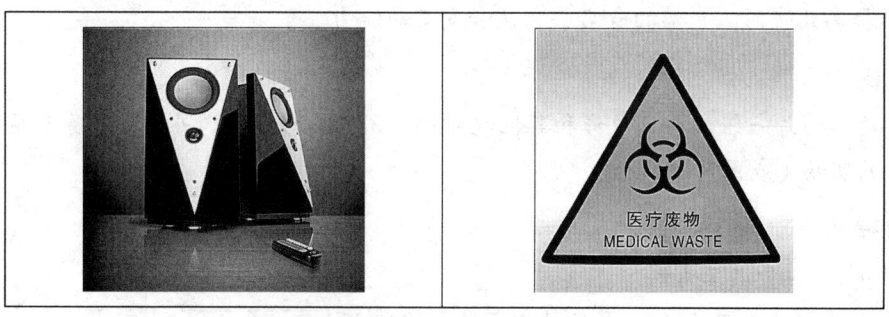

图 5-8　不同三角形图片

(图片来自于:杜晓新.特殊儿童认知训练的原理与方法 [M].上海:华东师范大学出版社,2012.)

活动 2　认识图形的分合

功能

1. 提高儿童对图形分解组合特征的认识。
2. 通过动手操作,认识和体会形状的相对性。

准备

图形分合训练材料一组,由可分合的拼板组成(或由可折叠的硬纸制作)。

过程

环节 1——图形的拆分

1. 呈现正方形和三角形的拼板(图 5-9),要求学生说出形状名称。

(回答:这是正方形,或这是三角形)

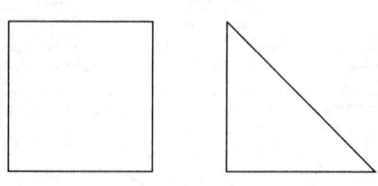

图 5-9　正方形和三角形

2. 教师指导学生等分正方形变成三角形。

教师:"请将上图中的一个正方形分成两个一样大小的三角形。"

(分法:先将正方形的一个角与对面一个角重叠在一起,进行对折,纸上就会留下

一条对折过的痕迹，沿着折痕剪开，就会得到两个图形，它们可以重叠在一起，它们是两个一样大小的三角形）

3. 教师指导学生等分正方形变成其他图形。

教师："请将上图中的一个正方形分成两个一样大小的长方形。"（图 5-10）

图 5-10　等分正方形

（分法：先将正方形的一条边与对面一条边重叠在一起，进行对折，纸上就会留下一条对折过的痕迹，沿着折痕剪开，就又会得到两个图形，它们可以重叠在一起，它们是两个一样大小的长方形。一个图形可以分为其他几个相等的图形就是等分图形）

环节 2——图形的拼合

1. 呈现复杂图形（图 5-11），要求学生说出物体名称。

教师："同学们，这是什么？"（回答：这是房子，这是太阳）

图 5-11　复杂图形

2. 指导学生认识房子和太阳是由哪些图形构成的。

教师："请指出上图中的房子和太阳都是由哪些图形组成的？"（答案：是由正方形、长方形、圆形、三角形、梯形这几种图形组成的）

活动 3　认识图形的对称

功能

1. 提高儿童对图形对称特征的认识。
2. 通过动手操作，认识和体会形状的对称性。

准备

对称图形训练材料一组，由可分合的拼板组成（或由可折叠的硬纸制作）。

过程

1. 教师呈现图形（图 5-12），引导学生认识并说出形状。

教师："同学们，这是什么？"（回答：这是圆形）

2. 教师引导学生认识图形的对称性（图 5-13）。

教师："请大家注意观察，这个圆形是对称图形，它可以分成两个半圆形，它们的颜色、形状和大小都是一样的，只是方向相反。"

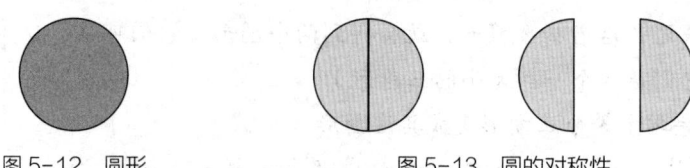

图 5-12　圆形　　　　　　图 5-13　圆的对称性

3. 教师指导学生动手操作，等分圆形。

教师呈现圆形拼板（或可折叠硬纸），让学生按照等分的要求，把圆分成两半，体会圆形的对称性。

4. 教师呈现更多对称图形（图 5-14），让学生认识判断。

教师："请指出以下哪些图形是对称图形？"（答案：A、B、D 三个图形都能够对折成为两个一样大小的图形，所以它们是对称图形）

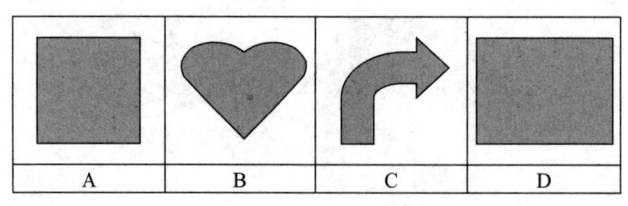

图 5-14　对称图形

（四）活动设计建议

（1）注意激发儿童在认识图形中的学习兴趣，调动他们的参与积极性，从而让儿童进入更好的学习状态。为此，可以设计相应的游戏活动，例如，让儿童通过滚动盘子、硬币、足球等物体来感知圆形与球体的特征；充分调动儿童的各种感官对圆形和球体进行综合感知，让他们了解两者的区别。

（2）注重动手操作。通过动手操作，儿童可以把学到的形状知识与现实生活中的实物联系起来，一方面巩固所学到的知识，另一方面把训练和现实生活联系起来，使儿童认识到学习的意义，养成良好的认知习惯。在上述基础上，教师还可鼓励儿童思考：在生活中有哪些物体是圆形的，有哪些物体是球体，为什么汽车的轮子是圆形的，为什么电视机的屏幕不是圆形的等。

（3）可提供不同形状、大小和颜色的图形供儿童选择。例如，呈现圆形、正方形、三角形、长方形和梯形等，让儿童从中辨认出三角形。对特殊儿童来说，建立三角形守恒的概念比较困难，应尽量使用教具或实物让特殊儿童通过触觉来感知三角形的特征，从而逐步建立起三角形守恒的概念。

（4）根据儿童的能力，引导他们判断一些立体图形是否对称，是否可以两等分。教师要耐心地引导儿童掌握能帮助他们判断图形对称或对物体进行两等分的依据。

第六章 儿童观察力的训练

观察是一个人对客观事物精细化的感知，也是人们认识世界、进行创造性劳动的基础，观察力是认知能力的重要组成部分。儿童的观察力不是与生俱来的，而是在一定的生活环境和教育条件下，经过系统地培养和锻炼，逐渐发展起来的。本章中，我们将结合儿童，尤其是各类特殊儿童观察力的特点，围绕观察力的基本品质，从目的性、条理性、理解性和敏锐性等诸多维度来谈一谈如何对特殊儿童观察能力展开训练。

观察力概述

一、观察力的内涵及品质

（一）观察力

1. 什么是观察

观察（observation）是知觉的高级形态，是一种有目的、有计划，比较持久的，并且有思维和语言参与的知觉过程。观察比一般的知觉更为主动、积极，它是与随意注意与思维活动紧密联系在一起的，所以观察又被称为"思维的知觉"。

在个体的认识活动中，感知觉占据重要的地位，外界信息有80%是通过感知觉获取的。个体的感知觉可分为三个层次：第一个层次是感觉，这是认识过程的开始，它只能反映事物的个别属性；第二个层次是知觉，它是在感觉的基础上形成的，是人脑对当前事物整体的反映，是感觉发展的结果；第三个层次就是观察，观察是有目的、有计划、比较持久的知觉。这是个体从现实中获得感性认识的一种主动表现，是有意知觉的高级形式。通过观察，可以获取周围世界的相关信息，这是儿童认识世界、增长知识的重要途径。

2. 观察力的内涵

个体在观察过程中表现出来的稳定品质和能力，即观察力。观察力是构成智力的重要成分之一，是一种有意识、有目的、有组织的知觉能力。

观察力是在日常观察的基础上逐渐发展起来的，长期系统的观察可以使个体的观察力从不稳定的间断的表现，转变为一种常性的稳定的表现。观察力的高低，直接影响着个体感知的精确性以及想象力和思维的发展。不同个体间观察力存在明显的差异，有的人观察力敏锐，善于捕捉别人不易察觉的细节；有的人则表现比较迟钝，观察的时候经常粗枝大叶、马马虎虎。在个体成长的关键时期——幼儿期，抓好观察力的培养，有利于儿童智力的增长和智力水平的提高。

（二）观察力的品质

所谓品质，也就是指观察力的特点，主要涉及观察的目的性、条理性、理解性和敏锐性等。

1. 观察的目的性

观察不等同于简单的"看"。观察的目的性，至少应当包括明确观察对象、观察要求以及观察的步骤和方法，具体表现为个体在观察前能清楚地意识到观察的目的与任务，在观察过程中能排除干扰、有始有终地完成观察任务。在观察过程中，人不可能同时对所有的事物加以感知，往往是把观察对象集中在少数事物上。观察的目的性可以使观察活动具有明确的方向性与选择性，促使个体的感知过程始终围绕着总的观察目的来展开。

2. 观察的条理性

我们经常说，"观察要有条理，有深度"。有条理是指个体的观察活动依据时间先后、空间、结构、特征等因素有条不紊地进行。这种条理性，可以保证个体借由观察而获取的信息具有系统性。而这样的信息，也便于智力活动对它进行后续的加工，从而提高个体认知活动的速度与准确性。如果一个人的观察缺乏条理性，那他通过观察所获得的信息也就必然是杂乱无章的。这样，他的智力活动要在一堆乱麻中理出一个头绪来，必然要花费更多的时间和精力，甚至还可能影响到智力活动的正确性。

3. 观察的理解性

观察是一种心智技能，不仅需要用感官去感受，还需要通过渗透积极的思维因素，对观察的事物加以理解，这就表现为观察的理解性。在观察过程中要善于发现和概括事物的特征与内在联系，运用基本的思维方法，对事物进行有效的比较、分类、分析和概括，找出它们之间的不同点和相同点，这样才易于把握事物的特点。在观察的理解性上，个体差异非常明显：观察肤浅的人往往只注意到事物外在的联系和表面特征；而观察深刻的人却能透过现象看本质，发现事物内在的联系。

4. 观察的敏锐性

观察的敏锐性是指迅速而善于发现易被忽略的信息。一个观察力敏锐的人，能够发现一般人不易关注的细节，对观察对象的显性特征和隐蔽特征都不遗漏，同时在观察后能迅速做出反应。观察力的敏锐性与个体的知识经验密切相关，一个知识渊博、经验丰富的人，在错综复杂的大千世界中，自然容易观察到许多有意义的东西。相反，一个知识面狭窄、经验贫乏的人在面对许多被观察的对象时，总有应接不暇的感觉，结果往往什么都发现不了。诚如达尔文所说的，"我既没有突出的理解力，也没有过人的机智，只是在观察那些稍纵即逝的事物并对其进行精细观察的能力上，我可能在普通人之上。"

二、儿童观察力的发展及特点

根据我国学者丁祖荫（1964）的研究，儿童观察力的发展大致可分为四个阶段：认识"个别对象"阶段、认识"空间联系"阶段、认识"因果联系"阶段、认识"对象总体"阶段。学前儿童对事物的观察主要处于认识"个别对象"和"空间联系"阶段，小学三年级以后会进入到认识"因果联系"阶段，到了小学高年级时，就进入了认识"对象总体"阶段。在儿童观察力发展阶段不断提高的同时，其各个方面的品质也会得到不断的提升。

1. 观察的目的性不断增强

姚平子等（1985）曾专门研究了儿童观察的目的性和有意性问题。他们认为，按观察的有意性和目的性可将儿童分成三种水平：三级——不能接受任务，东张西望或任意乱指；二级——能根据任务有目的地观察，但遇到困难或干扰不能坚持；一级——能克服困难和干扰，坚持完成任务。研究结果发现，3岁儿童无一人可以达到一级水平，4岁、5岁、6岁儿童达到一级水平的人数分别是2%、22%、24%。

由此可见，随着儿童年龄的增长，儿童观察的目的性也在不断增强。总体而言，婴儿期的幼儿缺乏主动的观察，他们的知觉大多是被动的。此阶段的儿童尚未形成太多有目的的观察，只是对一些事物有观察偏好，例如喜欢观察活动的物体、喜欢观察颜色鲜艳的东西、喜欢观察人的脸等；4~6岁的儿童观察的目的性有所提高，他们能够按照成人规定的观察任务进行观察，但其观察仍具有随意性，很容易受到无关干扰的影响。随着年龄的增长，儿童观察目的性逐渐加强，到了小学中高年级，会达到比较高的水平。

2. 观察的条理性逐渐提升

随着儿童年龄的增加，他们的观察也从最初的杂乱无序逐渐发展成为有系统的、综合的知觉过程，表现为条理性的增加。例如3~4岁的幼儿常常只注重事物表面的、明显的部分，时常是一会儿看东，一会儿看西，杂乱无章，他们不能有条理地区别两个物体或图片的异同，不会将两个物体或两张图片中的相应部分逐一进行比较，往往只是以个别的形态、色彩作为自己观察的结果；而5~6岁儿童在观察过程中，逐渐会运用一些自己已经掌握的方法和策略，观察从无序逐渐变得有组织。

借助于眼动设备所进行的实验，也可以很好地说明这个问题。通过专门的装置，可以记录儿童在观察图形时的眼球瞳孔运动轨迹。结果表明，3岁幼儿观看图形时，眼球瞳孔动轨迹杂乱无章；4~5岁儿童的眼球瞳孔运动轨迹，开始逐渐符合图形的轮廓，但仍有不少错误；6岁儿童的眼球瞳孔运动轨迹，已经能够基本上符合图形的轮廓了。

3. 观察的理解性逐步加强

观察既是知觉问题，同时也包含着理解、思考的成分。观察的目的不仅是要了解事物的表面特征，更主要的是透过事物的表面现象发现内在联系，这必须通过对现象的分析才能知道。随着儿童年龄的增长以及思维水平的提升，他们对观察事物的概括总结能力也在逐渐加强。

对3~9岁儿童的研究（DeMarie-Dreblow & Miller, 1998; Midder, et al., 1986）发现，年龄最小的儿童在进行图片观察时，根本不会考虑图画之间的关系；而4~5岁的儿童偶尔会结合图画间的关系进行观察；到6~7岁时，他们能够采用一定的策略，但成绩并没有明显提高（李红，2006）。进入小学阶段后，儿童观察的理解力开始提升，但低年级学生对观察事物进行整体概括的能力仍然很差，往往还是只注重事物表面的、浅显的、无意义的特征，不能很好地把握事物之间的关系。到了三年级，儿童的概括力有较大提升，五年级阶段又是一个显著发展的阶段，其观察的分辨力、判断力和系统化能力明显提高。

4. 观察的敏锐性不断提高

学前儿童的观察比较模糊，可能是注意力无法长时间集中和稳定的原因。通常他们只看到事物的大概轮廓就会提出结论，不再深入，观察的敏锐性不高。随着年龄增长，儿童对事物的观察逐渐仔细、精确，一半以上的6岁儿童在观察精确性的测验中能够做到几乎完全正确。进入小学阶段后，儿童观察的敏锐性明显提高，但一年级的学生依然不能很好地、全面细致地感知客体细节，只能说出客体的个别部分或颜色等个别属性。三年级学生的敏锐性及精确性明显提高，五年级学生略优于三年级学生。

特殊儿童观察力的特点

从现实的表现来看,特殊儿童在观察力方面存在不足,他们对事物的感知普遍比较肤浅,缺乏主动性、目的性,时常表现出视而不见、听而不闻的情况,这种状况会严重阻碍他们后续认知能力的发展。

一、听障儿童观察力的特点

由于视觉代偿的作用,听障儿童在手眼协调、知觉辨别、空间知觉等能力方面发展较好,视觉观察能力相对较强,但是在观察力的整体特点方面仍存在诸多不足。

1. 目的性不强

听障儿童与正常儿童一样,最初他们的观察也是漫无目的的,容易被新异的、个人感兴趣的事物所吸引,而且持续的时间较短。随着年龄增长和知识经验的丰富,听障儿童观察的目的性逐渐明确,而且改善程度比较明显。

2. 缺乏系统性

整体而言,听障儿童观察的条理性比较差。例如低年级听障儿童在观察事物时比较凌乱,不知道从何入手,往往只关注到了细节,却又遗漏或忽视了整体,观察时主次不分,缺乏系统性。借助于眼球追踪技术所做的一些研究也显示,同健听儿童相比,听障儿童在观察图片或阅读文章时,眼球瞳孔的运动轨迹更不规律,眼跳距离更大(张茂林,2010)。到了小学中高年级以后,听障学生观察过程中的无序现象会有所改观,能逐渐做到观察时先整体后部分,会关注物体各个部分与整体的关系,从而获得准确而深刻的印象。

3. 理解能力较差

听障儿童视觉观察的敏锐性很强,特别是对色彩、布局等有独特的观察视角，善于分辨事物之间的差异性。但观察的理解性较差，这同他们的语言及思维发展水平低有着很大的关系。语言是思维的外在表现，听障儿童语言能力的欠缺，导致他们观察的深刻性不够。听障儿童对事物的观察是孤立的、个别的、零碎的，他们往往更注重事物表面的、浅显的、无本质意义的特征，难以透过事物的现象把握事物的本质。加之语言水平低、知识经验缺乏，所以听障儿童对事物的理解能力较差。普通儿童也会出现此现象，但持续时间短，而且易改善，而听障儿童则不易改正。

二、智障儿童观察力的特点

总体来讲，智障儿童的观察能力明显滞后于普通儿童，表现在感知事物时很肤浅，时常出现视而不见、听而不闻的情况。当询问刚才看到什么或听到什么的时候，他们往往回答不出来。

1. 主动选择功能薄弱

智障儿童的大脑神经通常有一种惰性，心理上缺乏需要和期待，因而在观察事物时缺乏主动性，选择功能较差。他们不会积极主动地去观察周围世界，而且在观察过程中往往容易被事物的外部特征所吸引，忘记了自己的主要任务。比如有的智障儿童在观察图片时，常常观察很久也说不出图片中任何事物的形象，只会回答"好看"。给智障儿童看一个书包，问看到了什么，可能只会回答"书包"，但如果问普通儿童，回答的内容要丰富得多，比如会说："这是一个红色的书包，上面还有米老鼠的图案"等。可见，智障儿童没有仔细观察的意向，不愿意去探索，也不想去深究。

2. 观察范围狭窄，感知速度慢

苏联心理学家维列所茨卡娅曾做过一个实验，她让普通学校一年级的学生、智障学校一年级的学生以及成人观看一些熟悉物品的图片，如苹果、桌子、猫等。当这些图片以 22 微秒的时间呈现时，成人可以正确识别 75% 的物品，正常儿童为 57%，而智障儿童连一个物品也不能识别；当呈现时间延长至 42 微秒时，成人可以全部识别，普通儿童能识别 95% 的物品，而智障儿童只能认出 55%。由此可见，智障儿童感知的速度和正常儿童相比是缓慢的。

智障儿童的感知速度慢，感知范围狭窄，信息量小，这都会对他们的观察活动造成不利影响。让普通儿童和智障儿童同时观察一幅故事图片，前者可以很快地复述故事的内容，而智障儿童往往只能说出其中的一两件事物，大部分事物没有被感知到。普通儿童知觉广度大，一眼可以捕获诸多信息，而智障儿童只能逐个地感知事物，花费的时间也较多。

3. 知觉联系困难，区分能力差

个体在观察和感知事物时，必须首先要把观察的对象从背景中分离出来，把相同和相异的对象区分开，把对象的本质属性和非本质属性区分开。由于智障儿童的知觉联系分化机能差，他们在这几个方面的区分能力都比较薄弱。他们往往会把存在差异的一些相似物体看成是同样的，例如把图片中的松鼠看成老鼠，把指南针当成手表等。在一些观察任务中，常常是无目标、无计划地乱找一气，而后说"找不到"了事。有人做过实验，在短时间内演示由几个点组成的简单图形，或由几根线条组成的图形，普通儿童能将点或线联系起来，认出所构成的图形，而智障儿童则只看到凌乱的点线，很难把它们组合联系成一个完整的整体，这也反映了他们在观察过程中的知觉联系能力较差（肖非，2002）。

三、学习障碍儿童观察力的特点

1. 自觉性差

学习障碍儿童大多数具有很强的心理惰性，常被不良习惯束缚。在很多情况下，他们的观察是漫无目的的，容易受新异刺激的影响而转移视线，且维持的时间也短。苏联著名教育家赞可夫曾对学校里的"差生"进行过跟踪研究，发现这些学生的普遍特点就是观察力较差。这些儿童虽然也瞪大眼睛观察事物，但他们不会去辨别、比较，更难于发现事物的本质。而观察力强的学生，记忆和思维活跃，善于观察复杂的现象以及事物中的细微变化，而这些能力恰是智力发展、学业进步的必要条件。

2. 概括程度不高

观察不是消极地注视，必须有积极的思维活动的参与。学障儿童由于自身的惰性和学习习惯、学习态度的问题，不愿意积极进行思考，再加上他们的分析综合能力又欠缺，因而对事物的观察多是孤立的、个别的和零散的，不能对所观察的事物进行高度的概括，难以透过现象把握对象的本质。在隋雪（2006）的一项针对学障儿童观察图片的实验中，研究者发现，与学习优秀儿童、学习一般儿童相比，学障儿童提取图片信息的效率低，回答认知问题的质量差。研究者认为，这是因为学障儿童不能准确地判断图片中的逻辑关系，他们在信息处理环节上效率低，不能准确把握信息之间的关系，利用信息解决问题的能力差，所以观察活动结束后不能顺利回答有关逻辑关系的问题。

四、孤独症儿童观察力的特点

1. 主动观察能力差

孤独症儿童基本上都有正常的视觉空间知觉能力,但是他们只有在自己感兴趣的事物或事件上才会给予关注,而对眼前的众多事物往往表现为视而不见,观察的目的性差,主动观察能力弱。而且孤独症儿童注意力容易分散、较为被动,导致观察时间持续短,观察范围狭窄。

2. 过分关注细节,整体理解能力差

孤独症儿童往往对细节过分专注,而不注意与该情景相关的其他信息,缺乏观察的整体性。如孤独症儿童认得钱币上的花纹图案,但他只是专注在那些没有社会相关含义的细节上,而不理解钱币的真正用途。

儿童观察力的训练

第三节

观察力各个维度的品质在学习活动中都有各自不同的作用。观察的目的性是观察效果的首要保证,它能够确保个体的学习按照一定的方向和目标进行。观察的条理性是循序渐进地从事学习的不可缺少的心理条件,它有助于学生获得系统化的知识,建立合理的知识体系。观察的理解性可以帮助学生在学习中借由观察而获得对知识的理解,不至于一知半解、囫囵吞枣。观察的敏锐性可以帮助学生深刻而准确地领会所得到的知识,避免遗漏重要内容。

在对儿童观察力的训练中,我们必须把观察力的这些品质统合考虑进去:既要加强儿童观察的目的性;又要通过观察顺序或观察策略的训练,提高儿童观察的条理性;还要通过加强对观察内容的整体感知和概括,提高儿童观察的理解性以及语言表达能力;也要通过细致性的训练,提高儿童观察的敏锐性及准确性。

一、观察目的性的训练

儿童自觉观察的意识普遍较差,特别是特殊儿童,他们在观察的过程中,往往注意力不集中,容易受不相关事物的干扰,忘记了观察目的。因此,在对儿童进行观察力的训练中,首先应该突出观察的目的性训练。

(一)训练的基本思路

在目的性训练中,常用的方法为任务法。在训练初期或观察活动开始之前,教师要适时地给训练对象提出要求,下达任务,明确观察目的,使观察有计划地进行。因为在观察过程中,儿童的观察结果在很大程度上会受到教师指导语或指令的影响。观察任务描述得越具体,学生观察的目的就越明确,观察效果就会越好。例如在进行图画观察时,如果教师笼统地问"这是一张什么图画",学生们往往难以应答。但如果教师要求学生说出"图画中有些什么"时,他们就会比较容易注意到个别对象,也就会比较轻松地列举出图画中的事物了。在运用任务法的过程中，我们可以将儿童的观察任务和其他活动结合起来，如走迷宫、涂色等，以增强活动的游戏性，提高儿童参与的积极性。

列项画勾法是任务法的进一步深化，具有更强的实际操作性。提出任务以后，可以启发或协助儿童列出一个观察任务项目表，就像上街购物前的"购物提示清单"一样。在实际运用中，儿童每观察得出一项内容，便在相应位置后画勾，或记录简要结果。这种方式对学生的有意观察有很大的推动作用，它能够促使学生有计划、有目的地观察相关内容，不失为训练观察目的性、完整性的好方法。

（二）训练活动设计举例

活动1 图片观察——找找看

功能

1. 提高儿童有意观察的能力，增强观察的目的性。
2. 增进儿童对数的理解。

准备

训练图卡1张（结合图片情景，事先拟定好相关的观察任务）；蜡笔若干支。

过程

1. 教师将训练图卡（图6-1）及蜡笔分发给学生。
2. 教师交代观察任务，"请同学们仔细观察图片，并找一找里面有几只小鸡？请用蜡笔把它们圈出来"。
3. 学生观察，并完成圈画任务。
4. 教师逐一检查学生完成情况，并进行点评，对表现好的给予鼓励。
5. 继续进行其他任务，如找一找图中有几只小猪，它们分别在干什么等。

图6-1 "找找看"训练图片[①]

---

① 该图片来源于稚子文化编著的《幼儿观察力训练》。

活动 2　小手涂色

功能

1. 增强儿童观察的目的性。
2. 提高儿童手部的精细运动能力。
3. 增强儿童对颜色的感知能力。

准备

涂色训练图卡 1 套（有彩图和空白图对照）；蜡笔若干支。

过程

1. 教师呈现第一幅图卡（图 6-2）。

教师："请同学们仔细观察下面的这张图片，看一看它是什么颜色？"

2. 教师提问学生，依次让他们通过观察说出马身、马鬃、马鞍、马尾、马嘴的颜色。
3. 将第二幅图卡以及蜡笔分发给学生。

教师交代任务："刚才你们观察得很好，下面请根据刚才观察到的内容，把第二幅图卡涂上相应的颜色。"

4. 学生进行涂色，教师指导。
5. 学生全部完成涂色后，教师进行点评。

第一幅（彩图）　　　　　　　第二幅

图 6-2　小手涂色训练图片

活动 3　走迷宫

功能

1. 增强儿童观察的目的性与整体性。
2. 提高儿童手部的精细运动能力。

准备

走迷宫训练图卡 1 套（难度应适合儿童的现有水平）；蜡笔若干支。

过程

1. 教师出示第一张训练图卡（图 6-3）并引导："大家都知道，小猫最爱捉老鼠了。现在卡片上的小猫想要

图 6-3　走迷宫训练图卡

穿过迷宫，捉到对面的老鼠，请同学们帮它找一条最合适的路吧。"

2. 让学生观察图片，同时把蜡笔发给学生。
3. 学生操作，教师指导。
4. 教师出示正确答案及点评部分儿童的答案。
5. 依次进行第二张、第三张……图卡的训练。

活动4 列项画勾训练——美丽的鹦鹉

功能

1. 增强儿童观察的目的性与计划性。
2. 提高儿童的概括和表达能力。

准备

鹦鹉视频片段、鹦鹉彩色图片、观察任务表（表6-1）。

过程

1. 教师先呈现鹦鹉的视频片段，激发学生的兴趣。

教师："刚才大家看到了视频中的鹦鹉，非常漂亮。鹦鹉有好多种类型，也有不同的颜色。下面我们再来看一只鹦鹉，这一次请大家要仔细观察，还要把它的特点描述出来。观察哪些方面呢？老师列了一个表，请你按照表中所列的观察项目进行观察，还要把观察结果记录下来。"

2. 教师呈现鹦鹉的图片，同时给每个学生下发一张观察任务表。
3. 教师逐项介绍任务表中的观察项目，然后让学生结合图片进行观察。
4. 教师检查学生任务表的完成情况，并点评部分学生的答案。

表6-1 观察任务表

观察：美丽的鹦鹉		
观察项目	是否观察		观察结果
	是	否	
头的形状			
头部羽毛颜色			
嘴巴形状			
翅膀颜色			
身上的羽毛			
尾巴			
爪子颜色			

（三）活动设计建议

1. 观察目标要具体、明确

针对儿童观察的目的性差、容易受到干扰的特点，观察的目标制订得越具体明确越好，尤其是要引导儿童观察不易引起他们注意的地方。

2. 观察训练素材的选择要有吸引力

考虑到特殊儿童的认知水平和接受能力，在观察训练时以实物或实景直观呈现更为适宜。但受课堂条件的局限，有些实物的观察无法顺利实施，这时图片观察可以作为一种重要的补充手段。图是静物，不受时间、地点、条件的限制，可以巩固特殊儿童的观察力，提供观察细节。与颜色单调、界限模糊的画面相比，特殊儿童更喜欢观察颜色鲜艳、对比强烈的画面，在进行训练素材选择时应该优先考虑。

3. 活动的设计必须充分考虑儿童的实际情况

培养儿童观察力，必须综合考虑儿童的年龄、爱好、残障类型等方面的特点和差别，根据儿童的特点来设计活动。例如针对特殊儿童的训练，听障儿童对色彩观察的敏锐性高，可以在活动设计时增加色彩因素，激发他们的参与兴趣；对智障儿童来说，活动设计的难度和要求要做特殊考量，力争能让这些智障儿童通过自身努力完成活动，增强其自信心。总之，在活动设计时，必须仔细研究活动的各个环节，抓住儿童的特点，激发儿童兴趣，才能最大限度地提高儿童的观察力。

二、观察的条理性训练

（一）训练的基本思路

培养儿童观察的条理性，是要求提高他们有序观察的能力，并引导他们习得和掌握一定的观察策略，逐步提升观察的系统性。

观察要得法，要帮助儿童学会按照一定的顺序有计划、有次序地进行观察，才能更好地把握观察对象的整体和实质。很多特殊儿童的观察往往缺乏一定的顺序性，因此，教儿童从不同角度、按不同顺序去观察同一事物，或用同一顺序去观察不同事物，并学会比较分析，才能提高观察成效。训练儿童观察的顺序性，就是要让他们根据不同观察对象的特征，学会先看什么后看什么，应该怎样去看。如观察大公鸡，可先引导儿童依次观看鸡冠、鸡头、鸡身、鸡脚，然后再进一步观察公鸡和母鸡有哪些异同，边看边引导，还可提出一些问题让儿童回答，这样儿童的观察力就会得到很大的提高。

在观察策略方面，常用的策略主要有三种类型：特征观察法、顺序观察法及视觉分割观察法,每种策略都有其适用的范围。具体而言,当观察对象呈现时间较短而且具有某些典型特征时,使用特征观察法能够迅速抓住观察对象的主要特征;当几种观察对象外形特征不十分明显,而又要求找出它们之间细微差别时,可用顺序观察法按部就班地进行观察比较;在对象既复杂又无序的情况下,可采用视觉分割法进行观察,即利用想象的纵横线条将观察对象分割成几个部分,然后按不同部分分别进行观察比较。

(二) 训练活动设计举例

活动 1　卡通拼图

功能

1. 增强儿童观察的条理性,掌握按一定次序观察的能力。
2. 提高特殊儿童手部的精细运动能力。

准备

卡通拼图训练图卡若干套。

过程

1. 教师呈现图 6-4 (a)。

教师:"大家看,这是什么?对,它是百兽之王——老虎,你看它有尖尖的耳朵、大大的眼睛,额头上还有个'王'字,多神气!"

2. 教师收起图 6-4 (a),把图 6-4 中的其他 4 张图片分发给学生,每人一套。

3. 教师交代任务:"现在同学们手中拿的卡片,就是我们刚才看到的老虎,但是顺序打乱了,请你们根据刚才的图片把它重新摆出来。"

4. 学生操作,教师指导。然后请学生展示任务完成情况。

5. 教师总结:"在完成拼图的时候要仔细观察图片,看清楚它是哪个部位,然后按照一定的顺序来拼,先拼头部,再拼身子和腿,这样会比较简单。"

　　　a　　　　　　b　　　　　　c　　　　　　d　　　　　　e

图 6-4　卡通拼图

活动 2　智力寻宝

功能

1. 提高儿童观察的条理性。
2. 引导儿童掌握按空间顺序进行观察的能力。

准备

3 cm×3 cm 绿色五角星若干，提前贴在黑板、讲桌、窗户、后墙等位置。

过程

1. 将全班学生分为两组。

2. 教师呈现五角星让学生观察。教师："今天我们一起来玩一个智力寻宝的游戏，看看哪一组同学找到的宝贝多。我们要找的宝贝就是五角星！老师已经事先把它藏在教室的不同位置了，大家开始找吧。"

3. 让两组学生一起寻找，并比较各组寻找的结果。

4. 请部分程度好的学生介绍自己的寻宝经验。然后教师总结："寻找宝贝的时候我们可以按照一定的顺序，比如从前往后或者从左往右，或者从高到低，这样就不会显得毫无头绪了，而且也不容易遗漏掉。"

5. 让学生按照教师所讲的方法，找一找教室里面有哪些红色的物品，加以强化所学的观察方法。

活动 3　数字观察

功能

1. 训练儿童按特定的顺序进行观察的能力。
2. 增强儿童观察的敏锐性。

准备

数字观察卡片若干张（每张卡片包含两行相近或相同的数字串）。

过程

1. 教师将第一张卡片（图 6-5）分发给学生。

教师："请同学们找一找，卡片中的两行数字是不是完全相同？如果有不同的数字，请你们圈出来。"

```
2 3 5 5 6 5 4 5 5 3 5 7 5 8 5 6 3 8 2
2 3 5 5 6 5 4 5 5 3 5 6 5 8 5 6 3 8 2
```

图 6-5　数字卡片

2. 让学生自行观察，然后汇报观察结果。

3. 教师给予指导。

教师："这两组数字非常接近，在观察的时候可以按照从左到右的顺序依次对比，这样就会比较容易。"

4. 依次进行第二组、第三组等卡片的训练，让学生练习顺序观察法。

活动 4　火眼金睛

功能

1. 增强特殊儿童观察的条理性、顺序性。
2. 提升儿童对细节的关注及把握能力。

准备

训练图卡若干组（每组包含 4~6 张内容相近的图片，其中至少有 1 张图片内容不同）、红色蜡笔。

过程

1. 教师呈现图片（图 6-6）。

教师："请同学们找一找，这五所房子里面有哪一所是和其他不一样的？请用蜡笔把不同的地方圈出来。"

2. 教师引导学生按照一定的顺序进行观察，最后出示正确答案。

教师总结："同学们，这几所房子非常相似，但只要我们仔细观察，就可以看出，有一所房子的窗户和其他房子是不一样的。我们在观察的时候，可以按照从上到下、从左到右的顺序进行观察"。

3. 让学生按照教师所讲的方法依次完成第二组、第三组等图卡的训练。

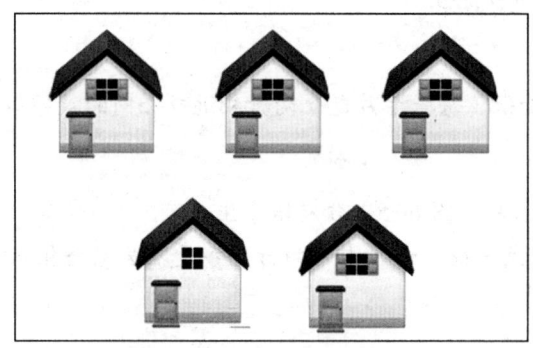

图 6-6　"火眼金睛"训练图卡

活动 5　找不同

功能

1. 增强儿童观察的条理性。
2. 训练儿童学会利用视觉分割法对较复杂事物进行观察。

准备

训练图卡若干组（每组包含两张内容相近但又存在差异的图片）、红色蜡笔。

过程

1. 教师呈现图片（图 6-7）。

教师："请同学们找一找，这两幅图片中有哪些地方是不同的？请用蜡笔把它们圈出来。"

2. 学生自行操作，教师指导。

3. 请学生展示完成情况，教师最后出示正确答案。

教师总结："对于比较复杂的图片，我们可以在脑海中想象两条虚线把画面分成四部分，就像图6-7一样，然后按照对应的部分来进行比较，这样就容易多了，这种方法就是视觉分割法。"

4. 请学生练习使用视觉分割法继续完成其他组图片的训练。

图6-7 找不同——视觉分割法[①]

（三）活动设计建议

第一，观察顺序可以是被观察事物的不同空间顺序，如从上到下、从左到右、从东到西、从近及远等；也可以是被观察事物的不同构成部分的次序，如从头到尾、由表及里、从整体到局部或从局部到整体等。进行活动设计时，教师应提供观察事物或场景的多种形式，强化儿童对不同观察顺序的掌握。

第二，在日常活动中，教师可以引导儿童主动留心细节，经常运用顺序法比较事物之间的异同。

第三，可以利用儿童喜欢的素材自制一些拼图，让儿童通过拼图操作进一步加深对视觉分割法的认识。同时，多鼓励儿童利用想象的横竖线条来分割图形，以此形成表象，提高他们对表象的操作能力。

三、观察的理解性训练

（一）训练的基本思路

观察中包含着两个必不可少的因素：一是感知因素（通常是视觉），二是思维因素。

---

① 该图片来源于Dr. Brain TM，"启慧博士"儿童认知能力测试与训练仪。

思维在观察中的主要作用是可以提高观察的理解性,所以在观察的理解性训练中,主要是运用基本的思维方法,对事物进行有效的比较、分析、综合和概括,全面考察事物的各种特性、方面以及由这些方面所构成的整体,从而达到对观察事物的有效理解。

观察理解能力差的孩子常常是孤立地、片面地对事物进行察看,很难发现事物间的内在关系,抓不住事物的主要情节,也概括不出事物的主要特征。因此,提高儿童观察理解力的一个重要方面就是训练他们概括事物主要特征的能力。让学生抓住观察对象的主要特征进行有重点的观察,在比较的基础上加以概括,最后归纳出某一类事物的主要特征或某一个事物的突出特征。

看图说话法是观察理解力训练中常用的一种形式。这种方法的关键之处在于教师和儿童共同看画面,教师直接或间接地通过言语指导,教给学生理解、概括察看对象及其相互关系的方法与步骤。在指导学生察看图片时,教师应该努力教学生按照顺序把握如下几点:① 仔细分辨图片中的各主要物体或物体的主要部分。② 看清各主要物体或物体主要部分的外形特征、动作姿态等。③ 确定各主要物体或物体主要部分间的相互关系。④ 进一步分析细节,如图画中的背景、陪衬物等。⑤ 再次概括综合,理解事物各方面的关系和联系,如人与人之间、人与物之间、人与事之间、物与事之间等,从而把握对象的最主要内容。

(二)训练活动设计举例

活动 1 动物观察——特征描述

功能

1. 增强儿童把握事物主要特征的能力。
2. 增强儿童观察的概括性。
3. 提高儿童语言的组织和表达能力。

准备

乌龟、公鸡、鸭子图片若干张及相应的仿真实物模型。

过程

1. 教师先呈现乌龟图片及仿真乌龟。

教师:"大家看,这是什么?对,乌龟。下面请同学们仔细观察,说一说它有哪些主要特征?我们来比一比,看看谁说得又多又准确!"

2. 提出问题,让学生对乌龟的特征加以概括。

3. 教师总结。

教师:"刚才好多同学说乌龟有两只小眼睛、短尾巴、四只脚,这是不是它的主要特征呢?其实不是,四只脚、两只小眼和短尾巴等这些都是许多爬行类动物的共同特征,而非乌龟所特有。乌龟的特征主要在于其背壳,它的身子藏于背壳之下,上面还有格状的花纹……"

4. 依次让学生观察描述公鸡、鸭子等动物的主要特征。

活动 2　看图说话

功能

1. 增强儿童的观察理解能力。
2. 提高儿童的语言表达和概括能力。

准备

相应训练图片。

过程

1. 教师呈现图片（图 6-8）。

教师交代任务："请仔细观察图片，然后回答老师提出的问题。"

2. 提出问题，指导学生回答。

（1）两幅图中有哪些人物？

（2）两幅图中的小朋友分别在干什么？妈妈在干什么？

（3）图中的两个人都说了什么？

（4）两幅图中的场景发生的时间是什么时候？从哪里可以看出来？

3. 请学生用自己的语言把图片情节完整表述出来，教师进行点评。

图 6-8　看图说话

活动 3　看图排序

功能

1. 增强儿童的观察理解能力。
2. 提高儿童对事件发生的时间顺序的感知能力。

准备

排序图卡若干组（每组图卡由 3～5 幅场景图片组成）。

过程

1. 教师呈现图卡（图 6-9），先让学生观察。
2. 请学生描述每张图片上有些什么，发生了什么事情。

3. 教师布置排序任务。

教师:"小朋友们,这三张图片的顺序摆错了。请你们想一想,应该怎样排列这些照片呢?"

4. 学生操作,教师指导并总结。

教师:"这三张图片是小狗衔球的过程,第一张图片先是主人把球扔了出去,第二张图片中小狗开始追球,第三张图片中小狗把球衔了回来。你们看明白了吗?"

5. 继续进行第二组、第三组……图卡的训练。

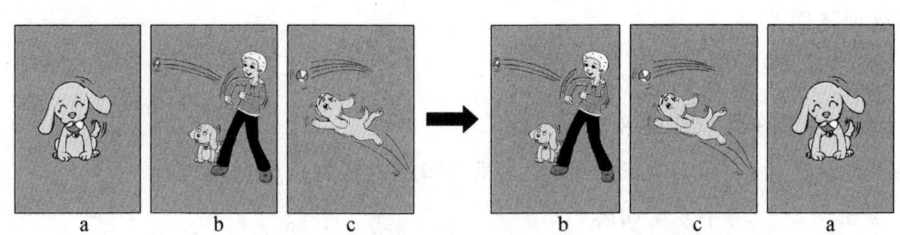

图6-9 图卡排序①

活动4 图片观察——春夏秋冬

功能

1. 增强儿童观察理解能力。
2. 提高儿童对事物细节的关注力。
3. 提高儿童的语言表达能力。

准备

春夏秋冬四季的典型图片各一张,"炎热的夏季"找错误图卡一套,蜡笔若干。

过程

1. 教师将春夏秋冬四季图片呈现给学生,让学生根据图片的内容来判断分别是哪一个季节。

2. 提出问题,让学生说出自己判断的理由。然后再让学生按照四季的正确顺序进行排序。

3. 将"炎热的夏季"找错误图卡以及蜡笔分发给学生,教师交代任务。

教师:"小朋友们,老师发给你们的图片是一张夏天的图片,里面有三处地方是错误的,请你们找出来,并且用蜡笔把它们圈出来。我们来比一比,看谁找得最准确!"

4. 学生操作,教师指导。

5. 提问问题,让学生展示自己找到的错误,并说出理由,教师总结。

延伸阅读 观察的理解性训练教学案例

---

① 图片选自 Dr. Brain TM,"启慧博士"儿童认知能力测试与训练仪。

（三）活动设计建议

第一，很多类型的特殊儿童普遍存在语言表达方面的问题，所以在观察力、理解性训练中，特别是理解性训练中，要充分将观察理解力与儿童语言表达能力的培养相结合，训练过程中要特别注意学生语言组织的规范性。

第二，针对很多孩子在观察时经常分不清主要现象和次要现象，或者总是注意那些奇特的、有趣的现象而忽略主要内容的情况，在进行训练时要带领学生认真观察和研究对象，找出同类事物之间的异同，并分析其间的关系，借此提高观察者的分析思考、概括和归纳的能力。

第三，看图说话训练中，教师可以多选择一些情节暗示性不强的图片，让学生通过概括图片内容来提高其理解力。研究表明，当教师要求学生报告图画中"人物在做什么"或"画的是什么事情"时，可以引导学生关注全图意义，使观察结果表现出较高的水平。在这个过程中，教师还可以多鼓励儿童展开想象，大胆表达图画上没有直接显示的内容。

四、观察的敏锐性训练

（一）训练的基本思路

一些儿童在观察过程中往往会表现出粗枝大叶、走马观花，不善于发现事物之间的细微差别。敏锐性训练，就是要帮助他们养成良好的观察习惯，能够从笼统的事物特征中区分出细微而重要的特征，发现事物之间的内在关系。训练过程中，经常采用的方法有比较法、补全法等，常用的训练形式主要有找相同、找不同、找隐藏事物、找错误、图画补缺等。

敏锐性训练的一个重要内容就是要帮助儿童学会比较、求同取异，抓住事物的细微特征，提高观察力。比较法就是对这一方面能力的训练。通过给学生提供两种或两种以上相同或相似的事物，让他们辨别异同，学习在相似的事物中找出不同点，在看似无关的事物中发现相似点和内在联系，借此提高观察的敏锐性。训练中可以充分利用各种不同颜色、不同形状、不同大小、不同类型的图形或图案作为材料，引导学生通过仔细观察，详细比较各个观察对象之间的细微差别。

对很多特殊儿童而言，他们在观察活动中常常不得要领，丢三落四，获得的印象往往是支离破碎的。要使他们的观察全面、细致，可以考虑采用"补全法"，即给学生提供一些部分缺失的图片，要求他们在规定的时间内，指出每张图片上缺少了什么，以此来锻炼学生的视觉敏锐性和细节注意能力。

（二）训练活动设计举例

活动1　图形观察——找相同

功能

1. 提高儿童对细节的注意能力。
2. 增强儿童的顺序比较能力。

准备

由不同线条构成的图形训练图卡若干组，每组图形相似且只有两个完全相同。

过程

1. 教师呈现第一组训练材料（图6-10）。

教师："这一组图形中，有两个是完全相同的，请你们把它们圈出来。"

2. 学生观察并操作，教师指导。
3. 请学生展示自己的完成情况。

教师总结："这些图形非常相似，在观察的时候要注意每一个小细节，按照顺序逐次进行比较。"

4. 继续进行第二组、第三组……图卡的训练。

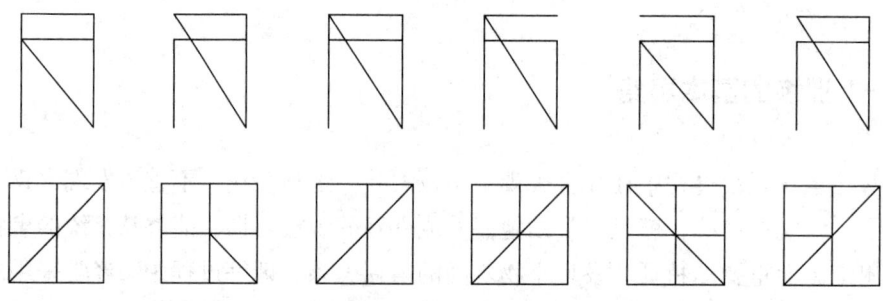

图6-10　找出相同的图形

活动2　图形观察——找三角形

功能

1. 增强儿童观察的细致性及全面性。
2. 提高儿童对三角形的感知认识能力。

准备

相关训练图卡若干张。

过程

1. 将训练图卡（图6-11）分发给学生。

教师："同学们，我们知道，由三条线段首尾相连构成的图形是三角形。请你们找一找，在这个图案中一共有多少三角形。"

2. 学生观察并操作，教师给予指导。

3. 提问问题，请学生在图形中逐个把找到的三角形指出来。教师特别提示学生要注意相邻两个三角形构成的大三角形。

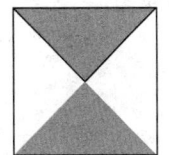

图 6-11　找三角形

活动 3　图片观察——找不同

功能

1. 增强儿童对细节的注意及感知能力。
2. 增强儿童观察的条理性。

准备

相关训练图卡若干组、红色蜡笔。

过程

1. 教师将训练图卡（图 6-12）、蜡笔分发给学生。

教师："同学们，这两幅图中有五处地方不同，你们能找出来吗？请你们用蜡笔把它们圈出来，我们比一比，看谁找得快！"

2. 学生观察图片并进行操作，教师适当引导。

教师："在找的时候可以按照从上到下、从左到右的顺序进行对比观察，这样就不容易遗漏了。"

3. 请学生逐一展示自己完成的情况，教师进行点评。

4. 继续完成其他图卡的训练。

图 6-12　找不同

活动 4　图片观察——图画补缺

功能

1. 增强儿童对细节的感知及注意能力。
2. 增强儿童对事物的认识和理解能力。

准备

相关训练图卡若干组。

过程

1. 教师呈现训练图卡（图 6-13）。

教师："同学们，下面这幅图中每一个物品都有不完整的地方，请你们仔细找一找，看看缺少了什么？"

2. 教师带领学生仔细辨认图片中的每一个物品，引导学生找出图片中残缺的部分。
3. 提问问题，让学生逐一指出图片中的物品缺少了什么。
4. 继续完成其他图卡的训练。

图 6-13　图片补充

活动 5　图片观察——找错误

功能

1. 增强儿童观察的细致性。
2. 增强儿童将生活经验与观察活动相结合的能力。

准备

相关训练图卡、红色蜡笔。

过程

1. 教师将训练图卡（图 6-14）及蜡笔分发给学生。

教师："同学们，下面这幅图中有五处地方是错误的，请你们仔细找一找，并用蜡笔把它们圈出来。"

2. 教师引导学生仔细观察图片，并启发学生。

教师:"图片中有哪些事物?这种安排是否合理?"

3. 提问问题,让学生逐个指出图片中的错误之处,教师点评。

图6-14 找错误[①]

延伸阅读 观察的敏锐性训练教学案例示范

(三)活动设计建议

第一,活动设计时,可以考虑将儿童观察敏锐性的训练和条理性训练、理解性训练等结合起来,以促进儿童观察能力整体水平的提升。例如,在运用比较法进行训练时,可以引导学生按照特定的顺序,从上到下或从左到右地进行对比;在"找不同"的训练中,可以引导学生运用视觉分割的方法和策略;在"图画补缺"训练中,要引导学生努力理解每一幅画面的意义等,这样才能真正提高学生的观察能力。

第二,在进行活动设计时,训练内容要尽可能与学生的生活经验相结合,尤其是在进行"图画补缺"的训练中,训练图卡的内容应为学生日常生活中所熟知的,这样有利于调动儿童观察的兴趣,还有利于促进儿童对所学内容的现实意义的理解。因此,训练材料要尽量选择那些贴近儿童生活的内容,不要人为地将观察内容远离儿童的生活。

第三,活动设计中,训练材料的准备和制作是相当重要的。针对特殊儿童的训练,材料的选择要以直观、生动、简单为准则,一般要准备相应的图卡、实物、动画等,可以充分利用现代化的网络媒体技术,自行设计和制作各类训练材料。

---

① 图片选自"启慧博士"儿童认知能力测试与训练仪。

第七章

儿童注意力的训练

在日常学习与生活中，我们会发现，有的儿童活动或学习的时候专心致志，玩的时候也痛快尽兴地玩，注意力集中，很少受无关刺激的影响。一般来说，这些儿童体质好，成绩优良。而另一些儿童恰恰相反，注意力集中时间短，易受外界无关因素的干扰，学习与做作业时经常走神，做小动作。良好的注意不仅是学习和生活的必要条件，也是各项认知活动的前提和保障。因此，有必要针对儿童尤其是特殊儿童开展科学合理的注意力训练。本章主要介绍儿童注意力的特征、特殊儿童注意力的发展特点，以及儿童注意力训练的内容和方法。

注意力概述

注意是我们认知活动的基本环节，其功能主要是选择和维持我们所要进行加工的目标。要对儿童进行科学合理的注意力训练，首先要充分了解注意力的内涵、特征以及儿童注意力的发展规律等。

一、注意的内涵及特性

（一）注意的内涵

注意是心理活动对一定事物的指向和集中。它不是一种独立的心理过程，而是一切心理过程的开端，保证并维持着心理活动顺利、深入地进行，一旦注意发生转移或分散，相应的心理过程就随之中断或改变。因此，注意在人类的各种认知活动中，具有非同寻常的重要作用，它会帮助我们有目的地选择外界信息，同时排除一些无关的信息，从而节省我们的认知资源。所以说注意是心理活动的调节机制，是认知发展的重要基础。现代认知心理学在整体上强调人的心理活动的主动性，将注意作为信息加工的重要机制[1]。

注意力水平会因个体不同而差异很大。常有家长抱怨自己的孩子上课走神、写作业心不在焉等，这都属于注意方面的问题。注意有两个特征：指向性和集中性。注意的指向性主要强调个体对心理活动或意识范围的选择，被选择的对象即为注意的对象，而未被选择的对象，则无法被觉察到。如上课走神的现象可解释为本应该选择教师所讲的内容为注意对象的，结果儿童的注意却选择了与其无关的事件。注意的集中性强调心理活动的强度或紧张度。心理活动或主动意识的强度越大，紧张度越高，注意也就越集中。如写作业心不在焉，表明儿童的注意虽然指向了某事件（作业），但心理活动或意识的强度不够，这就是注意不够集中的表现。如果对于这种表现不加以纠正，任其发展，很有可能会严重影响儿童的认知能力。

---

[1] 王甦，汪安圣.认知心理学[M].北京：北京大学出版社，2006：53-54.

（二）注意的类型

从有无意志参与的角度，心理学将注意分为三种形式：无意注意、有意注意和有意后注意。

无意注意是没有预定目的，也不需要意志努力的注意。无意注意是一种比较消极的注意形式，带有强烈的情绪色彩。引起无意注意主要靠刺激因素本身。一般情况下，刺激物强度大、新异性强、形式多样且富于变化等，易于引起个体的无意注意。此外，个体的知识经验及对某事物的期待程度也会影响无意注意的启动。如特别想见到某人时，当环境刺激中出现了这人的名字时，即便你在集中精力做其他事情，也很容易注意到这一带有某人名字的刺激（如鸡尾酒会效应）。

有意注意是有预定目的、需要意志努力的注意。有意注意是个体在初学某事物或完成任务活动中主要启动的注意种类，例如听课、看书、写作业，这些任务均有其预定的目的，且完成它需要一定的意志努力来克服一定的困难，如疲倦、无聊、困惑、不解等。有意注意是受思维意识支配的，即个体可以通过语言，根据一定的任务目的维持自己的注意功能。因此，个体可以在没有具体事物存在的情况下，通过语言指令来实现注意的选择与维持。

有意后注意是事前有预定目的，但不需意志努力的注意，也是一种积极的注意形式。通常情况下，个体对于感兴趣的事物在注意过程中所遇到的困难较少，因此所需的意志努力也相对很少。但同时关注这些事物或任务又并非没有预定的目的，它们均具有目的，且能够有所成就。有意后注意不同于无意注意，也不同于有意注意，它与个体的兴趣、爱好、知识经验息息相关，对个体学习成长及完成持续的任务大有裨益。

（三）注意的品质

心理学将注意的品质分成注意广度、稳定性、分配和转移四个特性。

注意广度，也叫注意范围，指在一瞬间（一般指 100 ms 以内）能清楚地把握对象的数量。影响注意广度的因素主要有两个方面：一是注意对象的特点，注意对象越集中，排列越有规律，越能成为相互联系的整体，注意的范围越大；二是主体的活动任务和知识经验，比如在英语阅读中，英语水平高的读者注意的广度较大，能够较快、较全面地掌握文章含义，而阅读水平较低的读者则阅读理解的速度较慢。

注意稳定性是指注意在保持一定水平的基础上，在一定活动上所能持续的时间，表现为能长时间地集中于一定的对象或活动上，没有明显的松弛或分散的状态特征。注意稳定性有狭义和广义之分。狭义的注意稳定性是指注意保持在某种事物上的时间；广义的注意稳定性是指注意保持在某种活动上的时间。要保持良好的注意稳定性，需要对活动具有浓厚的兴趣和高度的责任心，并且具有积极乐观的态度。注意稳定性一般随着注意对象的复杂性增加而产生变化。在保持良好的兴趣和态度的情况下，适当地提高活动刺激的强度和活动时间，有助于提高注意的稳定性。

注意分配是指在同一时间内，个体把注意指向不同的对象。例如，学生在课堂上一边听教师讲课，一边记笔记。注意分配的条件是：首先，要有熟练的技能技巧；其次，有赖于同时进行的几种活动之间的关系。如果活动没有内在联系，同时进行几种活动是很困难的。另外，个体的大脑皮质要保持正常的兴奋性。

注意转移是指有意识地根据任务的需要，主动地把注意从一个对象转移到另一个对象上。有些学生在听到上课铃响之后仍然不能把注意力集中在课堂上，还想着课间游戏的情景，这就是不能把注意按目的进行转移的表现。培养注意转移能力就要养成随时控制自己行动和习惯的技能。

二、儿童注意力的发展

随着个体年龄的增长，儿童注意力的发展在不同年龄阶段表现出了不同的特征。婴儿期、幼儿期和学龄期等阶段的儿童注意力发展具有明显的特点。

（一）婴儿期儿童注意力的发展

婴儿期儿童的注意力以无意注意为主，有意注意处于萌芽阶段。有研究表明，新生儿出生第一天就具有听觉注意，能对外界的声音刺激做出指向性反应；有3/4的刚出生12~48小时的新生儿可以通过视觉注意来追踪移动的红环；3周左右可以将视线集中在距眼睛大约26 cm的物体上，即可以集中在哺乳时的母亲的面孔上。但上述新生儿的注意表现均为无意注意，受刺激物的特点及个体发展影响较大（如色彩鲜艳的物体、母亲的面孔、强烈的声音等）。随着新生儿的不断发展，1岁左右的婴儿开始出现词汇及句法表现，言语能力快速发展。婴儿开始注意理解父母的指令，并尝试与父母沟通，即他们逐渐能够通过意志努力对他人的言语进行有预定目的地加工并给予反应，有意注意随之萌发。

（二）幼儿期儿童注意力的发展

3~6岁的儿童，开始表现出主动探索世界的欲望，会注意一切新异的事物，表现为东摸摸，西拆拆，尝试深入探索事物的特征。儿童在探索中需要克服更多的困难，因此需要更多的意志努力来完成，其有意注意进一步发展。但该时期有意注意的稳定性较差，注意力容易受外界刺激因素的干扰而分散或转移。因此，处于幼儿期的儿童仍以无意注意为主，有意注意较为被动。4岁的儿童在完成两幅图片比较任务时，表现较为草率，缺乏系统计划性，随便看看便给出结论。这也从一个侧面反映出注意品质尚未发展完善，注意的广度、稳定性、分配及转移均不足，不能够系统地、有计划性地将图画分解为几个部分,并逐一进行比较。也有研究表明,4岁儿童的注意广度不超过4个,5岁儿童的注意稳定性时长约为3~7分钟,但是注意一般只能集中在一个事物上,注意分配水平较低[①]。

(三)学龄期儿童注意力的发展

学龄期儿童的有意注意发展迅速,有意后注意也逐渐发展完善。当儿童在对世界的探索与学习中逐渐发展出自己的兴趣、爱好时,有意后注意便应运而生。此时,儿童对有些相关活动或任务只需凭借自觉的目的,无需较多的意志努力便可完成。小学四、五年级的儿童的有意注意基本上占主导地位。进入初中阶段,儿童的无意注意发展逐渐趋于平缓,有意后注意逐渐萌芽并发展起来。[②]

随着大脑的不断成熟,神经系统活动的兴奋与抑制过程逐渐协调,加之较高强度的教学要求与训练,儿童的注意力水平也会随之发生变化。有研究表明,小学阶段儿童的注意发展无显著的性别差异,但存在显著的年龄差异,且随年龄增长呈非线性趋势发展。注意力快速发展时期为7~11岁,其中注意广度和稳定性得到明显发展,10~11岁儿童注意广度可达到5~6个;一般情况下,7~10岁儿童注意稳定时长在20分钟左右,10~12岁儿童注意稳定时长为25分钟左右。若在组织较好的课堂教学中,小学高年级儿童注意稳定时长可达30~45分钟。注意分配能力也随着学习活动及任务范围的扩大而逐渐发展提高[③④]。

小学阶段儿童的注意转移速度也快速提升。有研究表明,7岁、8岁到12岁、13岁是注意转移速度发展的第一个上升期[⑤]。此后,儿童的注意转移速度仍有一定的提高,具体表现在11岁、12岁到14岁、15岁,这是注意转移速度提升的第二个上升期;14岁、15岁到17岁、18岁为发展停滞期,此后缓慢提升。

---

① 张灵聪.注意稳定性研究概述[J].心理科学,1995(18).
② 叶林.中重度弱智学生汉字认读能力研究[J].中国特殊教育,2005(3).
③ 王称丽.中小学生注意力发展与培养研究[D].上海:上海师范大学教育学院,2011.
④ 殷炳江.小学生心理健康教育[M].北京:人民教育出版社,2003:101.
⑤ Russell A, Barkley. Attention-Deficit Hyperactivity Disorder[M]. 3rd ed. New York: The Guilford Press, 2006.

特殊儿童注意力的发展特点

特殊儿童由于生理上存在不同程度的缺陷,他们的注意力水平也有别于正常儿童。下面主要介绍注意缺陷与多动症儿童、学习障碍儿童、智力障碍儿童、孤独症儿童、听力障碍儿童等注意力有典型问题的特殊儿童发展特点。

一、注意缺陷与多动症儿童

注意缺陷与多动障碍(Attention Deficit Hyperactivity Disorder,简称ADHD)是一种以注意缺陷、多动、冲动的行为表现为主要特征的精神病理障碍。在中小学中,有许多学生存在注意缺陷问题,这种儿童的比例约占学生总数的3%~5%。他们往往表现出不专注、多动与冲动,很难遵守规则行为或者维持固定的表现。在幼儿时期,他们通常不会有很明显的症状,到了学龄前3~5岁,注意力不足和冲动的行为逐渐表现出来。到了5~6岁,他们会出现一些明显的注意缺陷和冲动问题,例如,无法完成结构性或者目标性的活动,注意力集中的时间比正常儿童短,而且容易涣散,易受无关刺激的影响,并且活动量相对较大。到了学龄期,这种症状更加明显。由于注意力集中时间短暂,儿童常常无法专注于课堂或者完成规定时间内的题目。到了10岁左右,25%的ADHD儿童会逐渐回到正常,但是大部分仍然伴有注意缺陷的问题,这种症状会持续到青春期,并有30%的患者会持续终身。

二、学习障碍儿童

最近十多年来,学习障碍(Learning Disorder)受到教育界、心理学界以及医学界等广泛关注,不仅是因为这种症状发生率较高,还因为学习障碍给儿童的学习和生活以及未来的发展带来许多问题。在注意力方面,多数学习障碍儿童注意的目的性不强、稳定性差，注意力容易分散。在学习过程中，他们常常有东张西望、交头接耳、好动等行为表现，其注意力很容易被无关刺激干扰。应该说，注意障碍是学习障碍儿童不能顺利完成学习任务的重要原因之一。

虽然很多学习障碍的学生都有注意力方面的问题，但学习障碍并不等同于只具有学习障碍而不具有注意力障碍，许多学习障碍儿童能专心学习，听从指令，但成绩落后。如果我们仔细分析一下被家长认为是注意力障碍的儿童，就会发现，他们中的大多数人只是在学习时表现出注意力不集中，不愿意学，如有的儿童只是在写作业时马虎或粗心，上课时则较专心；而另一些儿童只是在上课听讲过程中注意力不集中，写作业时没有这一问题。还有的儿童只是在写作文或阅读时出现分心现象，而学习数学就没有此现象。这说明，他们不是真正的注意力障碍儿童，只是由于学习某一科目时感到困难，而产生不专心，效率不高的现象。

三、智力障碍儿童

研究表明，智障儿童的注意品质发展水平较低，表现为注意广度较狭窄、注意稳定性差、注意分配较差[1][2]。如无法在同一时间内清楚地知觉到多个信息，无法在一个对象或简单操作上较长时间地集中注意力。大量的实践还发现重度智障儿童表现为完全缺乏注意力，而轻（中）度智障儿童的注意在一定程度上受外界刺激物性质的影响，如对感兴趣的刺激会有主动注意出现，但依然存在注意广度狭窄、注意稳定性差及易分心、易疲劳等现象[3]。另有一些学者认为智障儿童是由于其发育不良，导致大脑皮层的兴奋程度相对较弱，因此产生了注意力等认知活动的持续障碍，可通过全脑型的体育教学训练，如左右手共同划消活动训练提升儿童在注意稳定性、持续性与集中性上的水平[4]。

四、孤独症儿童

大量研究表明，共同注意（Joint Attention）技能的缺乏是孤独症儿童的主要特征之一[5]。共同注意是指"视觉上与他人共同指向某一事件或物品，分享兴趣和社会参与，并

---

[1] 银春铭. 弱智儿童的心理与教育 [M]. 北京：华夏出版社，1993.
[2] 姚聪燕. 音乐治疗在智障儿童教育康复中的作用 [J]. 中国特殊教育，2007，(5).
[3] 胡斌. 书法行为干预对智残儿童注意力的康复作用 [J]. 中国心理卫生杂志，2000，14(6).
[4] 高学民. 智障学生全脑型体育教学的实验研究 [J]. 武汉体育学院学报，2007，41(12).
[5] 周念丽，杨治良. 自闭症幼儿自主性共同注意的实验研究 [J]. 心理科学. 2005，28(5).

能够理解同伴正在与自己共享同一焦点",即孤独症儿童不能对他人的社会指向行为做出反应,也不能自主引发注意分享的行为。常表现为无法将视线在他人和事物间转换,不能追随他人的视线、手势、语言等,不能利用视线、手势或语言与人分享交流[①]。同时,一些研究已经找到了与孤独症儿童社会性注意相关的异常的神经基础,即脑区的激活部位异于正常儿童,且激活程度不足[②]。

很多学者都认为,孤独症儿童存在选择性注意方面的异常,但对于其原因的解释存在不同:一种解释认为这是由孤独症儿童的认知缺陷所导致的,即他们无法对信息整体加工而出现对某一对象的"过度选择",或者无法过滤大量的干扰刺激而更容易分心;另一种解释则认为这是由孤独症儿童的知觉优势所导致的,这种观点认为孤独症儿童的知觉容量大于正常儿童,过量的知觉资源使得他们易于加工无关刺激。两种解释目前尚缺乏更有力的证据及整合的解释[③]。

另有一些学者发现,高功能孤独症儿童在注意稳定性、注意转移和注意广度上也存在障碍,表现为易分心、极其专注某项事物而不能有效转移、异常狭窄的兴趣使其注意广度受限且狭小,或对特定事物的注意敏感性过高而忽视其他等。在美国精神病协会发行的DSM-IV中将"沉湎于某一种或几种刻板的有限的兴趣,而其注意集中的程度却异乎寻常"作为诊断婴幼儿孤独症的一项可选指标。徐梦燕等认为孤独症儿童对事物的注意时长是受到注意对象特点的影响的,并通过实验证明孤独症儿童对食物、动物以及交通工具等类型的刺激材料比对天气、玩具、衣着等类型的刺激材料的集中注意力时间要长[④]。

五、听障儿童

早期研究认为,听障儿童主要是借助视觉来引起和保持注意,这使得听障儿童在注意发展上存在一定程度的缺陷。首先,在其他儿童借助言语与父母建立沟通互动关系发展随意注意时,听障儿童在此阶段很难得到充分的刺激。因此,听障儿童的随意注意发展相对迟缓。此外,听障儿童在注意品质上,也会因为依赖视觉注意资源的影响而受到阻碍。有研究表明,听障儿童常表现为用注意转移代替注意分配,如在学习时很难像健听儿童一样,充分利用多通道资源,通过注意分配来保证接收信息的完整性和流畅性。听障儿童的注意广度也因其以目代耳的注意方式而较健听儿童的注意广度狭窄。在注意稳定性上,听障儿童更容易受到视觉疲劳的影响而降低其稳定性。

---

① 王伟平,苏彦捷. 孤独症儿童基于眼睛注视的社会性注意 [J]. 中国特殊教育. 2006,(6).
② 张盈利,张学民,马玉. 自闭症儿童共同注意干预的现状与展望 [J]. 中国特殊教育. 2012,(4).
③ 杨玲,张永盛,吕超. 自闭症谱系障碍患者选择性注意研究述评 [J]. 中国特殊教育. 2012,(5).
④ 徐梦燕,黄辛隐,陆远,等. 图片与音乐改善孤独症儿童注意力与情绪的探索性分析 [J]. 中国心理卫生杂志. 2010,24(9).

随后的一些认知神经科学的研究发现，听障人群由于其语音回路的长期受损，在工作记忆的中枢执行系统中会出现借助视觉系统的功能代偿作用。此外，一些研究还发现听障人群因后顶叶皮层的改变，其上颞叶沟的听觉皮层比健听人群出现可能有利于视觉、触觉等信息输入的重组与改变现象，也表现出听障儿童随着年龄的增长，后期成长过程中出现了一些功能代偿现象。另外，听障儿童在中央视野信息的加工上分配的注意资源也比健听儿童少。但这并非表明听障儿童的注意资源缺陷，而是因为听障儿童会将更多的视觉注意资源分配到边缘视野信息的加工上。基于此，可以通过为听障儿童提供相对固定、可预测的熟悉环境等，来降低听障儿童在边缘视野信息上的注意资源分配，从而将更多的注意资源分配到正在加工的核心任务中。

儿童注意力的训练

注意力水平的高低，直接影响着儿童认知加工活动的有效性。如果教师和家长能采用科学的训练方法对儿童，尤其是特殊儿童进行训练，可以在一定程度上改善儿童注意力不足的状况，对其他认知能力的发展也可以起到相应的促进作用。在实践方面，国内外教育与心理学界也对儿童进行了大量的注意力训练，并取得了积极的效果。结合注意力的基本品质，本节主要从注意力的稳定性、注意力的分配能力和转移能力等方面来提供一些活动设计方法和思路。

一、注意力稳定性的训练

（一）训练的基本思路

注意力训练活动应结合儿童注意力现有水平及特征，有针对性地设计并实施训练，从而有效促进儿童的注意力发展。注意稳定性训练是通过行为强化及学习迁移等方式，使个体的意识相对稳定地保持在刺激对象上的时间逐渐增长。注意稳定性的训练可先从个体感兴趣的及简单的刺激对象入手，通过行为强化的方式使其在感兴趣的刺激对象上注意保持的时间逐渐增长，然后再通过学习迁移的方式，逐渐将注意稳定性迁移到更多的学习、生活中去。

（二）注意稳定性训练活动设计举例

活动1 舒尔特方格

功能

1. 提高儿童注意力的稳定性。
2. 提高儿童的有意注意能力。

准备

将一张方形纸卡均匀划分为 5 行 5 列的 25 个小方格，然后在格子内随机填写 1~25 这 25 个数字，不要重复及漏填，这张制作好的舒尔特方格即为注意力稳定性训练的刺激对象。

过程

1. 教师要求儿童坐好，讲解任务要求，并确定儿童明白任务要求。

2. 引导儿童听从教师口令，按顺序指出 25 个数字 [图 7-1 (a)]，教师记录儿童每一次指错的次数及正确完成的时间。

测试时，要求被测者用手指按 1~25 的顺序依次指出其位置，同时诵读出声，施测者在一旁记录所用时间。数完 25 个数字所用的时间越短，表明注意力水平越高。以 7~12 岁年龄组为例，能达到 26 s 以上为优秀，学习成绩一般名列前茅；42 s 属于中等水平，班级排名会在中游或偏下；50 s 则问题较大，考试会出现不及格现象。18 岁及以上成年人最好可达到 8 s 的水平，25 s 为中等水平。这里要提醒老师和家长的是，同一张舒尔特方格，不能多次反复使用，以免学生对表格中的数字形成记忆，失去测评效果。还可以进行汉字的舒尔特方格训练，见图 7-1 (b)。

11	18	24	12	5
23	4	8	22	16
17	6	13	3	9
10	15	25	7	1
21	2	19	14	20

(a)

去	你	爱	已	旦
失	了	就	加	生
请	去	珍	爱	的
惜	你	活	了	倍
吧	自	失	一	也

(b)

图 7-1 舒尔特方格

活动 2　数字划消测验

功能

1. 提高儿童注意力的稳定性。

2. 提高儿童的有意注意能力。

延伸阅读　划消训练扩展

准备

以数字划消测验为例，即一张纸上均匀密集地排列着各种数字。

过程

1. 教师要求儿童坐好，讲解任务要求，并确定儿童明白任务要求。

2. 教师给每个学生发放一张数字表（表中数字的多少和排列顺序可根据学生的实际情况确定），表中的数字都是无规则的。

3. 听到教师口令之后，学生划去任意两个数之间的某个数，教师记录学生的完成时间。口令如划去"1"和"7"之间的偶数（或奇数）等。数字划消训练的评分方法是计算划对、划错和漏划三种数据。全部划对的数字的总和称为粗分，划错的加上 1/2 漏划的称为失误。粗分减去失误称为净分。用公式表示为：净分＝划对数—（划错数 +1/2 漏划数），失误率＝（划错数 +1/2 漏划数）/ 总数

$$
\begin{array}{l}
1\ 5\ 3\ 4\ 9\ 6\ 3\ 8\ 2\ 5\ 4\ 7\ 9 \\
3\ 0\ 3\ 7\ 1\ 5\ 4\ 2\ 6\ 9\ 8\ 7\ 4 \\
4\ 2\ 7\ 3\ 0\ 1\ 5\ 6\ 4\ 9\ 2\ 3\ 8
\end{array}
$$

图 7-2　数字划消测验

活动 3　记忆物品的位置和特征

功能

1. 提高儿童注意力的稳定性。
2. 提高儿童的有意注意能力、记忆力与观察力。

准备

选择几样表面无差别，但内容并不相同的物品，如 2 张背面朝上的不同花色扑克牌或 2 个完全相同的、倒扣着的不透明塑料杯（内藏有不同物品）等。

过程

1. 教师要求儿童坐好，讲解任务要求，并确定儿童明白任务要求。
2. 将相同的物品表面呈现在儿童面前，然后分别让儿童观察一下相同表面下的不同内容，再让儿童选择一个内容并进行记忆。
3. 然后呈现相同的物品表面，在儿童的视野范围内，随机交换几种物品的位置，10 次交换后询问儿童其所选择的物品在哪个位置上，若答对，则可增加为 20 次，随机交换后再询问。

整个过程可以通过增加随机交换的次数和提高随机交换的速度来不断增加难度。若儿童均可以正确回答，则可增加物品的数量，如可同时进行 3 张扑克牌一起互换，4 张扑克牌一起互换等。该游戏适合一对一进行。

活动 4　指出翻过的牌

功能

1. 提高儿童注意力的稳定性。
2. 提高儿童的有意注意能力、记忆力与观察力。

准备

扑克牌若干张。

过程

1. 教师要求儿童坐好，讲解任务要求，并确定儿童明白任务要求。
2. 教师选择一定数量的扑克牌，背面朝上、均匀地摆在儿童的面前。
3. 教师开始连续随机地快速翻开某张牌再快速地扣回，然后继续下一张，要求儿童在教师翻牌的同时迅速指出所翻过的牌。

活动情境可以是每张牌都是一朵小花，或一棵小草，将它们翻过来代表它们渴了，需要用手指点一下给它们浇水。若可根据情境制作一些道具，则更能调动儿童的兴趣。该活动可以通过扑克牌的数量及翻牌的速度加以调节。必要时教师也可以用指牌代替翻牌来提高速度。该活动还可以升级，如让儿童扮演警察角色，当翻开的牌为黑色时代表遇见坏人，需要"警察"用手指指向黑色牌，代表警察向坏人开枪；而当翻开的牌为红色时不需要用手去指，因为红色代表遇见好人，警察无需开枪，否则会误伤好人。

（三）活动设计的要求与建议

第一，进行儿童注意力训练活动设计时，应注重前期科学的评估诊断环节。缺乏科学正确的评估诊断的训练活动是事倍功半的，甚至会背道而驰，因此在设计儿童注意力训练活动前，应以科学的评估诊断为基础。为了提高儿童注意力的稳定性，可以增加材料的内容，延长注意力训练的时间。

第二，为了使儿童的注意力更加集中，可要求儿童在规定的时间内完成相应的注意任务。

第三，活动期间采用行为—强化的方式，当儿童答对时给予奖励，答错时告知答错或不予奖励即可，不要加以批评，以免挫伤儿童的兴趣。奖励可以采用精神奖励或物质奖励，但若儿童对该活动很感兴趣，在活动中获胜即为最好的奖励。活动应以儿童的实际水平为基础，起初不要太难，太多的失败往往也会使儿童对活动失去兴趣。

二、注意分配能力训练

（一）注意分配训练基本思路

注意分配训练是在同一时间内，要求个体同时进行两种或两种以上的行为，从而提升个体在同一时间内将注意资源分配在不同选择对象上的能力。注意分配的条件要求行为尽量来自于不同的感觉通道，且注意分配中的行为应该是个体可以自动化完成的，至多只能有一种是较为生疏的。注意分配训练活动的难度与个体对行为的自动化程度、几种行为之间的关系密切程度等有关。训练中以存在一定的内部联系，属于一种活动的整体的注意分配行为首选。如可以选择边唱歌谣边拍手，边走路边数步子，边唱歌边跳舞等活动。下面介绍三个可作为注意分配能力训练的活动。

（二）注意分配能力训练活动设计举例

活动 1　边走边计算

功能

1. 增强儿童注意分配能力。
2. 提高儿童听觉注意稳定性。

准备

提前设计好适合儿童做的计算题。

过程

1. 教师讲解活动过程，确保儿童能够理解任务内容。

2. 教师与儿童一起走路的时候，教师告诉儿童计算题目，要求儿童一边走路一边计算并回答，给予儿童充足的时间用来计算。若儿童没有听清楚，则重复一遍。若重复三遍仍无法作答，则此题记作答错。

3. 教师记录儿童的正确率、重复读题的次数及所用时间。一段时间后，画出儿童的发展曲线。活动期间采用行为—强化的方式，可采用代币制的方式，与儿童事先商量协议，并签署协议。如一次性答对记 5 枚代币，第二次答对记 3 枚代币，第三次答对记 1 枚代币，并确定 100 枚代币和 500 枚代币分别可兑换的奖品。答错时告知答错或不予奖励即可，不要加以批评，以免挫伤儿童的兴趣。但若儿童对该活动十分感兴趣，在活动中获胜即为最好的奖励，可不做代币奖励。

活动 2　坐火车

功能

1. 增强儿童注意分配能力。
2. 提高儿童听觉注意稳定性。
3. 增强儿童注意转换能力和身体动作灵敏性。

准备

一个较为宽广的场地。

过程

1. 教师讲解活动过程，确保儿童能够理解任务内容。

2. 儿童站成一列，排成一列小火车，后面儿童的双手搭在前面儿童的肩膀上，最前面的儿童双手呈开小火车的姿势。

3. 要求这列"小火车"沿着指定路线（在场地事先画好）开动，且在过程中随时可能遇到"危险"（有指导者发出口令），如"山洞"，此时需要全体儿童弯腰前行，否则会撞到山洞，撞到山洞的儿童需从小火车上下来，等待下次活动；如"河流大桥"，此时需要儿童张开双臂，以飞行状态通过，否则需从小火车上下来；如"上山"，此时需要儿童向后弯腰，慢步前行，做错者需从小火车上下来；如"下海"，此时需要儿童双臂呈游泳状，做错从小火车上下来。指令所包括的"危险"及具体相应的行为，可由指导者根据儿童的实际发展水平制定。

4. 小火车司机可由儿童轮流来做。每次小火车重新开动，所有儿童重新回到小火车上，按顺序依次担当小火车司机。活动期间采用行为—强化的方式，最终依然在小火车上的儿童为胜利者，指导者可为其颁发小勇士徽章；对于中途下小火车的儿童，指导者应该给予道别致辞，同时重新陈述规则，并重新开启新一列小火车。该活动同时适用于注意转移能力的训练。

活动3　左右手同时操作

功能

1. 提高不同通道之间的注意力分配。
2. 增强儿童大脑与肢体之间的协调性。
3. 增强儿童记忆与反应能力。

准备

纸、笔若干。

过程

1. 教师讲解活动过程，确保儿童能够理解任务内容。
2. 儿童两只手各拿一支笔，听教师口令，两只手各完成相应的任务，每次用时15秒，双手同步进行，不能分先后。
3. 听清要求，按口令操作：第一次左手画"△"，右手按顺序写"1，2，3，4，5……"；第二次左手画"\"，右手按顺序写"1，2，3，4，5……"。

（三）活动建议

第一，通过客观地评估可以使儿童的注意力训练更加有针对性，更科学有效。此外，还应对儿童实施功能性行为评估，即连续数天对儿童的日常学习与生活进行观察记录，了解儿童的注意力问题表现及相关的情境因素，为专家提供儿童注意力问题可能原因的一手分析资料。

第二，设计注意分配训练活动时，应根据儿童的实际情况，选择其较为自动化的行为作为注意分配中的行为之一。注意分配能力训练的难度应该从简到难，可先从两种行为且均为自动化的行为开始，当儿童能够达到目标后，再将其中一个自动化行为换成较为生疏的行为，继续训练，然后再加入三种行为的注意分配。若该儿童的语言已经基本达到自动化，即可以在其余日常活动中加入语言来培养其注意分配能力。

三、注意转移能力训练

（一）注意转移能力训练设计思路

注意转移能力训练是培养个体将注意资源在几种刺激对象上的主动、快速、正确地切换能力。注意转移能力在学习对象的切换上起着十分重要的作用，如上课与课间之间切换困难，即每堂课的上课之初表现为状态散漫；上课时也难以跟上教师的进度，常常不能对教师的提问做出及时反应；抄写课文时表现困难，儿童很难将注意资源不断地切换在书上的课文及作业本上的文字之间，这些都会导致儿童认知能力发展的障碍。注意转移不同于注意分散，是一个主动的注意资源转移的过程，对认知加工起到积极的作用。注意转移在生活中也几乎无处不在，因此在日常学习、生活中即可进行注意转移训练。在设计注意转移能力训练活动时，可以根据不同的感觉通道来转移注意力，也可以利用注意力不同水平的参与来吸引对象。并且对象参与的活动以及转移的活动的难度和吸引力要能够适合对象的个体状态，超出对象的能力范围或不能够引起对象的注意是不能够完成注意分配能力训练的。

（二）注意转移训练活动设计举例

活动1 计算过程中回答问题

功能
1. 提高儿童注意转移能力。
2. 提高儿童注意的灵活性。

准备
计算题和问题若干（事先准备好一些相对于该儿童比较简单的问题，如你叫什么名字，班主任姓什么，你有几只耳朵，小狗有几条腿等）。

过程
1. 教师讲解活动过程，确保儿童能够理解任务内容。（教师要要求儿童在数数或计算的过程中同时回答一些简单的提问）
2. 教师出示一个小纸盒和一盘绿豆，要求儿童从盘中数出50颗绿豆放进小纸盒，并同时回答指导者的随机提问。儿童一边回答问题，一边继续数绿豆放进小纸盒。
3. 一段时间后，教师可比较在相同提问数量的情况下，儿童在计算任务正确率、反应时间上的变化。
4. 采用行为—强化的方式，当儿童答对时给予奖励，答错时告知答错或不予奖励即可，不加以批评，以免挫伤儿童的兴趣。

活动 2　丢沙包活动

功能

1. 提高儿童注意力转移能力。
2. 增强儿童动作反应能力和注意灵敏性。

准备

适合 4～10 名儿童进行，沙包一个（沙包可自行制作，由 6 块边长为 5 cm 左右的正方形的布料缝制而成，其中可填充一些米粒及太空棉）。

过程

1. 教师讲解活动过程，确保儿童能够理解任务内容。

2. 将儿童分为两队，一队为抛沙包队，一队为接沙包队。抛沙包队的队员分别在距离 3～5 米的场地两边，相互抛沙包，目的是将沙包打中对方队员，使其"中弹"下场。若接沙包队全体队员均"中弹"下场，则两队角色互换。接沙包队的队员在抛沙包队所夹的 3～5 m 的场地中央，每次均面向抛沙包的一侧平行于对方两侧队员站好。

3. 当抛沙包队的队员将沙包抛向对侧的队友时，接沙包队的队员应迅速向后转，从而保持依然面向抛沙包的一侧，在抛沙包队员传递沙包的过程中，接沙包队的队员可以去接沙包，若沙包被接到而不落地，则可换取一名"中弹"队员的上场资格，若沙包碰到接沙包队队员身体的任何一部分后落地，则判该名队员"中弹"下场。活动继续，沙包依然给抛沙包队，继续抛沙包。

4. 采用行为—强化的方式。奖励可以采用精神奖励或物质奖励，但若儿童对该活动很感兴趣，在活动中获胜即为最好的奖励。

（三）活动建议

延伸阅读　注意转移训练教学案例示范

第一，注意转移训练活动设计的难度可通过需要转移的刺激对象的数量、刺激对象的性质及儿童对刺激对象的熟悉程度来调节。起初可以从两个较为熟悉的刺激对象间的转换开始，如两名儿童相互传球。然后可加入略为抽象的刺激对象，如对两段音乐的反应切换，对两种数字活动规则的反应切换，一种活动过程中插入另一种活动。最后可进行多个刺激对象间的注意转移训练。

第二，活动设计需要以儿童的身心发展水平为基础，不可超出儿童的能力范围。完成活动之后教师、家长和学生都要积极反思，反思要充分依据随时记录的儿童的训练结果、表现、突发状况等内容。活动反思可包括活动目标是否达成？活动中所遇到的困难有哪些？原因是什么？如何改进？活动中操作者犯了哪些错误？哪些方面需要学习指导？儿童目前的注意力水平如何？下一步注意力训练计划是什么？等等。活动反思是注意力训练专家、教师、家长与儿童的一个互动磨合的过程，对各方面的成长均有帮助。

第八章 儿童记忆力的训练

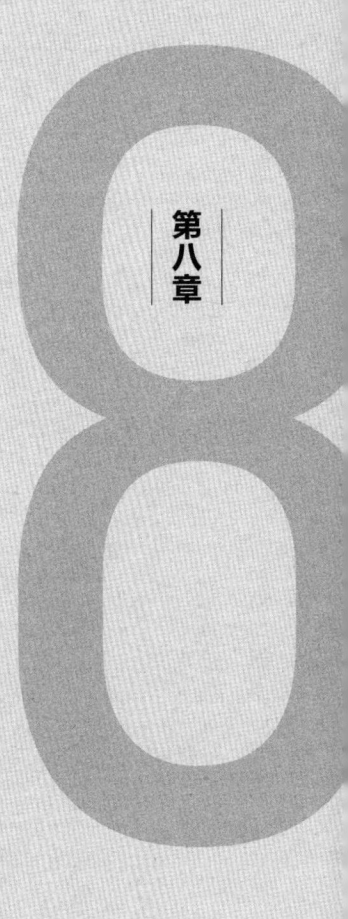

记忆是个体认知加工活动的重要环节，也是大脑最重要的功能之一。没有记忆，个体就无法认识世界、思考问题，生活中所需的各类知识经验就无法积累和传承，社会的进步与发展也妄谈。正因为记忆对人类个体及社会的发展具有至关重要的作用，所以它一直以来也都是认知科学领域研究的重点。

记忆概述

一、记忆

（一）记忆的内涵

记忆是人脑对过去经验的保持和再现。人们在生活实践中感知过的事物、思考过的问题、体验过的情感以及练习过的动作等，在大脑中都会或多或少地留下一定的映像，以后在一定条件下会得到重现。这种在人脑中对过去经验的保持和重现过程就是记忆，它是人脑对过去经历过的事情的反映。

记忆的过程分为三个基本环节：识记、保持和提取。识记是指通过反复感知在头脑中留下映像，获得知识和经验的过程，它是记忆的第一步。识记的形式是多种多样的，它具有选择性的特点；保持是巩固和存储已获得的知识与经验的过程。记忆的保持不是被动的，随着时间的推移，保持的内容在数量上和质量上都可能发生变化，体现出人脑对识记材料的主动加工。记忆的提取分为再认和再现两种。再认是指曾经感知过的事物再度呈现时仍能辨认出来。再现也叫回忆，指经历过的事物不在面前时仍然能在头脑中呈现出来。通常认为，回忆比再认更为困难和复杂，能再认的不一定能回忆，而能回忆的则一定能再认。记忆的这三个基本环节是相互依存、紧密联系的。没有识记，就谈不上对经验的保持，没有识记和保持，就不可能对经验进行再认或回忆。因此，识记和保持是再认或回忆的前提，再认和回忆则是识记和保持的结果。

记忆作为一种基本的心理过程，和其他心理活动有着非常密切的联系。例如在知觉过程中，人们过去的知识和经验就具有重要的作用，没有记忆成分的参与，人就无法分辨和确认周围的事物。在解决复杂问题时，由记忆提供的知识经验也起着重大作用。近年来，心理研究领域把对记忆的研究提到了十分重要的位置，其原因也在这里。

(二)记忆的分类

1. 按照记忆的内容不同,记忆可分为形象记忆、语词—逻辑记忆、情绪记忆和动作记忆

形象记忆以过去感知过的事物形象为内容,它保持着事物的感性特征,具有鲜明的直观性。语词—逻辑记忆以语词、概念、命题、思想为内容,具有概括性、理解性和逻辑性等特点,它是人类个体储存知识的最主要形式,是人类所特有的记忆。情绪记忆以个体经验或体验过的情绪和情感为内容,具有强烈、持久性的特点,在记忆中具有优势地位。动作记忆以学过的动作为内容,如对游泳等运动技能的记忆。

2. 根据记忆是否具有目的性,记忆可分为有意记忆和无意记忆

无意记忆指没有预定目的,不经过专门学习,自然而然地发生的记忆。无意记忆得来的经验,具有片面性、偶然性、不系统的特点。有意记忆指有明确目的、在意志努力的积极干预下进行的记忆,具有目的性、系统性的特点。有意记忆是个体获得系统知识和积累经验的最主要形式。

3. 以记忆时间长短为划分依据,记忆可分为感觉记忆、短时记忆和长时记忆三种

感觉记忆又称瞬时记忆,它是整个记忆系统的开始阶段。感觉记忆的记忆容量较大,具有鲜明的形象性,保持时间非常短暂,记忆痕迹很容易衰退;短时记忆是指信息保持在1分钟之内的记忆。它的容量有限,大约为7±2个单位,编码方式以言语听觉编码为主,也存在一定的视觉和语义编码。短时记忆是感觉记忆和长时记忆的中间阶段,短时记忆的信息如果被复述,就会进入长时记忆;长时记忆是指信息经过充分加工后,在头脑中保持时间最长的记忆。长时记忆中的信息可以保持1分钟以上甚至终身,它的容量几乎是无限的。长时记忆以语义编码为主,其信息大部分来源于对短时记忆内容的加工,但也有由于印象深刻而一次性获得的。

(三)记忆的遗忘规律

记忆过的内容不能回忆或再认,或者在进行回忆与再认的时候发生了错误,即为遗忘。德国心理学家艾宾浩斯是第一个对遗忘现象做系统研究的人,他以自己为被试,用无意义音节作为学习材料,用重学时所节省的时间或次数为指标,测量了遗忘的进程。结果表明,个体遗忘的进程是不均衡的,刚学过以后遗忘得很快,而后遗忘就逐渐缓慢下来,到了一定时间,几乎不再遗忘了。艾宾浩斯把这个结果绘制成一条遗忘曲线,即艾宾浩斯遗忘曲线(见图8-1)。

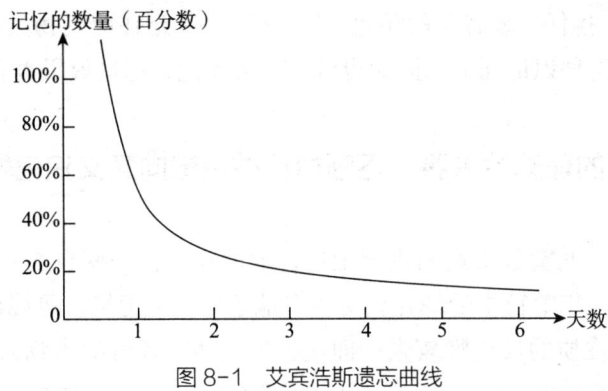

图 8-1　艾宾浩斯遗忘曲线

艾宾浩斯之后，也有许多研究者对遗忘进行了研究。总的来说，大多数关于遗忘的研究基本上都证实了艾宾浩斯提出的遗忘曲线的真实合理性：记忆保持量随提取时间的延迟而递减。

二、儿童记忆力的发展

儿童的记忆力和其他心理品质一样，是随着年龄的增长而逐渐发展的。下面我们分别从记忆的目的性、理解性、记忆内容以及记忆策略的发展等几个方面来说明。

（一）从记忆的目的性来看，逐步由无意识记向有意识记发展

根据儿童的记忆活动有无目的，我们可以把记忆分为无意记忆和有意记忆两种。最初儿童记忆的目的性很差，随着年龄的增长，以后才逐渐增强。这种现象发展的具体表现是：4岁以前的儿童主要是以无意识记为主，凡是与儿童兴趣有关的或有新意、新奇特点的刺激物，都很容易成为儿童记忆的对象；4岁以后，儿童的有意识记开始发展，而且随着儿童语言能力的提高，儿童开始可以对自己的识记过程进行调节，甚至还会主动运用一些简单的识记方法（如自言自语地重复念叨等）来加强识记的效果。儿童入学后，记忆仍保持着幼儿期的主要特点，无意识记占重要地位，到小学二年级时表现为无意识记和有意识记的效果相当。随着心理活动有意性的发展，有意识记逐年提高，小学高年级以后，儿童的有意记忆趋于成熟，发展速度趋于减慢。

有意识记的发展，是儿童记忆发展中最重要的质的飞跃。我们需要注意的是，儿童有意识记的发展是在成人的教育和要求下逐渐产生的。成人在日常生活和组织儿童进行各种活动时，经常向他们提出记忆的任务。比如在讲故事前，预先向儿童提出复述故事的要求；背诵儿歌时，要求他们尽快记住。这些都是促使儿童有意识记发展的重要手段。此外，有意识记的效果还依赖于对记忆任务的意识和活动动机等。比如儿童在玩

"开商店"游戏时,担任"顾客"的角色,"顾客"必须记住应购物品的各种名称,角色本身使儿童意识到这种识记任务,因而也就努力去识记,记忆效果也有所提高。

(二)从记忆的理解性来看,逐渐由机械识记向意义识记发展

与成人相比较,儿童常常运用机械记忆,他们在背诵一些自己并不了解的材料时,显得不是那么困难。年龄较小的幼儿相对较多地运用机械记忆,可能出于两个方面的原因:一是幼儿大脑皮质的反应性较强,即使感知一些不理解的事物时也能够留下痕迹;二是幼儿的理解能力较差,对许多识记材料不理解,不会进行加工,只能死记硬背,进行机械记忆。

随着儿童年龄的增长,他们记忆的理解和组织能力也逐渐提高,记忆的方式由以机械识记为主逐渐过渡到以意义识记为主。小学低年级阶段的儿童在记忆时仍然更多的是运用机械识记。但随着学生年级越高,意义识记所占的比例越来越大,机械识记所占的比例越来越小,到中高年级时意义识记就逐渐占据了主导地位。比如在复述课文时,低年级小学生通常只会逐字逐句地背诵或模仿教师的话语,中年级的学生则能部分地加入自己的语言,而高年级的学生则能根据大意进行自由复述,这表明小学生的意义识记能力是逐步发展形成的。

(三)从记忆内容来看,逐渐由形象记忆向词语—逻辑记忆发展

形象记忆是根据具体的形象来记忆各种材料。在儿童语言发展之前,其记忆内容只有事物的形象,即只有形象记忆。在儿童的语言开始发展以后,直到整个幼儿期,形象记忆仍然占主要地位。儿童的形象记忆较之于词语—逻辑记忆产生较早,这与形象记忆主要靠感知,比较直观具体,有利于年龄较小的儿童把握密切相关。而词语属于第二信号系统,比较抽象,对其理解和掌握需要一定的概括能力,需要在头脑中积累更多的事物形象,而儿童的概括能力较差,掌握起来要困难得多。

到小学阶段,特别是低中年级,具体形象记忆仍占主要地位,词语—逻辑记忆逐步发展起来。具体表现在小学低中年级的儿童在记忆抽象的词的材料时,还是以具体事物为基础,可以说第一信号系统的活动起着主要的作用。随着儿童第二信号信号系统的发展,在系统知识的学习过程中,词语的抽象记忆迅速发展起来,到小学高年级的时候,词语—逻辑记忆效果有了比较大的改善。

(四)记忆策略逐渐增多,记忆效率不断提高

儿童记忆发展过程中的一个显著特点就是记忆的方法和策略逐渐增多,记忆效率不断提高。个体在记忆过程中,常用的策略有三类:第一类是复述策略,比如将需要记忆的内容在心中或出声地多重复几遍,就能记得更好。但研究表明,学龄前期幼儿的复述

策略基本处于不自觉水平，他们一般不会自发地进行复述。Flawell（1967）曾对5岁、7岁、10岁的儿童进行过研究，把一些图片展示给儿童，15 s以后要求儿童再认。结果发现，10%的5岁儿童，60%的7岁儿童，85%的10岁儿童，在实验中有复述表现。所以研究者认为7岁左右是儿童由不进行复述向自发复述的过渡时期。相比于低年级儿童，高年级儿童的复述技能更加熟练。第二类策略为精制策略，它主要包含两层意思，一是记忆的时候不要死记硬背，要理解记忆；二是运用联系来帮助记忆，将当前记忆内容和已有的知识经验联系起来。精制策略的发展较晚，儿童要在入校以后才能逐渐学会使用这种策略；第三类是组织策略，主要是指依据刺激物的特点或某些规则对材料信息进行整理、概括和归类，以提高记忆效果。一般来讲，学前儿童对这种将事物进行"组织"记忆的能力还未发展起来，如果要他们记住若干张图片，他们不会按照物品的类别，比如将动物类的放在一起、食品类的放在一起进行记忆。一直要到10岁左右，儿童才能自发地运用这种策略来提高记忆效果，其他低年龄的儿童若经过训练也可提高这种水平。①

---

① 张莉. 儿童发展心理学 [M]. 武汉：华中师范大学出版社，2006：89.

特殊儿童记忆力的发展与特点

个体的记忆发展与感知、语言以及思维的发展都有着密切联系。和普通儿童相比，特殊儿童有的存在感官障碍，有的思维发展水平低下，有的在语言发展的速度和水平上均与普通儿童存在明显差异，由此导致很多特殊儿童的记忆发展特点和水平与普通儿童有所不同。

一、智力障碍儿童的记忆特点

记忆缺陷是智力障碍儿童最主要的缺陷之一。智力障碍儿童记忆能力的总体特征是：记忆的目的性欠缺，有意识记能力差；识记的速度缓慢，记忆容量小，保持不牢固，再现不精确；对识记材料的处理存在困难，意义识记差等。

1. 记忆速度慢且遗忘快，再现不准确、不全面

识记速度慢、保持不牢固，这是智力落后儿童在记忆中表现出来的典型特征之一。在教学中我们也经常会看到这种情况。例如，教智力落后儿童学习新的知识内容时，往往要重复许多次才能教会，但是他们遗忘得却特别快，上节课学习的内容，下节课可能就记不起来了，一个学期学习的内容，一个假期回来就基本忘光了。智障儿童的识记缓慢还表现在记忆容量小，通过速示器及背诵数字的心理实验发现，智障儿童的记忆单位比正常儿童要少3~4个。

2. 记忆的目的性差，有意识记能力弱

智障儿童有意识记的发展比同龄的普通儿童要差得多，不善于进行有意识记是他们记忆缺陷的主要问题之一。例如，在让普通儿童阅读一篇故事之前，提出让他们复述的要求（主要是提出记忆目的，唤起有意识记），这时他们对这个故事的识记效果就要好很多，而对智力障碍儿童提出同样

的要求时，实验表明，他们的有意识记成绩比无意识记好不了多少。① 应该说，不善于有目的地去记住或回忆相关材料是绝大多数智力障碍儿童的典型特征。

3. 意义识记差，机械记忆相对较好

智力障碍儿童记忆材料时，更多的时候是靠机械地一遍一遍重复，因此记忆效果较差。例如，让智力障碍儿童复述故事时，他们并不懂得按故事的内容、顺序去记忆，只是机械地去注意成人讲的个别词句，因此当他们复述时，往往只重复故事中个别句子和单词，不能把故事复述完整。此外，智力障碍儿童还不善于运用联想，比如他们在记忆词汇时，只能一个词、一个词地回忆。对给出的一组词汇，他们只会随意记住几个，因而回忆的成绩很差。导致这一状况的原因，一方面与他们脑中储存的信息尚少，不能有效地建立各种知识之间的联系有关；另一方面还与他们的思维发展水平有关。

4. 对识记材料的处理存在困难，组织功能差

识记材料的处理是指在记忆过程中对识记材料进行有效组织加工的过程。这些组织包括对识记材料进行分类、编码等，属于记忆的方法范畴。由于记忆的组织功能差，智力障碍儿童不善于运用分类等策略，在理解的基础上进行记忆。高亚兵曾就数字组织测验、类群集测验、主观组织测验等内容研究了智力障碍儿童识记材料时的组织特点。结果发现，大多数智力障碍儿童记忆数字的水平很低，只在低难度的项目上表现出有记忆组织的能力，对类群集和无关联的识记，没有记忆组织的能力。②

二、听力障碍儿童的记忆特点

听力障碍儿童记忆的规律同普通儿童相比没有本质的区别，但由于他们听力的丧失以及言语功能的缺损，其记忆也表现出与普通儿童不一样的特点。

1. 视觉形象记忆占优势，发展较好

由于缺陷补偿的原因，听力障碍儿童的视觉形象记忆能力发展较好，这一点在记忆效果上同普通儿童没有很大的区别。例如，给普通儿童和听障儿童呈现一些毫无次序的点、线和几何图形时，听障儿童的记忆效果与普通儿童基本一致。甚至还有实验材料说明，听障儿童在识记点、线组合时的成绩要优于同龄普通儿童，特别是当识记时间限制在 0.04 s 时，听障儿童的再现正确率为 98%，而普通儿童只有 42%。从这一点上，似乎证明听障儿童的视觉瞬时记忆效果优于健听儿童。③

---

①② 肖非.智力落后儿童心理与教育 [M].大连：辽宁师范大学出版社，2002：99，101.
③ 教育部师范教育司.聋童心理学 [M].北京：人民教育出版社，1999：46.

2. 运动记忆效果较好

运动记忆同视觉形象记忆有着非常密切的关系，它对听障儿童的学习及心理发展有十分重要的意义。例如，手势语言的学习、对别人说话口型的感知、体育律动课的动作、劳动技能的习得等都离不开动作记忆的参与。总体来讲，听障儿童对简单、机械的动作记忆较好，对复杂、灵活多变的动作记忆的效果相对较差。这里的主要原因在于，对于复杂动作的记忆，正常人可以借助语言的帮助来清晰地记住四肢、身体各部位的运动变化，而听障儿童则无法利用语言的帮助，导致对各种动作要求不清楚，只能死记硬背多个具体动作形象，不利于准确地识记和再现。

3. 对词语—逻辑的记忆效果最差，且发展较慢

听障儿童的词语—逻辑记忆是随着入学以后学习语音、字词、句子、文章而逐渐发展起来的，并且在很长一段时间内，其语言记忆是与其直观形象记忆交叉和结合的。听障儿童在词语—逻辑记忆方面，无论是记忆的广度、速度，还是记忆的持久性和准确性，通常都不如健听儿童。在课堂上教师经常会遇到这样的情况，前两天刚刚学过的文字内容，再提问学生时，他们往往会回答"不知道"，或者说"没学过"。对语言文字材料记得慢、忘得快是听障儿童的一个明显特点。造成这一状况的原因是多方面的，就语言学习而言，语音是其最重要的核心要素，它是语言存在的物质基础。由于听障儿童不能清楚地感知或无法感知语言的声音刺激，从而失去了一条感知语言的最重要的途径，这使得他们对语言材料的记忆不牢固、不准确（王志毅，2007）；此外，这还与听障儿童对语言的理解程度和识记方法有关。听障儿童对语言的理解能力很差，没有理解的记忆是很容易忘记的，而且他们在理解过程中又不善于运用记忆策略，或仅仅会使用一些低层次的策略，导致整体记忆效果很差。

三、孤独症儿童的记忆特点

由于存在广泛的发展障碍，孤独症儿童对周围的事物以及人际关系缺乏合理的分析、综合、归纳和整理能力，与普通儿童相比，他们在记忆方面也有明显的特点。

1. 机械记忆较好，但缺乏与生活的联系

很多孤独症儿童的机械记忆水平较好，特别是有个别孩子对某些特殊的信息，如数字、图片等表现出惊人的记忆能力，但是缺乏与具体的现实生活相联系。例如，有的儿童只是机械地重复和模仿一些无意义的数字，对数字的运算、推导，以及对时间、日期的推算均表现出很高的兴趣，可是对这些数字、符号所表达的真实意义却不理解，当他们在识别物体时，需要特定的暗示或者提供一定的线索才能完成。另外，他们在记忆时间较近的内容时表现较好，如果需要对以前的记忆材料进行编码记忆时，会出现很大的

困难。

2. 词语—逻辑记忆能力差

很多孤独症儿童不能将学过的词通过编码形成能够交流的语言，无法对材料进行有意义的编码，导致语言记忆能力不强。他们在社会交往中很少使用语言或者不使用语言，即使使用也表现为机械地模仿语言或刻板地使用，对语言的实际意义不理解，经常反复提问题或者陈述事情，词语颠三倒四，让人很难理解。而且，由于缺乏想象力，他们的联想记忆能力很弱，在会话和交谈中只会用书面语言进行回答，不能用自己的语言进行表达，还会把一些完全不相干的事情联系在一起，说一些与当前场景无关的话语。

3. 图形记忆能力较强

图形记忆主要是将图形和所要记忆的文字或者事物从发音或意念上建立某种联系。相对于刻板记忆和语言记忆，图形记忆能够更生动、更形象地表现事物的特征，能在一定程度上弥补孤独症儿童在记忆方面的缺陷。尽管很多孤独症儿童在语言表述、动作灵敏度方面不是很理想，但是他们对图形的观察力和记忆力却很好。

四、学习障碍儿童的记忆特点

对学习来讲，记忆是将学习材料进行系统地整合的过程。存在记忆缺陷的人经常会遇到各种各样的学习问题，这一点无论对儿童、青少年，还是成人都是一样的。许多学习障碍儿童学业方面的问题就是由记忆缺陷所造成的，同普通学生相比，他们在完成记忆任务时往往会表现出各种困难。

1. 短时记忆不良

有研究表明，学习障碍儿童特别是阅读困难儿童在学业方面的问题是由于视觉或听觉的短时记忆不良所造成的，这些儿童往往记不住刚刚学习的词汇，在学习中表现为边学边忘。程灶火等人（1998）考察了学习障碍儿童的短时记忆和工作记忆及各类型学习障碍儿童的短时记忆特征，他们采用个别记忆测查的方式，对语文学习障碍、数学学习障碍、混合型障碍三组学生同普通学生组进行了对比研究。根据实验的结果，他们认为学习障碍儿童存在共同的短时记忆和工作记忆缺陷，但缺陷程度有差异，这种缺陷可能与言语编码缺陷或记忆系统本身功能障碍有关。[1]

---

[1] 程灶火，龚耀先. 学习障碍儿童记忆的比较研究：I. 学习障碍儿童的短时记忆和工作记忆 [J]. 中国临床心理学杂志，1998（3）.

2. 意义识记存在困难

许多学习障碍儿童在记忆过程中的一个明显特征就是很少使用意义记忆，而更常使用机械记忆的方法来学习，这样不仅要花费很多的时间和精力，而且记忆效果也不好。但是，也有一些学习障碍儿童在机械记忆中有困难，这些儿童往往很难记住一些没有意义的事物，如人脸、无意义的图形、字母、抽象概念等。[①]

3. 记忆的组织功能差，策略运用水平低

学习障碍儿童往往不善于根据以往的经验和知识来组织和解释正在学习的信息，因为他们不能保持和提取过去的经验或已经学习的知识，不能把目前的信息与过去的加以比较，不能把以往的经验与目前的事物联系起来。有研究表明，与普通儿童相比，学习障碍儿童更少会利用精细的复述策略来存储信息，使信息进入长时记忆。从长时记忆中回忆和提取信息的研究表明，学习障碍儿童能够利用一定的策略来回忆线索（Wong，1982），然而，他们在选择策略时，所选择的往往是效果较差的策略，搜索回忆线索所花的时间也比普通儿童少。

---

① 徐芬.学业不良儿童的教育与矫治[M].杭州：浙江教育出版社，1997：166.

儿童记忆力训练的内容与方法

就记忆的品质而言,可以从记忆容量、记忆保持时间、记忆的准确性、记忆的广度等方面去衡量。研究表明,训练很难提高人的记忆广度,但记忆策略的训练可以有效增加个体记忆的容量和信息保持的时间,并提高记忆的准确性,此外,记忆目的性的明确也可以有效提高记忆的效果。因此,本节将主要围绕如何促进儿童记忆的目的性、提高记忆策略的运用水平提供一些活动方案和指导方法。

一、记忆的目的性训练

(一)训练的基本思路

很多特殊儿童尤其是智力障碍儿童记忆的目的性很差,有意识记能力弱。缺乏目的性的记忆行为,往往会致使记忆的内容带有偶然性和片断性,难以对记忆信息形成系统的认识。因此,在儿童记忆力训练中,首先应该考虑加强记忆的目的性训练。

从普通儿童记忆发展的特点来看,有意记忆的产生往往不是自发的,他们记忆或回忆的目标在开始时通常需要成人来确定。所以记忆的目的性训练关键在于对训练对象提出明确的记忆目的和要求,调动学生多种感官参与记忆活动,加强有意注意力,引导他们有意识地去进行记忆活动。训练初期,可以先培养儿童记住老师或父母交代的任务内容,然后再逐步培养学生独立地提出要记住的内容,明确记忆的目的和任务,并把要记住的任务加以具体化。

(二)训练活动设计举例

活动1 桌子上有什么

功能

1. 提高儿童记忆的目的性,增强有意记忆。

2. 提高儿童的视觉注意力。

准备

儿童熟悉的物品若干件（所用物品应该是儿童能够说出名称的）；50 cm×50 cm 的遮盖布一块。

过程

1. 让儿童坐在桌子前面，教师把几件物品放在桌子上，让儿童观察一段时间。同时告诉儿童，要记住桌子上有哪些物品。
2. 观察一段时间后，教师用布把桌子上的物品遮盖起来。
3. 让儿童凭记忆说出这几件物品的名称。

活动 2　回忆图片的内容

功能

1. 提高儿童记忆的目的性，增强有意记忆。
2. 提高儿童的注意力、观察力。

准备

图片若干张，内容可以包括实物（如动物、植物、交通工具、日用品等）、几何图形、数字、字或词等。

过程

1. 让儿童坐在桌子前面，教师交代任务。

教师："下面我要给你们呈现一些图片，看完后要记住有哪些图片哦。"

2. 教师把图片依次呈现给儿童，在呈现的同时告诉儿童图片的内容。
3. 让儿童凭记忆说出刚才所呈现的图片的名称。

图片的数量可以根据儿童的程度水平来确定，可以从 2 张开始，然后逐渐增加；回忆时，可以让学生自由回忆，也可以按照呈现的次序来回忆。

活动 3　信息增减训练（少了什么）

功能

1. 增强儿童的有意记忆能力。
2. 提高儿童的视觉注意力。
3. 提高儿童观察的敏锐性。

准备

儿童熟悉的物品若干件（玩具、文具等）。

过程

1. 让儿童坐在桌子前面，教师把若干物品放在桌子上，让儿童观察一段时间。同时告诉儿童，要记住桌子上有哪些物品。

2. 观察完后，让儿童转过身去，教师从桌上的物品中取走一件。

3. 请儿童根据刚才的记忆说出缺少了什么物品。

活动 4　信息增减训练（多了什么）

功能

1. 增强儿童的有意记忆能力。
2. 提高儿童的视觉注意力。
3. 提高儿童观察的敏锐性。

准备

儿童熟悉的物品若干件（玩具、文具等）。

过程

1. 让儿童坐在桌子前面，教师把若干物品放在桌子上，让儿童观察一段时间。同时告诉儿童，要记住桌子上有哪些物品。

2. 观察完后，让儿童转过身去，教师在桌子上的物品中另外增加一件。

3. 请儿童根据刚才的记忆说出增加了什么物品。

活动 5　图片记忆训练（找不同）

功能

1. 提高儿童记忆的目的性，增强有意记忆。
2. 增强儿童观察的敏锐性，提高对细节的关注能力。

准备

"找不同"的图片若干套（每套图片包含两张，内容在某处细节上稍有不同）。

过程

1. 让儿童坐在桌子前面，教师把第一张图片呈现给学生，请他们尽量记住图片的内容。

2. 15 s 后，教师把图片拿开，换上第二张图片，让学生指出哪个地方与刚才的第一张图片存在不同。根据学生的回答情况，教师给予鼓励或指导。

3. 教师用其他图片重复以上操作。

活动 6　动作记忆训练（动作模仿）

功能

1. 增强儿童的有意记忆能力。
2. 增强儿童观察的敏锐性，提高对细节的关注能力。
3. 提高儿童的运动能力以及模仿能力。

准备

提前编排好适合儿童的简单动作若干套，动作不宜过于复杂，但每个环节之间应该界限明晰。

过程

1. 请让儿童立正站好，告之注意事项。

教师提前告诉学生："注意观察老师的每个动作，等我做完后，请你也模仿老师的动作来做一遍。"

2. 教师进行动作展示。

第一个动作：双手握拳；

第二个动作：双手伸出大拇指；

第三个动作：双手伸出中指和食指。

3. 教师展示完后，请学生依次模仿上述三个动作。

4. 重复进行其他套动作的展示和模仿。

（三）活动设计建议

延伸阅读 记忆的目的性训练教学案例示范

第一，记忆目的性的训练关键在于明确记忆任务，所以在进行训练之前，教师要考虑好如何给学生下达任务指令。一个基本的原则是下达的指令应该简单、明确、具体，没有歧义。训练初期，教师可以适当重复记忆指令，提醒学生不要忘记自己的记忆任务。

第二，针对特殊儿童的训练，要充分考虑不同类型、不同水平儿童之间的差异，任务难度从浅入深，逐步提升。任务难度的调节可以从记忆内容的数量（活动1、活动2中物品数量和图片数量等）、信息增减量的多少（活动3、活动4的训练）、记忆内容前后的差异大小（活动5的训练）、动作的复杂程度（活动6的训练）等多个方面来考虑。特别是在训练初期，记忆任务的难度不应过高，以免挫伤特殊儿童训练的积极性。当学生顺利完成一项训练任务后，教师应该积极地给予正向的强化或反馈，以提高学生的兴趣。

第三，具体训练过程中使用的训练物品，可以根据实际情况灵活选择。例如在信息增减训练中，使用的训练材料并非一定要用各种实物，也可以选用各种物品图卡、积木、各类模型等来替代。训练的形式也可以根据实际情况灵活设计，例如在集体课堂中，刺激物的呈现可以用PPT课件的形式来展示，此时就需要教师提前做好精心的设计和安排。

二、复述策略训练

（一）训练的基本思路

为了保持信息，我们经常会运用内部语言在大脑中重现学习材料或刺激，以便将注意力维持在学习材料之上,这个过程就是复述。复述是一种很重要的常用记忆策略,它能加深信息在大脑中的痕迹,促使信息从短时记忆转入长时记忆。根据学习策略的相关理论,复述策略分为两种:一种是无保留复述,即将记忆内容完整无误地复述出来,这是比较低层次的复述策略,类似于机械重复;二是保留复述,是在对记忆内容进行整理和提炼后,把信息转变成有意义的(语义的)或概念性的,将主要内容概括出来,这属于精细复述(杜晓新,1999)。

在复述策略训练中,首先是训练儿童进行无保留复述,在此基础上再进行保留复述。训练时通常是结合各类听觉记忆活动来进行的,例如让学生逐步练习听到别人说出的字词、句子后能有意识地进行重复,以加深大脑的记忆痕迹。另外,在复述策略训练中,教师还可以结合讲故事的形式来进行,让训练对象理解并记住故事的详细信息或主要信息,能正确回答与故事内容相关的问题,形成有意识复述的习惯。

(二)训练活动设计举例

活动 1　重复句子——传话筒

功能

1. 增强儿童的听觉注意能力。
2. 训练儿童使用无保留复述的记忆策略。
3. 提高儿童的口头语言表达能力。

准备

提前设计好适合儿童水平的若干句子(句子的长度、复杂度可以根据儿童的实际情况灵活设计)

过程

1. 请学生按次序排成一列,教师交代任务。

　　教师告知学生:"下面老师将说一句话,只告诉第一位同学,请你听清楚后,告诉你后面的同学,然后依次往后传。"

2. 教师将第一个训练句子告诉第一位学生,请学生把自己听到的句子传给第二位学生,依次后传。
3. 结束后,比较最后一位同学所说的句子是否和教师所说的句子内容一致。
4. 重复进行其他语句的训练。

活动 2　学说绕口令

功能

1. 训练儿童使用复述的记忆策略。
2. 增强儿童的听觉注意能力。
3. 提高儿童语言表达的准确性和流畅性。

准备

适合儿童的绕口令一首,如"树上一只鸟,地上一只猫。地上的猫想咬鸟,树上的鸟想啄猫"。

过程

1. 教师先告知学生:"下面老师将教同学们学说绕口令,我说一句,你们说一句,看谁说得又准确又好。"

2. 教师示范说绕口令,说一句,学生模仿一句。反复练习。

3. 教师示范将一首绕口令从头至尾地完整说出,学生重复模仿。

活动3 复述汉字(数字)

功能

1. 训练儿童运用复述的记忆策略。
2. 提高儿童的听觉注意能力。
3. 增强儿童的语言表达能力。

准备

汉字记忆材料和数字记忆材料各四组,每组长度由少到多逐渐增大。

过程

1. 教师把下列四组汉字依次念给儿童听,每隔一秒钟念一个字。念完后,立即让儿童复述出来。

第一组:灯 狗

第二组:电 球 人

第三组:水 炮 天 风

第四组:跑 米 门 灯 写

2. 教师将下列四组数字(每组两批数字)依次念给儿童听,每隔一秒钟念一个,念完后,让儿童倒着复述出来,如教师念"3-5",儿童则念"5-3"。

第一组:2-6   0-5

第二组:2-9-4   6-5-3

第三组:3-2-4-7   8-3-6-2

第四组:5-7-2-8-1   9-6-4-3-7

活动4 复述故事

功能

1. 训练儿童运用复述的记忆策略。
2. 提高儿童的听觉注意能力和听觉理解能力。
3. 增强儿童的语言表达能力和思维推理能力。

准备

《小蝌蚪》的故事，配套图片三张（提前将图片制作在 PPT 中）。

过程

1. 教师先告诉学生："小朋友们，今天老师要给大家讲一个《小蝌蚪》的故事，大家先听老师讲，听完后你们要把故事重复一遍，尽量不要遗漏故事的内容。最后回答与故事有关的问题。大家在听故事的时候，一定要注意以下内容——故事发生在什么地方？故事中出现了谁？他们之间发生了什么事情？故事的结局如何？"

2. 教师讲《小蝌蚪》的故事，同时在 PPT 上呈现故事图片。

3. 教师讲完故事后，请学生复述故事，并要求学生回答以下问题：① 小蝌蚪的妈妈是谁？② 小蝌蚪生活在哪里？③ 小蝌蚪长大后变成了什么？④ 小蝌蚪长大后喜欢吃什么？⑤ 我们应该保护小蝌蚪吗？为什么？

（三）活动设计建议

第一，复述策略训练的关键在于帮助儿童建立良好的复述意识，从而在面对记忆信息时，能有意识地去运用复述策略，训练过程往往会显得比较枯燥，所以在设计活动的时候应该创新形式，更多地结合一些游戏活动的方式来进行，使训练对象能够愿意参与进来，乐在其中，从而提高训练效果。

第二，训练过程中应充分调动学生的多种感官参与活动，以获得最佳的记忆效果。例如在复述汉字（数字）时，不仅可以通过教师念，还可以通过 PPT 课件展示的方式来呈现记忆材料，以刺激学生的视觉记忆，另外，还可以选择色彩艳丽的各类图片，让学生根据图片内容进行复述。

第三，在对学生进行故事复述的训练时，需要特别注意选择儿童感兴趣的故事；同时，在讲故事之前，应让学生明确听完故事后的复述任务；要精细设计有关的问题，问题可以包含两类，一类是机械记忆的问题，另一类是逻辑推理的问题，需要学生在正确理解故事含义的基础上通过一定的推理过程来解答，借此将儿童的记忆训练同逻辑推理能力的训练结合起来。另外，在复述故事的同时，还可以结合图片排序的方式来进行，让学生按照故事发生的情节线索将故事图片的正确顺序排列出来，这也是复述的一种很好的形式。

三、精制策略训练

（一）训练的基本思路

大量的理论和实践研究证明，对学生，尤其是学习障碍儿童进行精制策略的训练，可以有效提高其认知能力和学习记忆效果（杜晓新，1999）。所谓精制，是指个体在识记一些很难归类的材料时，在这些材料中创造出某种联系，赋予它们一定的意义。作为一种有效的编码方式，精制策略不仅能促使新旧知识之间建立联系，而且可以为长时记忆中的内容提取提供有效的途径和线索。精制加工的方式主要有以下几种：一是变换形式重新加工，如将文字材料用图形或其他符号表示；二是增加有关信息的意义性，如对各项目间毫无联系的词表，可以用有意义的句子将它们联系起来；三是通过配对联想或进行创造性类比，帮助识记。

根据上述内容，在对儿童记忆的精制策略进行训练时，我们通常使用的方法主要有表象记忆法、谐音记忆法、比较记忆法、联想记忆法等。表象记忆法是将需要记忆的项目用句子联系起来，并根据句子内容在头脑中形成清晰、生动的表象，借此记住材料的内容。表象法既适合于对词汇的记忆，也适合对句子和段落的记忆。谐音记忆法是以材料内容的谐音为编码线索，在提取时根据其谐音快速提取材料内容。适合用谐音法的材料有人名、地名、电话号码、历史年代、车牌号码、短句等。比较记忆法是通过对易于混淆的材料进行比较，或者将材料内容与自己的生活经验进行比较，以便帮助理解和记忆的一种方法。联想记忆是利用事物之间的联系通过联想进行记忆的方法。训练时，可以引导儿童根据记忆的目标和具体内容，产生一个系列情景，并用一句话或一段话对其加以描述，然后在需要回忆时，根据这句话或这段话来进行回忆。

（二）训练活动设计举例

活动 1　词语表象记忆

功能
1. 训练儿童运用表象记忆的策略。
2. 提高儿童的想象能力。

准备
词组记忆材料四组，每组长度由少到多逐渐增加，并设计好 PPT 课件。

过程
1. 教师："同学们，今天我们来进行一个有趣的想象游戏，下面老师将告诉你们一些词，请同学们将这些词连成一句话，然后根据这句话想象一个画面。比一比谁想的最有趣。"
2. 教师出示 PPT，展示第一组词"礼帽、太阳、小狗"。
教师示范："先把这几个词连成一句话，小狗戴着礼帽晒太阳。然后，在大脑中想象出这样一幅画面——小狗戴着一顶黑色的礼帽，在沙滩上晒着太阳。"
3. 教师逐个请学生进行想象训练，想象完后让学生尝试进行回忆。
4. 按以上程序进行其他组的训练。

活动 2 场景表象记忆

功能

1. 训练儿童运用表象记忆的策略。
2. 提高儿童的想象能力。
3. 提高儿童的语言理解能力。

准备

情景记忆材料一组（兰兰一家的郊游），相关图片一张。

过程

1. 教师提醒学生，要求学生根据老师的描述在头脑中形成一幅如下的动态场景（图8-2）：兰兰一家去野外郊游，兰兰牵着爸爸妈妈的手，走在青青的草地上，地上开满了鲜花。爸爸手里拿着两个气球，一个红色、一个黄色，兰兰扎着两个小辫子，穿着红色的上衣。

图 8-2　场景表象记忆训练材料

2. 引导学生形成表象，并根据想象的画面回答问题：场景中一共有几个人？爸爸手里拿着什么东西？兰兰穿着什么颜色的衣服？

3. 教师用 PPT 课件展示图片，重复步骤 1 的描述，引导学生和自己表象中的图片加以对照。

活动 3 数字谐音记忆

功能

1. 训练儿童运用谐音法帮助记忆的能力。
2. 提高儿童的发散性思维。
3. 提高儿童的语言表达能力。

准备

数字记忆材料三组，提前做好 PPT 课件。

过程

1. 教师示范："同学们，在记忆一些数字的时候，我们可以借助谐音法，比如要记住 7-6-8-6-8 这几个数字，我们可以把它念成'去溜达溜达'，这样就容易记了。"

2. 教师出示第一组数字"2-8-2　7-4-0　8-8-6　9-9-5"，引导学生运用谐音法进行记忆，训练的开始，教师可稍做提示。

3. 教师出示第二组数字"1-4-1-4　0-8-3-7　8-3-8-4　1-7-9-8"，引导学生运用谐音法进行记忆。

4. 教师出示第三组数字"5-1-3-9-6　7-1-3-4-5　7-1-8-8-5　5-1-3-9-6"，引导学生运用谐音法进行记忆。

活动 4　汉字对比记忆

功能

1. 训练儿童运用对比记忆的能力。
2. 提高儿童将记忆信息同生活经验相结合的能力。

准备

汉字记忆材料四组，提前做好 PPT 课件。

　　第一组　烧　浇　绕　挠
　　第二组　晴　情　清　请
　　第三组　伴　拌　绊　胖
　　第四组　峰　锋　蜂　缝

过程

1. 教师用 PPT 课件展示第一组材料，并给予提示。

教师："同学们，请看第一组字，字形相近，部首不同。如何来记住这些字并理解它们的含义呢？我们可以用对比记忆法，把它们和生活经验联系起来，如用火烧（shāo）、用水浇（jiāo）、用丝绕（rào）、用手挠（náo）。"

2. 引导学生理解，并检查学生对该组材料的记忆情况。
3. 展示第二组训练材料，让学生尝试练习对比记忆，教师指导。
4. 重复进行第三组、第四组的训练。

活动 5　图片联想记忆

功能

1. 训练儿童运用联想记忆的能力。
2. 增强儿童的想象能力。

准备

相关训练图片三组，制作成 PPT 课件。

过程

1. 教师用 PPT 展示第一组图片（图 8-3）。

教师导入："同学们，先看看下列图片的内容，请记住它们的排列顺序。"

图 8-3　图片联想记忆材料

2. 教师："同学们请看，这里有四张图片，分别是妈妈、弟弟、苹果、葡萄。我们可以想象这样一个场景——妈妈下班回家,给弟弟买了他最爱吃的苹果和葡萄。这样就很容易记住它们的顺序了。"

3. 让学生自我练习,比一比谁联想得更有趣。
4. 展示第二组训练材料,让学生尝试练习记忆,教师可稍进行指导。
5. 重复进行第三组训练。

(三) 活动设计建议

第一,在精制策略的教学与训练中,需要注意精制与非精制的区别问题。一个过程是否为精制,有两个辨别标准:一是精制必须是学生自己产生的,不是别人加工的结果;二是精制必须与训练的内容相关联。所以在训练过程中,教师主要发挥的是引导作用,通过活动训练,学生按照精制的原则自己去把记忆材料的相关信息整合起来。但对某些学习能力特别差的特殊儿童来讲,他们往往不能自发地产生有效的精制,即存在"产生性缺陷",但其并没有"传递性缺陷",因此,也可以从其他人那里接受有效的精制,并从中受益(杜晓新,2012)。这个时候就需要教师作为指导者,更多地为其提供一些精制结果,帮助其加强记忆效果。

第二,表象法的特点在于形成有利于记忆的表象,表象越鲜明、生动、有趣,则越有利于记忆。因此,在训练中,要鼓励训练对象主动产生表象,而且要学会操纵表象,如通过活动2的场景表象训练,让学生尝试在近景、远景间自由切换。此外,还可以训练学生能够将表象用语言描述出来,描述得越具体、生动越好。

第三,运用谐音记忆法会使整个记忆过程变得轻松又有趣味。但运用谐音记忆时,要注意两个问题:一是不能事事谐音,谐音记忆只可以用来记忆一些生涩的或枯燥的内容;二是谐音一定要准确,不然会弄巧成拙。在对数字用谐音法进行精制时,往往采用与数字相似或相同的汉字读音,将数字转换成句子,并赋予句子一定的意义。为了能有效地利用谐音进行精制,应该要求学生多积累一些相关知识,如字词、成语、方言等。

第四,在进行联想策略训练时,儿童会根据同样的内容产生不同的联系。教师要鼓励学生说出联想的内容,要求学生用规范的语言进行表达。同时,还可以引导学生展开一些讨论,比一比谁联想得好等等。

四、组织策略训练

(一) 训练的基本思路

记忆的组织策略是指识记者在识记过程中根据记忆材料之间的联系,对材料信息进行整理、概括或归类的过程。从信息加工的角度来看,"组织"实质上是一种更复杂、更深层次的编码，是对信息进行深加工，其目的在于建立知识之间的内在联系，使其成为一个有机整体，以便于理解和提取。

组织策略训练中，常见的方法有排序策略训练、分类策略训练等。我们知道，许多刺激是以序列的方式呈现的，呈现时往往存在一定的规律。在记忆这些内容时，教师可以引导儿童努力发现这些规律，以此来帮助记忆。例如在图形记忆中，可以给学生呈现一组按规律排列的复杂图形，要求学生记住图形在该系列中的排列位置，打乱顺序后，让学生按原来位置重新摆放，借此来强化学生发现规律、运用规律来帮助记忆的能力；也有许多刺激的呈现是杂乱无章和无意义的，此时有效的记忆策略是对杂乱的事物进行梳理和归类，教师可引导儿童将必须记忆的内容按一定要求进行分类记忆，这种方法既训练了学生的思维能力，也使记忆变得简单。

（二）训练活动设计举例

活动 1　图形记忆训练

功能

1. 训练儿童运用排序策略进行记忆的能力。
2. 提高儿童的语言表达及概括能力。

准备

图形记忆材料四组，每组图形的排列均有一定的规律，并提前设计好 PPT。另外，根据记忆材料准备同样内容的卡片若干组。

过程

1. 教师出示 PPT，展示第一组记忆材料（图 8-4）。

教师："同学们，请观察老师呈现的这一组图案，努力记住它们的排列顺序。待会儿老师将打乱它们的排列顺序，请你们重新排列出来。"

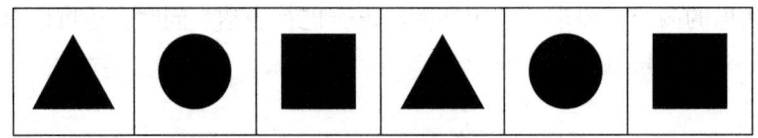

图 8-4　图形记忆训练材料举例

2. 学生观察、记忆（时间 30 s 左右）。
3. 待儿童记忆完毕，教师隐去 PPT 内容。将对应的该组卡片发给学生，让他们根据刚才记忆的顺序重新排列出来。
4. 教师提问学生是根据什么规律进行排列的，引导学生将排列规律加以概括。
5. 按以上程序继续进行其他组训练。

活动 2　记动物

功能

1. 训练儿童运用排序策略进行记忆的能力。
2. 提高儿童的语言表达及概括能力。

准备

动物图片记忆材料四组，每组图形的排列均有一定的规律，提前设计好PPT。另外，根据记忆材料准备同样内容的卡片若干组。

过程

1. 教师出示PPT，展示第一组记忆材料（图8-5）。教师："同学们，你们看，动物园里有许多小动物。请你们要记住这些动物是怎么排队的。一会儿老师要考考小朋友，看看谁记得又对又快。"

图 8-5　动物排排队

2. 学生观察过后，教师出示以下方框（图8-6），并将对应的该组卡片发给学生，让学生把动物图片按照刚才的顺序放在方框中。

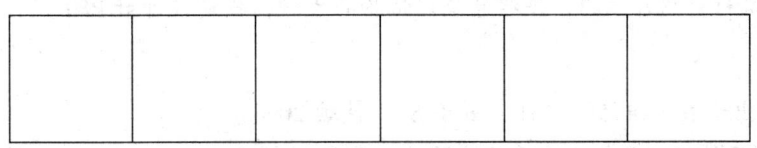

图 8-6　空白方框

3. 提问学生怎样记住动物的排列顺序的，并引导学生总结动物的排列规律。
4. 按以上程序继续进行其他组训练。

活动 3　记数字

功能

1. 训练儿童运用排序策略进行记忆的能力。
2. 提高儿童发现记忆材料间规律的意识和能力。

准备

数字记忆材料四组，每组图形的排列均有一定的规律，提前设计好PPT。与记忆材料相对应的空白方框纸若干。

过程

1. 教师出示 PPT，展示第一组数字材料（图 8-7）。让学生观察并记住空格内的数字。

1	3	5
2	4	6
3	5	7

图 8-7　记数字训练材料

2. 学生记住后，教师出示空白方框纸给学生，让他们根据刚才的记忆在每个空格处填上相应的数字。

3. 教师提问学生怎样记住数字的，并引导学生总结其中的规律。

4. 按以上程序继续进行其他组训练。

活动 4　分类记忆训练

功能

1. 训练儿童运用分类策略进行记忆的能力。
2. 提高儿童类属概念的掌握能力。

准备

分类记忆材料图片三组，每组包含记忆物品十种，提前设计好 PPT。

过程

1. 教师出示第一组记忆材料（图 8-8），持续 20 s。

教师："同学们，你们先看看这些图片，要记住它们。"

图 8-8　分类记忆训练材料

2. 教师询问学生刚才看到哪些图片，并让学生回答自己是怎样记住的。

3. 教师总结："小朋友，你们想知道老师是用什么方法记住刚才那些图片的吗？老师用的是分类的方法。老师把汉堡包和香肠分在一起，它们都是食品；把苹果、草莓、香蕉和葡萄分在一起，它们都是水果；把大象、猴子、鸭和鱼分在一起，它们都是动物。这样，老师就把这些东西都记住了。"

4. 按照以上述程序进行其他两组的训练。

（三）活动设计建议

第一，应用排序策略，就是要发现序列的规律。排列的规律有多种方式，如周期性的变化、方向的变化、形状的变化、量的变化等。在排序策略训练中，可以充分利用各类数字、图形、图案材料，设计不同的规律，引导学生积极主动地去寻找和发现规律，并按照规律来帮助记忆。此外，在日常的教学和活动中，教师也要利用各种适当的机会，激发学生探索和发现规律的意识，提高他们按事物规律来进行记忆的水平。

第二，在分类策略训练中，主要是训练儿童能够有意识地去梳理材料之间的内在联系，在记忆复杂内容时将具有相同或相似属性的事物归并在一起，借此扩大记忆容量，提高记忆效率。这个过程和学生类概念的能力是紧密联系在一起的，所以在平时的训练过程中，应该有意识地提高学生对类属概念的掌握，加强分类能力的训练。

第九章

儿童分类能力的训练

属性相同的许多事物共同组成一个群集，称为类。分类就是将具有相同或相似属性的事物归并在一起。分类能力是一种整合个别刺激的同时性加工过程，它是形成概念的基础。通过分类训练，能促进儿童比较、分析、综合等思维能力的发展，同时对儿童数学能力、语言能力的发展也有很好的促进作用。对分类能力较弱的儿童进行针对性训练，如果方法得当、训练素材选用得当，能有效促进其分类水平的发展。本章在介绍儿童分类能力特征和特殊儿童分类能力发展特点的基础上，重点介绍儿童分类能力训练的思路、内容与方法。

分类能力概述

PART 1
第一节

人类思维的基本过程是分析、综合、抽象、概括、比较、分类、具体化和系统化。其中，分类是比较复杂的思维活动。了解儿童分类能力的发展特征，可以加深对思维发展规律的认识，从而为学校的教育教学活动提供科学依据，为儿童的认知能力教学与训练指导奠定理论基础。

一、分类能力的界定

关于分类能力的研究，远可追溯到古希腊的亚里士多德时期，近有近代心理学家霍尔、皮亚杰的很多研究成就。何谓"分类"呢？"分"即鉴定、描述和命名；"类"即归类，按一定秩序排列类群，也是系统演化。分类（classification）是人脑通过比较，按照事物的异同程度而在观念上加以分门别类的过程，即按照一定的标准把事物归纳为一组的思维过程。所谓一定的标准，包括较低层次的标准（按照可以感知到的物体外部特征来进行分类）和较高层次的标准（按照事物内部的属性和关系来进行分类）。

其中，物体的外部特征是物体最直观的物理属性，例如物体的形状、大小、颜色等。物体的另一属性是功用关系，如这些物品是人们用来劳动的，那些物品是人们用来御寒的等。而物体的内部属性则主要是指物体所属的概念类别。以苹果和辣椒为例，食物是两者的上位概念，同时，苹果是水果的下位概念，辣椒是蔬菜的下位概念，而水果与蔬菜又是食物的下位概念。生活中儿童的分类操作很多，例如要求儿童把白菜、苹果、馅饼、凳子、筷子、锅碗等物品归为两类，把食物归为一类，工具归为另一类。这种分类不是依靠物体的外部形象，而是需要认识这些物品的具体用途，即按照物体内部的性质，才能做出正确的判断。

二、儿童分类能力的发展

分类能力随着儿童年龄的增长而逐步发展。下面从儿童分类标准的稳定性、性质和类别等级特性的发展特征来认识儿童分类能力的发展。

（一）儿童分类标准稳定性的发展

在对客观世界中的事物进行分类时，儿童往往是在具有众多的属性和特征的事物中，基于个体的认知与经验，选择一种或几种特性对众多的事物进行分组。一般而言，在同一次分类活动中，分类标准不能发生变化，即分类标准必须具有一定的稳定性。这是分类最基本的要求。

维果茨基、英海尔德和皮亚杰等人先后对儿童的分类能力进行了研究，认为儿童分类标准的稳定性发展经历了没有任何分类规则、没有分类能力，到分类标准不固定、经常变化，再到逐渐能够按照一个固定的标准对所有的刺激物进行分堆或分类的过程。众多研究表明儿童很早就具有了分类的能力，在3岁甚至更早，儿童就能够按照某一标准分类。也就是说，3岁以上的儿童，基本能按照某一稳定的标准对物体进行分类了。也有研究表明，学前儿童已经能按照基本类概念标准进行分类，但按上级类概念标准分类的能力比较差。这种能力随年龄的增长逐渐发展。这一阶段的儿童分类能力的发展跟他们的直观形象思维占优势、抽象逻辑思维能力也开始形成和发展这一总的思维发展特点相一致。

（二）儿童分类标准性质的发展

随着儿童年龄的增长，除了其分类标准的稳定性不断提高以外，分类标准的性质也在不断丰富。

1. 从依据事物外部特征分类向依据本质特征分类发展

儿童对事物的分类从依据事物的外部特征分类逐步发展到依据事物的本质特征来分类。儿童早期一般依据事物的外部特征来进行归类，如形状、大小、颜色、长短等等。例如，学前儿童主要按照事物的外部特征进行分类，往往把具有同样颜色、形状等特征的物体归为一类，而不是把属于同一类别的物体作为一类。有研究发现，学前儿童倾向于把苹果和皮球作为一类，而不是把苹果和香蕉归为一类。可能原因是苹果和皮球都是圆形的。对低年龄儿童来说，当感知觉特征和概念特征进行竞争时，感知觉特征处于优势地位。

2. 从依据事物的功能关系分类向依据概念关系分类发展

在以事物本质特征为依据的分类能力发展中，儿童是由依据事物的功能关系进行分类，然后逐步发展到依据事物的概念关系来进行分类。斯迈利（Smiley）等研究发现[①]，在功能关系和概念关系竞争时，功能关系在低年龄儿童的分类中处于优势地位。例如，低年龄儿童常常把蜘蛛和蜘蛛网作为一类，而不是把蜘蛛和小甲虫分为一类。他们还倾向于把马和马鞍子分为一类，而不是把马和狗放在一起。

汪宪钿等人的研究表明，4~9岁儿童分类的发展顺序为：不能分→依感知特点分→依情境分→依功用分→依概念分。4岁儿童基本上不能对事物分类；5~6岁儿童多数能依据物体的感知特点和情境分类，但不能认识物体的内部联系和本质属性；6~7岁儿童开始突破具体感知和情境限制，能够依据物体的功用及内在联系分类，但对事物本质属性的抽象能力还只是处在初级阶段。

（三）儿童分类的类别等级特性的发展

类别是按照等级关系组织起来的。儿童对类别等级关系的理解是目前研究者们关注的一个焦点。皮亚杰利用改进的类包含任务，对儿童理解类的等级性进行了研究。皮亚杰在研究中首先给儿童呈现一定数量的小木球（其中大部分是棕色的，小部分是白色的），然后问儿童：是棕色的木球多？还是白色的木球多？皮亚杰等人发现，7~8岁的儿童开始有能力解决这样的问题。根据种种实验结果，皮亚杰认为在具体运算阶段（6~7岁）之前，儿童不能完全掌握类别的等级概念的，儿童到7~8岁才能理解类的等级性。但一些学者对此提出了质疑，史密斯（Smith）通过考察发现4岁的幼儿就很好地掌握了类的等级性的概念。皮亚杰指出，具体运算阶段的儿童才开始具有传递性关系能力，即儿童要到7岁左右才能进行长度和大小的传递性关系推理，在9岁时能进行重量方面的传递性关系推理，而要到11岁、12岁时才能进行容积方面的传递性关系推理。罗施（Rosch）等人进行了一项研究，以了解儿童对哪个级别的类概念更敏感。Rosch认为，基本水平类概念应该满足两个条件：第一，类别内的成员有较大的相似性；第二，类别间的样例有较大的差异性（简单地说，就是"类内差异要小，类间差异要大"）。他们先后给3岁儿童分别出示一些玩具，每一次出示3个，让儿童指出其中哪两个更相像。每一次出示的玩具都不同，有时3个玩具中有2个属于同一基本类概念（如两架不同的飞机），有时3个玩具中有2个来自同一上级类概念（如一架飞机、一辆小车，都是属于上级类概念"交通工具"）。每次出示中总有一个属于完全不同的类别（如一只玩具小狗）。结果发现，当2个玩具属于同一个基本类概念时，有99%的3岁儿童将这2个物体认定为同一类别；而当2个玩具同属一个上级类概念时，只有55%的3岁儿童将它们认定为同一类别，这表明年幼儿童对基本类概念最敏感。我国心理学家（方富

[①] Smiley S S, Brown A L. Conceptual preference for thematic or tamonomic relations: A nonmonotonic age trend from preschool to oldage[J]. Journal of Experimental Child Psychology, 1979,（28）.

熹、方格、郗慧媛，1991；樊艾梅、李文馥，1995）所做的相关研究也得出了类似的结论[1][2]。

从总体来看，学前儿童分类能力的发展大致分为如下。3~4岁：基本不能进行逻辑分类，主要表现为盲目的、随意的、非本质的分类；4~5岁：开始能够理解简单的类概念，并有了初步的分类意识，主要依靠事物的外部特征进行分类，能将具有相同外部特征的物体归为一类，但未形成类包含概念；5~6岁：开始认识到几个下位类别可以归属于一个上位的类别，能完成一些简单的类包含任务，能依据物体的本质属性进行简单分类。

---

[1] 方富熹，方格，郗慧媛.学前儿童分类能力再探[J].心理科学，1991，(1).
[2] 樊艾梅，李文馥.3—6岁儿童层级类概念发展的实验研究[J].心理学报，1995，(1).

特殊儿童分类能力的发展特点

由于特殊儿童认知发展滞后,往往要落后普通儿童几岁甚至更多,其分类水平也都比较低,表现出:难有稳定统一的分类标准、感性经验特征显著、很难完成概念水平的分类操作等特征。下面分别介绍听障儿童、智障儿童、孤独症儿童和视障儿童等常见特殊儿童的特征。

一、听障儿童的分类能力

张积家等人[①]研究了听障儿童对基本颜色(黑、白、红、橙、绿、黄、蓝、紫、棕、灰、粉红)和基本颜色词的分类,从中可以看出听障儿童的颜色概念组织及分类的一些特点。低、高年级听障儿童基本颜色语义空间中都有"彩色/非彩色"维度,但低年级儿童基本颜色语义空间中有"长波色/短波色"维度,高年级儿童基本颜色语义空间中却出现"单色/杂色"维度,两者都未出现汉语儿童基本颜色语义空间的"暖色/冷色"维度。由此可见,在对基本颜色分类中,低、高年级听障儿童都按照颜色物理属性(波长和饱和度)分类,分类时更多地考虑了颜色的视觉相似性。另外,虽然低、高年级基本颜色语义空间中都出现"彩色/非彩色"维度,但分类中都未出现"非彩色"(黑、白和灰)类,而是出现包括黑、灰的"暗色"类,白色和其他颜色聚在一起。他们的研究结果还表明,听障儿童对基本颜色分类的抽象程度低于汉族5~6岁儿童。

Marschark等人发现,听障者概念联系中,分类学的上下位概念联系存在不对称,具有从上位概念到下位概念的联系弱于从下位概念到上位概念的联系等特征[②]。

[①] 张积家,党玉晓,章玉祉,等.盲童心中的颜色概念及其组织[J].心理学报,2008(04).

[②] Marschark, M., Convertino, C., McEvoy, C. & Masteller, A. Organization and Use of the Mental Lexicon by Deaf and Hearing Individuals[J]. American Annals of the Deaf, 2004, 149(1).

二、智障儿童的分类能力

智障儿童有一定的分类能力，但与智力正常儿童相比，存在明显的缺陷。比如，智障儿童对颜色基本属性（如亮度）有一定感知，可以根据亮度对颜色分类，但还难以形成抽象的分类标准。我国学者以特殊学校低、中、高三个年级的智障儿童为被试，研究了其对颜色分类的特点[①]。能正确进行分类的智障儿童只占各年级被试的40.7%、61.3%和53.5%。在能分类的智障儿童中，当询问分类理由时，他们基本上不能回答，至多只能回答"喜欢这么分""这样好看"或一些奇怪的理由。再如，对智障儿童（特殊学校1~9年级）进行63种常见食物的自由分类研究，也发现低年级智障儿童对食物没有统一的分类标准。他们有时根据空间共现来进行分类，如把汉堡、薯条、鸡翅和冰激淋等分在一起，这些食物共属于"麦当劳"或"肯德基"的主题；有时根据时间共现来进行分类，如把米饭、苦瓜、鸡腿、鱼、芹菜、豆角和猪肉等分在一类，这些是中餐或晚餐常搭配在一起的食物；有时根据材料分类，如把饺子、云吞、包子分在一起，这些食物都以肉为材料，但却未一直坚持这种标准把肉也分在一起；有时根据形状分类，如把同样是圆形、红色的西红柿、草莓、荔枝、橘子分在一起；有时根据抽象特征分类，如把草莓、香蕉、桃、菠萝、葡萄、荔枝、橘子等水果分在一起，体现了一定的分类学关系，但这种分类学关系非常弱。

可见，低年级智障儿童分类标准多、变化快，没有形成清晰的分类概念。相关研究还发现，智障儿童在对食物概念进行分类时，低年级儿童概念结构混乱，中年级智障儿童开始按照概念情境对食物分类，食物概念结构开始变得清晰。但中年级智障儿童的食物概念结构中，各类别之间界限还不很清晰，类别之间还有相互掺杂的现象；高年级智障儿童的概念水平进一步提高，概念组织方式接近于低年级智力正常儿童，概念组织主要依赖于分类学关系，但总体上，智障儿童概念发展水平落后于智力正常儿童，概念联系类型的转变时间也大大落后于智力正常儿童。

三、孤独症儿童的分类能力

国外有学者采用"类别判断"（category verification）任务研究孤独症儿童的分类能力，结果发现孤独症个体具有正常的分类能力。温格尔（Ungerer）等发现[②]，即使心理

[①] 张积家，章玉祉，党玉晓，王志超，梁敏仪. 智障儿童基本颜色命名和分类研究[J]. 中国特殊教育，2007,（6）.

[②] Ungerer J A, Sigman M D. Categorization skills and receptive language developmentin autistic children[J]. Journal of Autism and Developmental Disorders, 1987,（17）.

年龄 1~3 岁的低功能孤独症儿童，也能够根据颜色、形状来划分类别，也能够对自然事物（例如，水果、动物）与社会事物（例如，家具）进行正确分类。我国有学者采用视觉呈现刺激的方式来研究孤独症儿童的分类能力，材料主要分为两个层次：基本类别词汇与高级类别词汇。基本类别词汇来自两个大类，一是鸟，一是猫；高级类别词汇也是两类，一是食品，一是交通工具。孤独症儿童在电脑上对每张图片与类别（如"鸟"）进行是否一致的判断。结果表明，孤独症与控制组儿童在典型性刺激（如具有会飞、有羽毛等特征的鸟是典型刺激，而"鸵鸟""企鹅"就不是典型刺激）上没有显著差异，随着刺激典型性的下降，孤独症儿童遇到的困难愈来愈大。

因此，研究者认为孤独症儿童有一定的类别判断能力，但同时也存在明显的缺陷。Klinger & Dawson 等人在对孤独症儿童的分类能力进行研究时发现，即使是新材料，他们也难以用编码对事物的共性加以概括，即形成"单一总括表象"（single summary representation）[1]。孤独症儿童无法像普通儿童一样从不同的卡通图形中抽取出原型。Dunn 等让孤独症儿童列举类别成员来说明类别词汇（如"动物"）时，自闭症儿童列出的样例远远偏离了原型[2]。这表明孤独症儿童的分类不灵活。所以，一些研究者认为孤独症儿童的分类策略，类似于计算机的模式识别，机械刻板，缺少灵活性。孤独症儿童的这种识别模式很容易出现分类错误，从中可以预见，复杂的表情与情绪的识别对孤独症儿童将是一个很大的挑战。

四、视障儿童的分类能力

有研究表明视障儿童颜色词的语义空间中有两个维度：① 彩色/非彩色；② 实物色/背景色。明眼人基本颜色词的语义空间中有"暖色/冷色"维度，视障儿童基本颜色词的语义空间中却有"实物色/背景色"维度。"实物色/背景色"维度反映了视障儿童对于彩色的独特分类。在分类后的访谈中发现，视障儿童对基本颜色词分类时，头脑中有一个空间：上面是"蓝天"，下面是"绿地"，在中间的是具有各种颜色的事物；在这些具有颜色的事物中，"红""粉红""紫""黄""橙"往往与花朵、水果、衣饰和旗帜的名称联系在一起。例如，说到"红"，被试就想起"红花""红旗""红衣服"；说到"黄"，被试就想起"香蕉""橙子"和"橘子"，这表明视障儿童对抽象颜色概念的掌握是以颜色与具体事物的联系为中介的。

后天视障儿童将基本颜色词也分成两个大类、四个子类，两个大类是暗色和彩色，四个子类是：① 暗色，包括黑、灰和棕；② 背景色，包括绿和蓝；③ 实物色，包括

---

[1] Klinger L G, Dawson G. Prototype formation inautism[J]. Development and Psychology, 2001, 13: 111-124.
[2] Dunn M, Gomes H, Sebastian M. Prototypicality of responses in autistic language disordered and normal children in a verbal fluency task[J]. Child Neuropsychology. 1996, 2: 99-108.

红、粉红、橙、黄和紫；④ 白色。"白色"之所以成为一个单独子类，可能是因为后天视障儿童有一定的明暗视觉经验，在头脑中还残留了一点对于光亮的记忆，所以"白色"就从"非彩色"中区分出来。先天视障儿童不可能有对于光明的记忆，他们较难理解"白色"的概念，所以分类时就将"白色"归到"非彩色"类中。无论是先天还是后天视障儿童，都倾向于把"红"和"粉红"分在一起，这主要因为盲文是拼音文字，盲文"红"和"粉红"在触摸上很相似，只有一个点子所在的位置不同。并且，在汉语中"红"和"粉红"两种颜色名共享"红"这一词素。

儿童分类能力的训练

一般认为,儿童对于实物分类,主要包括以下五种发展水平:不能分类、依据物体感知特点分类、依据生活情境分类、依据物体功用分类、依据概念分类。不同年龄儿童的分类能力情况有所不同,随着年龄增长,基本上都是从第一类到第五类依次变化。因此,我们可以考虑从以物体感知特点分类、生活情境分类、功用分类、概念分类等方面对儿童的分类能力进行训练。考虑生活情境分类训练更适合在日常生活中进行,这里不做主要介绍。下面只介绍更适合在学校课堂教学中开展的感知特点分类、功用分类和概念分类三类分类训练的内容与方法。

一、基于感知特点进行分类的训练

以感知特点分类的训练,要求儿童能按外部特征(如大小、形状、颜色等)对物体进行分类。该训练一方面可增加儿童对物体外部特征的感知经验;另一方面可提高儿童的分类能力,尤其是提高儿童以此为依据的分类标准稳定性。此训练阶段的关键是在已有感知经验和知识的基础上,提高儿童分类标准的稳定性。

(一)训练的基本思路

在通过观察、访谈和专门测量等方式来了解儿童的分类水平之后,根据儿童的已有能力水平确定训练的内容和目标。对于完全无分类能力的特殊儿童,需要进行物体外部特征的感知训练,逐渐培养其分类意识;对于有一定分类能力,但分类标准不固定、经常变化的儿童来说,需要用形状、大小、颜色等物体外部特征为依据进行训练,逐渐提高其分类标准的稳定性;对于分类能力相对较好的儿童,则需采取要求更高的其他训练。由于分类一般要预先设定标准,也就是寻找事物的共同点,因此可以根据训练对象的能力水平确定颜色、形状或大小等分类维度,并以此作为分类的标准。然后根据儿童的特点和训练情境的要求,采用他们能够理解的指导语进行分类训练,并对效果进行评估与监控。

(二)训练活动设计举例

活动 1　颜色分类训练

功能

1. 训练儿童对物体颜色进行分类的能力。
2. 提高儿童分类标准的稳定性。

准备

1. 通过评估等手段了解学生的已有能力。
2. 颜色分类材料一组(由多个红、绿两种颜色苹果组成的材料),并制作好 PPT 课件。
3. 红苹果、绿苹果的实物(或图片)数个,红色和绿色盒子各一个。

过程

1. 教师出示 PPT 课件,展示分类训练材料(图 9-1)。

教师:"同学们,请观察老师呈现的这一组图案,有两种不同颜色的苹果,一种是红色的苹果,另一种是绿色的苹果。请将红色苹果放入红色的盒子里,将绿色苹果放入绿色的盒子里。"

2. 教师示范,学生观察。

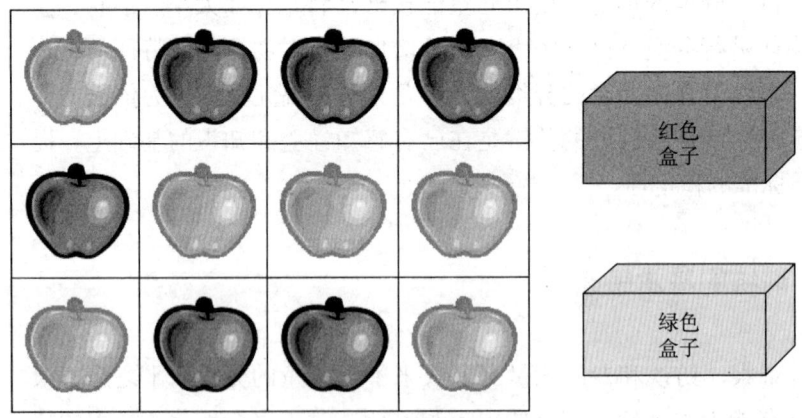

图 9-1　颜色分类材料

3. 学生在教师指导下进行分类操作。

教师强调:"请将红色苹果放在红色盒子里,绿色苹果放在绿色盒子里。"(注意观察学生是否记住并能否按分类标准进行操作)

4. 教师将用于分类训练的实物或卡片发给学生,让学生根据讲过的分类要求把苹果放在相应盒子里。

5. 教师问一问:"盒子里的苹果是一样的颜色吗?"

6. 按以上程序,继续进行其他组训练。

活动 2　形状分类训练

功能

1. 训练儿童对物体形状进行分类的能力。
2. 提高儿童分类标准的稳定性。

准备

1. 通过评估等手段了解学生的已有能力。
2. 形状分类材料一组(由多张圆形和三角形形状的蛋糕图片组成的材料),并制作好 PPT 课件。
3. 不同形状蛋糕的实物(或图片)数个,圆形和三角形盒子各一个。

过程

1. 教师出示 PPT 课件,展示分类训练材料(图 9-2)。

教师:"同学们,请观察老师呈现的这一组图案,有两种不同形状的蛋糕,一种是圆形的蛋糕,另一种是三角形的蛋糕。请将圆形的蛋糕放入圆形的盒子里,将三角形的蛋糕放入三角形的盒子里。"

2. 老师示范,学生观察。

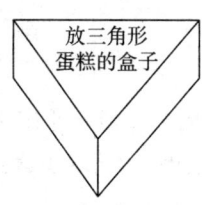

图 9-2　形状分类材料

3. 学生在教师指导下进行分类操作。

教师强调:"请把圆形蛋糕放在圆形盒子里,三角形蛋糕放在三角形盒子里。"(注意观察学生是否记住并能否按分类标准进行操作)

4. 教师将用于分类训练的实物或卡片发给学生,让学生根据分类要求把蛋糕放入相应的盒子里。

5. 教师问一问:"盒子里的蛋糕是一样的形状吗?"

6. 按以上程序,继续进行其他组训练。

活动3 大小分类训练

功能

1. 训练儿童对物体大小进行分类的能力。
2. 提高儿童分类标准的稳定性。

准备

1. 通过评估等手段了解学生的已有能力。
2. 大小分类材料一组（由两种不同大小的皮球组成的材料），并制作好PPT课件。
3. 大小不同皮球的实物（或图片）数个，大小箱子各一个。

过程

1. 教师出示PPT课件，展示分类训练材料（图9-3）。

教师："同学们，请观察老师呈现的这一组图案，有两种大小不同的皮球，一种是大的皮球，另一种是小的皮球。要将大皮球放入大箱子里，将小皮球放入小箱子里。"

2. 老师示范，学生观察。

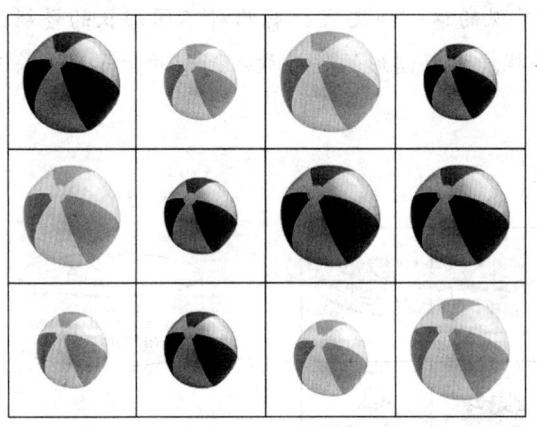

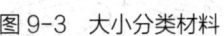

图9-3 大小分类材料

3. 学生在教师指导下进行分类操作。

教师强调："请把大皮球放进大箱子里，小皮球放进小箱子里。"（注意观察学生是否记住并能否按分类标准进行操作）

4. 教师将用于分类训练的实物或卡片发给学生，让学生根据分类要求把皮球放入相应的箱子里。

5. 教师问一问："箱子里的皮球是一样大小吗？"

6. 按以上程序，继续进行其他组训练。

（三）活动设计建议

第一，物体的外部特征有不同维度，如颜色、大小、形状等。在训练的初期阶段，可采用以其中一个维度为分类标准而固定其他维度的方式进行训练，如在对不同颜色物体分类时，可以让儿童使用相同大小、相同形状、不同颜色的物体进行练习。

第二，要根据儿童的掌握程度，逐渐增加分类的维度。例如，在不同大小、不同颜色（如黄、绿）的饼干中，把绿色的小饼干挑出来。这会涉及饼干的颜色与大小两个维度。

第三，注意选择合适的指导策略。一般有三种指导策略：一是给出类标准（找找都是红色的有哪些）；二是不给出类标准，即要求被试自由分类（看看这些物品中哪些是相同的，把相同的挑出来归成一组）；三是在训练中同时运用前两种策略。

第四，多利用出声思维，让儿童说出完成感知特点分类训练任务的思维过程。教师与家长可以帮助他们总结解决问题的大致步骤，直到最后正确完成任务。

第五，分类材料有很多，要注意儿童对材料的熟悉程度。生活中常见的是比较好的教学材料，例如，电视、冰箱、书包、笔、纸、衣服等。为了降低儿童分类的难度、满足训练的要求，在分类训练的初期，还可以考虑多采用手工制作的分类训练材料。

二、基于功用进行分类的训练

基于功用分类的训练，要求儿童能按物体的功用对物品进行分类，例如要求儿童能根据已知的某种功能找出相应的物体；或根据功用关系，在属于某类别的事物中挑出不属于该类别的事物等。训练的重点在于帮助儿童认识物体的功用特征，并能将此作为稳定的分类标准。

（一）训练的基本思路

首先，通过前期训练中的观察、访谈和专门测量等方式了解儿童的分类水平，确定该阶段的训练内容和目标。对于能完成以感知特点和情境分类的儿童来说，需要引导其认识物体的内在联系和功能用途等内部属性，并逐渐将此作为其分类操作的稳定标准；对于能力低于和高于此阶段要求的儿童来说，则采取其他训练。其次，考虑采用合适的指导策略与材料呈现方式。在儿童分类能力训练中，一般有三种不同的指导策略，它们对儿童的认知能力要求不同。材料呈现方式有全部呈现和依次呈现两种主要方式，它们对儿童认知能力的要求也有不同。如果把三种指导策略与材料的两种呈现方式结合起来，就经常会有四种模式：给类标准全部呈现刺激材料、不给类标准全部呈现刺激材料、给类标准逐一呈现刺激材料、不给类标准逐一呈现刺激材料。在功用分类的训练中，不同的模式难度不同，在设计活动方案前要加以考虑。然后根据儿童的特点和训练情境的要求，选择合适材料并设计活动方案。最后，实施训练，并对效果进行评估与监控。

（二）训练活动设计举例

活动1　功用分类训练——图片分类

功能

1. 训练儿童对物体功用进行分类的能力，能找出某一类相同功用的物体。
2. 丰富儿童分类标准的性质，提高其根据事物内在联系进行分类的能力。

准备

1. 功用分类材料一组（由多种不同功用物品组成的材料），并制作好PPT课件。
2. 相应的训练图片数张。

过程

1. 教师出示PPT课件，展示分类训练材料（图9-4）。

教师："同学们，请观察老师呈现的这一组图案，有很多不同的物品，如杯子、脸盆和盘子，它们都有不同的用途。杯子可以用来喝水，脸盆和盘子不能用来喝水，找一找，有哪些是杯子呢？"

2. 教师示范，学生观察。

图9-4　功用分类训练材料

3. 学生在教师指导下进行分类操作。

教师强调："请找出我们常用来喝水的物品。"

4. 教师将用于分类训练的实物或图片发给学生，让学生根据要求找出用来喝水的物品。

5. 教师问一问："这些都能用来喝水吗？它们都是杯子吗？"

6. 按以上程序，继续进行其他组训练。

活动2 功用分类训练——异类鉴别

功能

1. 训练儿童对物体功用进行分类的能力，能区分不同功用的物体。
2. 丰富儿童分类标准的性质，提高其根据事物内在联系进行分类的能力。

准备

1. 功用分类材料一组（由多种不同功用物品组成的材料），并制作好PPT课件。
2. 相应的训练图片数张。

过程

1. 教师出示PPT课件，展示异类鉴别材料（图9-5）。

教师："同学们，请观察老师呈现的这一组图案，有很多不同的物品，有筷子、勺子、剪刀和叉子，它们都有各自不同的用途。请找一找，哪一个物品和其他物品的用途最不一样呀？"

2. 教师示范，学生观察。

图9-5 异类鉴别材料

3. 教师将用于分类训练的实物或图片发给学生，让学生根据要求找出最不一样的物品。
4. 学生在指导下进行分类操作。

教师强调："请找出最不一样的物品。"

5. 教师问一问："它能用来干什么？其他的物品呢？"
6. 按以上程序，继续进行其他组训练。

（三）活动设计建议

第一，在功用分类的训练初期，可由教师或家长先指明物体的功用，然后再要求儿童挑出具有该功用的其他物品。

第二，在选择分类材料时，要注意以下三个方面的问题：① 多选择儿童生活中熟悉的材料。以功用分类的训练材料应该是儿童生活中比较常见的，能为儿童所了解，是儿童认知经验范围内的。儿童很难掌握陌生材料的功用特征，以此材料开展的分类训练就失去了功用分类训练的意义。② 多选用实物材料。实物材料直观形象，看得见，摸得着，可以引起儿童的操作兴趣，丰富感性知识经验。例如，各种玩具、卡片、植物、水果、种子等等。③ 可采用多媒体材料。现在随着电脑和网络技术的普及，可以很方便地获得丰富的多媒体电子资源，这些都是很好的分类学习材料。另外，由于城市与农村、南方与北方、海边与内陆等地区的生活经验差异，一些物体的功用并不完全相同，或者个体并不了解所选择的某些物体的功用，所以还要注意功用分类训练材料的地区差异。

第三，儿童进行分类操作一般由个体自主进行，但是有些特殊儿童，需要由康复训练人员或其他辅助人员协助完成。

第四，儿童通过实际操作来学习分类，是比较好的训练方式。训练或教学辅助人员根据分类教学需要，可尽量为每个儿童提供一套或多套学具，让儿童按一定要求进行操作分类。

三、基于概念进行分类的训练

基于概念进行分类的训练，要求儿童知道许多常见事物可分为不同的概念类别（如蔬菜、水果、服装等），在此基础上，能命名这些类别，并能在属于某一类事物中挑出不属于该类别的事物。

（一）训练的基本思路

通过前期训练中的观察、访谈和专门测量等方式，了解儿童的分类水平及其他认知能力（尤其是对概念的掌握水平），确定该阶段的训练内容和目标。对于有一定的功用分类能力、抽象思维能力的儿童来说，需要引导其认识物体的本质特征和概念属性，并将此逐渐作为其分类操作的稳定标准；对于能力低于和高于此阶段要求的儿童来说，则采取其他训练。接下来根据由易到难、由具体到抽象的原则确定概念分类的标准。儿童根据事物概念进行分类时，分类标准或分类维度应是简单、具体和熟悉的概念，或是基本类概念。当儿童掌握了概念分类方法，且能力得到提高后，再循序渐进地提高分类要求。然后，根据儿童的特点和训练情境的要求，选择合适材料并设计活动方案。最后，实施训练，并对效果进行评估与监控。

（二）训练活动设计举例

活动 1　概念分类训练——给出类标准

功能

1. 训练儿童在已有认知经验基础上根据概念进行分类的能力。
2. 丰富儿童分类标准的性质，提高其根据事物内在联系进行分类的能力。

准备

1. 分类材料一组（由多种属于不同概念类别的物品组成的材料），并制作好PPT课件。
2. 相应的训练图片数张。

过程

★ 环节 1——找小动物

1. 教师出示 PPT 课件，展示分类训练材料（图 9-6）。

教师："同学们，请把下面的小动物找出来。"

2. 教师示范，学生观察。

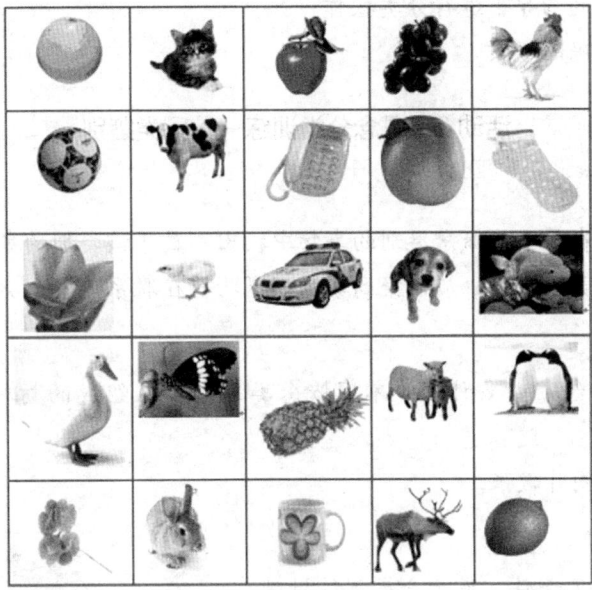

图 9-6　找出小动物

3. 学生在教师的指导下进行分类操作。
4. 教师出示正确的答案，并让学生说说这些小动物每天要吃哪些食物。

★ 环节 2——找食物

1. 教师出示 PPT 课件，展示分类训练材料（图 9-7）。

教师："同学们，请把下面的食物找出来。"

2. 教师示范，学生观察。

图 9-7　找出食物

3. 学生在教师的指导下进行分类操作。
4. 教师出示正确的答案。

活动 2　概念分类训练——异类鉴别

功能

1. 训练儿童能在属于某概念类别的事物中挑出不属于该类别的事物。
2. 丰富儿童分类标准的性质，提高其根据事物内在联系进行分类的能力。

准备

1. 分类材料一组（由多种属于不同概念类别的物品组成的材料），并制作好 PPT 课件。
2. 相应的训练图片数张。

过程

1. 教师出示 PPT 课件，展示分类训练材料（图 9-8）。

教师："同学们，请把下面不属于同一类的物品找出来。"

2. 教师示范，学生观察。
3. 儿童在教师的指导下进行分类操作。
4. 教师出示正确的答案，并让儿童说说哪些是蔬菜。

图 9-8　找出不同类的物品

（三）活动设计建议

第一，对于特殊儿童来讲，训练应从比较简单的任务开始，依据孩子的认知水平，适当降低分类的难度。例如，在呈现的四个物体中，三个是动物，一个是食物；或者同样是食物，三个是水果，一个是蔬菜；或者同样是水果，三个是苹果，一个是青菜。

第二，基于概念分类的训练涉及相关概念层次网络的建构。概念层次网络越丰富越清晰，就越有助于物体以概念分类的任务完成。显然，概念层次网络的建构与儿童生活经验和知识积累的多少密切相关。因此，教师与家长要帮助儿童不断丰富与积累生活经验和知识。

第三，特殊儿童的个体差异非常大。即使同一类型的儿童之间，也存在极大的差异，并不是每一名儿童都能完成概念分类训练。对某些儿童而言，即使是简单的概念分类要求，也都难以完成。因此，对于智力有严重障碍或某些抽象思维能力存在缺陷的特殊儿童应调整概念分类训练的内容和要求，适应儿童的实际需要。

延伸阅读　概念分类的教学案例示范

第十章 儿童推理能力的训练

推理是儿童思维发展的重要组成部分，是智力的核心成分，在儿童的学习、生活中起着非常重要的作用。那么，到底什么是推理能力？儿童的推理能力是怎样发展的？特殊儿童的推理能力又有哪些方面区别于正常儿童？我们应该如何对儿童开展相应的推理能力训练？本章将围绕上述问题对推理能力及其类别进行阐述，在介绍普通儿童和特殊儿童推理能力发展特点的基础上，结合儿童认知功能康复训练的方法，从传递性推理能力、序列推理能力和类比推理能力三个方面来介绍儿童推理能力的训练方法。

推理能力概述

一、推理能力的内涵及其类别

（一）推理能力的内涵

在当今社会，人们周围每时每刻都充斥着大量的信息，面对这些纷繁复杂的信息，人们经常需要做出选择和判断，进而推理，做出决断。推理是人类的一种高级的思维活动，是指从已知的或假设的事实中引出结论的过程。推理既可以作为一种独立的思维活动，也经常参与到其他的认知活动中，如学习活动。推理能力的高低体现了个体对事物的内在本质及事物与事物之间联系的认知能力的高低。

推理能力与其他的思维能力存在一定的关系。在思维过程中，各种思维能力是相互联系、相互补充的，它们共同作用，从而完成预定的认知目标。比如，逻辑是抽象思维的一种，是人们通过概念、判断、推理等来理解和区别客观世界的一种思维过程。逻辑将推理看作一个重要的思维形式，逻辑规则是人们进行正确推理的依据。现实生活中，人们在进行推理时有时会偏离逻辑规范，表现为不合逻辑。再如，问题解决是思维活动最一般的形式，推理也带有问题解决的特点，也可以是目标引导的包含一系列认知操作的过程。

（二）推理能力的类别

就推理的过程而言，推理能力一般可以分为传递性推理能力、序列推理能力、类比推理能力三类。

1. 传递性推理能力

传递性推理是一种间接关系的推理，是由两个或两个以上的具有传递性关系的判断构成的推理形式，它是心理学家对线性三段论推理的别称，是演绎推理的一种特殊形式。

传递性推理的典型形式是：$A > B$，$B > C$，则推出 $A > C$，或者可以得出哪个最大、哪个最小的结论。其中，A、B、C 称为"项"。根据逻辑项的个数，可以将传递性推理分为两种基本形式：三项系列传递性推理和多项系列传递性推理。三项系列传递性推理形式由三个逻辑项组成，如上述的经典形式。多项系列传递性推理形式由四个及四个以上的逻辑项组成，如 A＞B，B＞C，C＞D，则推出 A＞D 或哪个最大、哪个最小。

2. 序列推理能力

序列是按照一定顺序对一系列对象或事件进行的排列。序列的表现形式有多种，可以以数量的形式出现，如 1、2、3、4、5 或 5、4、3、2、1；可以以实物的形式出现，如四根长短不同的木棒；也可以以图片的形式出现，如代表四季景色的图片（每张图片代表一个季节）。根据推理的对象不同，可将序列推理分为数字推理、图形推理、符号推理和情景推理。

序列推理能力是向儿童展示一个序列，儿童依据序列所蕴含的时间、空间、类别、数量和因果等关系，做出推论的能力，是儿童对序列变化的规律进行认识及对未给出的序列内容按照排列规律而做出推论。[1] 儿童在对序列各种关系的认知中也体现出了推理能力，如向儿童呈现代表四季景色的图片（每张图片代表一个季节），先让儿童指认每张图片所代表的季节，然后要求儿童按照季节的出现顺序将图片排好，最后再要求儿童按照季节的出现顺序往下排。因此，在教学中，通过向儿童展示一个序列，有利于儿童掌握结构性知识，促进儿童逻辑推理能力的发展。

加拿大心理学家戴斯 1990 年提出的 PASS 智力理论[2]认为，认知过程由计划、注意、同时性加工和继时性加工四个过程组成，个体的智力活动由四个加工过程协调工作。其中，继时性加工过程是将刺激整合成一个特定的系列，要求按照一定的序列对独立的刺激进行整理，其特征是刺激各成分之间成顺序排列。当必须要求刺激按照一个严格的顺序呈现时，继时性加工就出现了。由此可见，序列推理属于继时性加工过程。

3. 类比推理能力

类比推理是人的抽象逻辑思维的主要形式之一，是指从两个或两类对象的相似性属性和一个对象的一个属性推出另一个对象也具有该属性的推理过程。类比推理是以两个事物的某些相同属性的判断为前提，推出两个事物的其他属性相同的结论的推理。如"大—小"相对于"长—短"。

类比推理包含了比较和联想两个环节。如上述的例子："大—小"相对于"长—短"。比较环节是来比较"大"和"小"之间的联系与相似之处："大和小"都是描述物体面积或体积的物理量，且"大"和"小"是一对反义词。由此产生联想，后面的一对词应该也是与"大"和"小"之间的关系相类似的一对词，前面的词是"长"，对应的

---

[1] 方富熹，方格，林佩芬. 幼儿认知发展与教育 [M]. 北京：北京师范大学出版社. 2003：112.
[2] [加拿大] J. p. 戴斯，J. A. 纳格利尔里，J. R. 科尔比. 认知过程的评估——智力的 PASS 理论 [M]. 杨艳云，谭和平，译. 上海：华东师范大学出版社. 1999：12-13.

词也就被确定为"短"。

二、儿童推理能力的发展

推理能力与其他认知能力一样，是随着儿童年龄的增长而逐步发展的。儿童推理能力发展的顺序大致为：3岁之前（思维水平处于具体思维阶段）的儿童，无法进行真正意义上的逻辑推理，仅有部分儿童能进行简单的推理；3~6岁的学前儿童开始能够理解简单的推理，传递性推理能力有了较大的发展，并能进行简单的类比推理；7岁以上（从学龄期开始）的儿童推理能力得到较快的发展。下面，分别从传递性推理能力、序列推列能力和类比推理能力等方面来介绍儿童推理能力的发展特点，为特殊儿童的认知训练提供一定的借鉴和参考。

（一）儿童传递性推理能力的发展

传递性推理能力与个体的年龄、知识和经验密切相关，并随着个体的发展而不断增强。皮亚杰在研究思维的起源和发展时，认识到传递性推理能力在儿童思维发展中的重要作用，他是第一位指出传递性推理能力在儿童智力发展研究中具有重要作用的心理学家，并认为该能力是逻辑推理能力的核心之一。

儿童何时表现出传递性推理能力呢？有学者对4~6岁幼儿的空间方位传递性推理能力的发展进行了研究[1]，结果发现：4~6岁幼儿还不能完全摆脱知觉干扰因素的影响，形成稳定的传递性推理能力。皮亚杰把传递性推理能力作为具体运算阶段（7~11、12岁）的重要标志之一，他认为传递性推理能力是具体运算阶段才具有的一种认知能力，前运算阶段（4~7岁）的儿童由于思维水平的限制还不能进行传递性推理。莫秀锋等（2011）考察了3~5岁幼儿的长度传递性推理能力的发展趋势，结果发现：3~4岁是长度传递性推理能力的快速发展期，4岁以后的幼儿大部分具备了这一能力，发展速度趋于平缓。[2]

研究表明，儿童在7岁左右能够进行长度、大小和上下方位的传递性推理任务，在9岁左右开始进行重量方面的推理，在11~12岁时能够进行有关容积方面的推理。[3] 9~11岁儿童在日常情境中的传递性推理能力比物理（如长度、高度、大小等）传递性推理能力发展更慢；10~11岁是儿童日常情境传递性推理能力快速发展时期，但

---

[1] 毕鸿燕，方格.4—6岁幼儿空间方位传递性推理能力的发展[J].心理学报.2001,33（3）.
[2] 莫秀锋，李红，张仲明.3—5岁幼儿在视野阻隔任务中的长度传递性推理[J].心理发展与教育.2011.
[3] 杜晓新.特殊儿童认知训练的原理与方法[M].上海：华东师范大学出版社，2012：149.

到 11 岁时，儿童日常情境中的传递性推理能力仍很不成熟。①

（二）儿童序列推理能力的发展

序列推理能力与个体的知识和生活经验密切相关，并随着个体的发展而不断增强。由于儿童在对序列进行推论的过程中，要依据序列所蕴含的时间、空间、类别、数量和因果等关系做出推理。因此，儿童序列推理能力的发展也依赖儿童时间、空间、类别、数量和因果等方面的认知发展水平。有关儿童时间、空间、类别和数量等的发展特点可参考前述章节。

就因果关系而言，因果关系序列推理要求儿童能按照事件发展的逻辑顺序进行合理的推理，即推测事件的起因、过程及结果。如向儿童呈现吃冰激凌的三张图片，第一张描述的是一个儿童笑呵呵地拿着一个大的冰激凌；第二张描述的是儿童大口吃着冰激凌，冰激凌变小了；第三张描述的是儿童把冰激凌吃完了，弄得身上都是，还在舔着嘴巴，心里美美的。把三张图片的顺序打乱，让儿童按照吃冰激凌的先后顺序进行排列。有研究发现，3.5~4 岁是儿童因果推理能力发展的快速期，儿童的因果推理能力在这一阶段得到了飞速的发展，到四五岁左右，大部分儿童已具备因果推理能力。②

（三）儿童类比推理能力的发展

皮亚杰（1977）认为，类比推理是复杂的认知技能，是形式运算阶段认知结构发展的典型标志。他将类比推理的发展分为三个阶段：第一阶段是前运算阶段（5~6 岁），也称为自我中心阶段，在这一阶段儿童无法进行逻辑分类，既不能对图片进行正确的分类，也不能认识到关系相似性限制；第二阶段是具体运算阶段（7~11 岁），也称为试误阶段，在这个阶段儿童偶尔能够成功地解决类比问题，但他们不能够理解关系的相似性限制；第三阶段是形式运算阶段（11~12 岁），也称为完全形成阶段，标志着儿童类比推理能力的完全出现，该阶段儿童能够完全理解关系的相似性限制，他们能够用种属关系去匹配对象，进行类比推理。儿童在形式运算阶段才出现了真正的类比推理，能够根据关系相似性来调整类比推理的答案③。按照皮亚杰的类比推理发展阶段，儿童要到入学之后才能发展类比推理能力。

刘建清（1995）曾研究了 9~12 岁儿童类比推理能力的发展状况。结果发现：9~12 岁儿童的类比推理能力发展较为迅速，10 岁左右是发展的快速期，10~11 岁是推理方式转化的过渡期。而且各种关系的类比推理能力发展不均衡：相反、功用关系发展较好，因果、整体局部关系次之，属种、同类关系较差。费广洪等（2014）④采用几何图

---

① 袁林. 9—11 岁儿童日常情境中传递性推理能力发展的实验研究 [D]. 重庆：西南师范大学，2001.
② 郑持军. 儿童早期因果推理的实验研究 [D]. 重庆：西南师范大学，2001.
③ 冯廷勇，李红. 类比推理发展理论述评 [J]. 西南师范大学学报（人文社会科学版），2002.
④ 费广洪，王淑娟. 3—11 岁儿童类比推理发展的研究 [J]. 心理学探新. 2014.

形、关系图形、词语、数字、故事五种材料，考察了3~11岁儿童类比推理发展的年龄特点和规律，结果发现：类比推理随年龄的增长逐渐发展，呈上升趋势；4~5岁儿童开始能够进行类比推理，类比推理的依据主要是外在属性，6~7儿童类比推理的依据主要是外在特征相像，但开始关注事物之间的关系，8~9岁儿童类比推理的依据更多转向事物之间的关系，10~11岁儿童类比推理已经较为稳定地以事物之间的关系为依据，表现出阶段性的特点。

特殊儿童推理能力的发展特点

总体而言，特殊儿童推理能力的发展顺序和所遵循的规律与普通儿童基本是一致的，只是由于其智力、视力、听力及其他功能方面的问题，导致他们推理能力的发展方面存在问题，主要表现为该能力发展的明显落后和不足。

一、智力障碍儿童的推理能力特点

对智力障碍儿童而言，推理能力较差是一个普遍的现象。智力障碍儿童受认知能力的限制，在推理能力发展方面也存在不足，主要表现为思维机械刻板，缺乏分析、推理能力，以及难以从两个维度对事物进行加工。

轻度智障儿童的传递性推理能力有限[1]。11~12岁的轻度智障儿童普遍能完成的传递性推理问题只有最简单的 A＞B，B＞C，其他类型的题型（A＜B，B＜C；A＞B，C＜B；A＜B，C＞B）均有困难，在心理加工层面的主要缺陷特征包括加工成分的缺失和各成分间的联合加工困难，并且在成分缺失方面表现出极大的个体差异。

有些智力障碍儿童到七八岁时仍分不清一天的早晨、中午、晚上等这些时间段，反复教导以后仍分辨不出昨天、今天、明天；其方位知觉、左右概念远远落后于正常儿童[2]，不能正确地区分上下、左右、高低、里外、进出等。智力障碍儿童在该方面的落后严重影响到了他们序列推理能力的发展，因为儿童要依据序列所蕴含的时间、空间、类别、数量和因果等关系而做出推理。如若儿童对方位分辨不清的话，那么在需要用方位这一属性对序列进行推理时就会出现问题。

---

[1] 钱文. 轻度智力落后传递性推理的干预训练－ATI 模型 [D]. 上海：华东师范大学，2004.
[2] 广州市越秀区培智学校，广州市教育科学研究所联合课题组. 弱智儿童左右概念的测试研究 [J]. 教育导刊，2002.

二、听力障碍儿童的推理能力特点

由于听觉器官的损伤,听力障碍儿童无法接收听觉通道传来的信息,导致其推理能力的发展水平滞后。与普通儿童相比,听障儿童推理的准确性更低一些,反应速度更慢一些。陈彦等人[①](2011)利用华东师范大学言语听觉康复科学研究院编制的五项认知能力测验系统对3~6岁学前听障儿童进行了包括空间次序、动作系列、图形推理、目标辨认和逻辑类比在内的五项测验。结果发现,学龄前听障儿童各年龄段五项认知能力总体发展呈上升趋势,但在各测验上的得分均低于健听儿童,发展较健听儿童缓慢。

并且,此项研究结果发现:3~4岁是听障儿童空间次序发展的重要时期。在图形推理方面,3~4岁是听障儿童学习常规图形、获得平面图形知识的重要阶段;6岁以后,听障儿童对简单的主体图形有了初步的认识,儿童能够初步理解三维空间的图形知识,图形推理能力进一步增强。在逻辑类比方面,3~5岁是听障儿童类概念发展与学习的重要时期;6岁后,听障儿童基本获得类概念的知识,具备了将同类概念进行对比和整合的分析能力。杜晗(2013)以小学到大学的听障生(10~22岁)为研究对象,探讨了听障学生图形推理能力的特点,研究发现,听障学生的图形推理能力随年龄增长而增长,大学听障生图形推理能力高于中学生,中学生的高于小学生;图形推理任务难度越大,听障学生的正确率越低,反应时越长[②]。另一项对类比推理的研究也发现,听障学生的类比推理能力随年级的升高而提高,但类比推理成绩低于普通学生。[③]

三、学习障碍儿童的推理能力特点

学习障碍儿童在推理能力上的问题主要表现在按次序排列信息有困难,推理能力落后。学习障碍儿童的思维存在刻板性及抽象能力受损,这使得他们很难从具体的情境问题中归纳出一般原理与规则,也难以利用抽象的原理、定理去进行逻辑推理。部分学习障碍儿童对时间的感知较差,甚至无法说出时间。

对阅读障碍儿童来说,有研究表明[④],继时性加工缺陷是汉语阅读障碍儿童的主要特征。Das等人(2008)指出,阅读障碍者的序列加工困难是位于语音编码之下并导致阅读困难的过程,是指个体无法理解单词中字母的顺序或句子中单词的顺序。井世洁

---

① 陈彦,孙喜斌,杜晓新,黄昭鸣.学龄前听障儿童五项认知能力的研究[J].听力学及言语疾病杂志,2011.
② 杜晗.聋生图形推理能力发展现状研究[J].中州大学学报.2013.
③ 韩菁.聋哑学生与正常学生类比推理能力的比较研究[J].中国儿童保健杂志,2014.
④ 王晓辰,李其维,李清.小学汉语阅读障碍儿童的PASS认知加工特点[J].心理发展与教育,2011.

（2002）[①]曾对低阅读能力者语篇理解中的推理加工进行研究，发现被试表现出来的困难分为三类，分别是：① 不能推断出语篇中暗含的信息；② 不能找出词汇的语境合适意义；③ 不能发现语篇不同部分的重要性，不能确认语篇的主题所需的主题推理。

此外，视力障碍儿童由于缺乏视觉通道所获取的视觉信息，在概念形成方面存在较大的困难，进而会造成联想、推理与判断的失误，难以进行合乎实际的判断和推理，对外界事物的分析、概括只能建立在听觉、嗅觉和触觉的感性经验的基础上，往往容易忽略事物的整体性，表现出较低的思维水平。

总之，推理能力的发展与其他认知能力的发展关系非常密切，而认知能力的发展又为特殊儿童的学习奠定了良好的基础。因此，通过推理能力的训练来提高特殊儿童的相应能力，在特殊儿童认知训练中占有重要的地位。

---

① 井世洁. 不同阅读能力中学生语篇阅读中的推理加工 [D]. 上海：华东师范大学，2002.

儿童推理能力的训练

一、传递性推理能力训练

（一）训练的基本思路

传递性推理能力的缺乏既会影响儿童的语言表达，也会影响儿童认知概念的学习和理解，进而影响其他推理能力的习得和应用。因此，对儿童进行传递性推理能力的训练尤为重要。

传递性推理能力的训练内容主要包括三项系列传递性推理和多项系列传递性推理两种形式。在训练时，首先从物体的长度、大小、粗细、重量、容积等主要物理属性的角度进行训练，然后从空间方位、速度、力量等抽象概念方面来进行，最后可进行日常情境中的传递性推理能力训练。训练的目的在于提高儿童的传递性推理能力，为后续的认知训练奠定基础。

（二）训练活动设计举例

活动 1　哪个最重

功能
1. 提高儿童的传递性推理能力。
2. 发展儿童的观察力。

准备
三个大小相同、颜色不同（红、黄、蓝）的球，或相应图片。

过程
1. 请儿童坐在桌子前面，教师按红色、黄色和蓝色的顺序出示图片或实物。

教师："老师这里有三只球，分别是红色、黄色和蓝色的。三只球的大小一样，但重量不一样。红色的球比黄色的重，黄色的球比蓝色的重。你们来思考下，哪只球最重呢？"

2. 请儿童观察并思考一段时间，说出或指出哪只球最重。

活动建议：待儿童熟练后，可增加图片或实物的数量到四个、五个或更多，让儿童说出或指出哪只球最重。

活动2　哪根最长

功能

1. 提高儿童的传递性推理能力。
2. 发展儿童的注意力、观察力。

准备

长短不同、颜色不同（红色、黄色、蓝色）、捆好的三根绳子（也可用其他类似的物品代替），可以是图片或实物。

过程

1. 请儿童坐在桌子前面，教师按红色、黄色和蓝色的顺序出示图片或实物。

教师："老师这里有捆好的三根绳子，分别是红色、黄色和蓝色的。三根绳子的长短是不同的。红色的绳子比黄色的长，黄色的绳子比蓝色的长。你们来思考下，哪根绳子最长呢？"

2. 请儿童观察并思考一段时间，说出或指出哪根绳子最长。

活动建议：待儿童熟练后，可增加图片或实物的数量到四个、五个或更多，让儿童说出或指出哪个最长。

活动3　哪辆车开得最快

功能

1. 提高儿童的传递性推理能力。
2. 发展儿童的注意力、观察力。

准备

三辆不同的车（如货车、公交车和小汽车）的图片或实物模型。

过程

1. 请儿童坐在桌子前面，教师按货车、公交车和小汽车的顺序出示三辆车的图片或实物模型，先让儿童指认是哪种车型，若儿童不知道，教师则先告诉儿童是哪种车型。

2. 待儿童认识车型后，教师告诉儿童："这三辆车的速度不同。其中，货车开得比公交车慢，公交车开得比小汽车慢。你们来思考下，哪辆车开得最快呢？"

3. 请儿童观察并思考一段时间，说出或指出哪辆车开得最快。

活动建议：待儿童熟练后，可增加图片或实物模型的数量到四个、五个或更多，让儿童说出或指出哪辆车开得最快。

活动 4 哪个桶容积最大

功能

1. 提高儿童的传递性推理能力。
2. 发展儿童的注意力、观察力。

准备

三个容积不同的桶的图片、实物或实物模型。

过程

1. 请儿童坐在桌子前面，教师出示图片、实物或实物模型，并告诉儿童："老师这里有三个桶。三个桶的容积是不同的。其中，第一个桶比第二个桶的容积小，第二个桶的容积比第三个桶的大。你们来思考下，哪个桶的容积最大呢？"

2. 让儿童观察并思考一段时间，说出或指出哪个桶的容积最大。

活动建议：待儿童熟练后，可增加图片或实物或实物模型的数量，让儿童说出或指出哪个桶的容积最大。

活动 5 哪个跑得最慢

功能

1. 提高儿童的传递性推理能力。
2. 发展儿童的观察力、注意力。

准备

四张人物图片。

过程

1. 请儿童坐在桌子前面，教师按照叔叔、妹妹、阿姨、弟弟的顺序依次出示图片。教师："这里有四个人在进行跑步比赛，分别是叔叔、妹妹、阿姨和弟弟。其中，叔叔跑得比妹妹快，妹妹跑得比弟弟慢，阿姨跑得比弟弟快。你们来思考下，谁会跑得最慢呢？"

2. 让儿童观察并思考一段时间，说出或指出哪个人跑得最慢。

（三）活动设计建议

第一，教师帮助儿童学会借助符号进行传递性推理。三项序列传递性推理主要有以下四种形式：$A>B>C$，$A<B<C$，$A>B<C$，$A<B>C$。前两种形式，A、B、C之间存在传递性关系，可以推出它们的排列次序；后两种形式，A、B、C之间不存在传递性关系，第三种只能推出 B 最小，不能推出 A 和 C 之间的关系，第四种只能推出 B 最大，不能推出 A 和 C 之间的大小关系。在训练中，教师教儿童用符号来代替所要比较的东西，列出符号关系的形式，并找到中间项 B，这样能够进行快速、有效的推理。"$>$"或"$<$"符号可以表示如大小、长短、重量、粗细等多种属性。若儿童能

理解三项序列传递性推理各项之间的关系,便能较顺利地学习多项传递性推理。

第二,教师帮助儿童利用表象来进行传递性推理。主要包括三个步骤,首先,教师利用各种活动来帮助儿童完成传递性推理任务。如教师拿出三根颜色不同、长短不同的木棒,并叙述:红色的比黄色的长,黄色的比蓝色的长,那么谁最长?谁最短?谁是中间?然后,引导儿童形成表象,借助表象来进行推理。如让儿童回忆刚才呈现的三根木棒的顺序,用口述或画图的方式表示出来。最后,逐渐过渡到教师口述题目,不出现任何的提示(图片、实物或实物模型),要求儿童回答推理的结果。因此,上述的活动设计举例中,待儿童熟练后,可去掉提示物,改为教师直接口述题目。

第三,活动设计时,训练内容应从三项系列过渡到多项系列的传递性推理训练;从具体的材料逐渐过渡到抽象的材料。教师应首先选择较具体的概念,如代表物理量的大小、长度、粗细等,然后是较抽象的概念,如力量、容积、漂亮等,最后是较复杂的日常情境中的传递性推理能力训练。

第四,训练材料选择为图片和实物时,要注意图片或实物本身对儿童传递性推理的影响。图片和实物本身包含不同的信息,有时儿童会通过图片或实物提供的信息来判断,这样就影响了推理能力的训练。因此,在设计活动时,图片或实物本身不要给儿童提供过多的视觉线索帮助其进行推理。如在上述活动 1 中,球的大小在视觉上看起来要形同;在活动 2 中,绳子的长短不要在图片上显示出来。否则,推理能力训练的本身就会受到影响。因此,可采用文字的形式来进行,但前提是要儿童能够认识所呈现的文字或教师提前帮助其辨认文字。

另外,训练的形式也可以根据实际情况灵活设计,例如在集体课堂中,材料的呈现也可以用 PPT 的形式,此时就需要教师提前精心做好课堂设计。

二、序列推理能力训练

(一)训练的基本思路

序列推理能力是基本认知能力训练的延伸,也是其他推理能力与组织策略训练的重要基础。对儿童序列推理能力训练的关键是要正确引导儿童发现序列所表达的各种关系。有些序列关系是以递增或递减的形式出现,有些序列关系则表现为客观对象以一定的次序反复出现,还有的序列反映了不同对象间的内在逻辑关系,掌握了序列关系的模式,也就掌握了事物变化的规律,形成了对序列关系的准确认识,达到了训练的目的。

序列推理能力训练可从以下几个方面进行:数字序列推理、图形序列推理、符号序列推理和因果关系序列推理。[①] 数字序列推理要求儿童能够发现一系列数字之间简单的变化规律(如自然数、奇数、偶数、四则运算等),并按此规律进行推理。图形序列

---

① 杜晓新. 特殊儿童认知训练的原理与方法 [M]. 上海:华东师范大学出版社,2012:156-173.

推理要求儿童能发现一系列图形之间简单的变化规律（如形状、颜色、大小等），并按此规律进行序列推理。符号序列推理要求儿童能够发现一系列符号之间简单的变化规律（如旋转），并按此规律进行序列推理。因果关系序列推理是要求儿童能按照事件发展的逻辑顺序（如事件的起因、经过和结果）进行合理的推理。训练的目的在于提高儿童的序列推理能力，为其他认知训练奠定基础。

此外，还要注意儿童的序列推理能力训练要适合其相应的发展水平和特点，尤其是对特殊儿童，训练材料之间的内在规律即序列所表达的逻辑关系要相对明显和突出，易于儿童掌握。随着儿童年龄的增长或能力水平的提高，教师可扩大训练内容的范围，增加材料的维度及因果关系的序列推理任务训练。

（二）训练活动设计举例

活动1　排列数字

功能

1. 提高儿童的数字序列推理能力。
2. 发展儿童的注意力、观察力。

准备

按自然数排列规律、奇偶数规律及加减法运算等规律排列的难易不同的五组数字，空出其中的前面、后面或中间的1~4个数字让儿童填写，提前将内容设计成PPT课件。

第一组：| 1 | 2 | 3 | 4 | 5 | 6 | | | |

第二组：| | | | 10 | 8 | 6 | 4 | 2 |

第三组：| 2 | 6 | 10 | | | 26 | 30 | 34 |

第四组：| 1 | 4 | 9 | | 25 | 36 |

第五组：| 68 | 67 | 64 | 59 | | 43 |

过程

1. 教师用PPT课件先呈现第一组数字序列，然后进行引导。

教师："同学们，请看下列的一组数字，前面6个数字分别是1、2、3、4、5、6，它们有一个特点，就是后面的一个都比前面的大1，那6后面应该填什么呢？"

2. 组织学生分组讨论，然后分组汇报讨论结果。
3. 教师呈现第二组数字，让学生分组讨论，做出回答，并尝试说出数字序列排列的规律。

4. 继续进行第三组、第四组、第五组的训练。

活动建议：

（1）若教师对数字串进行解释及小组讨论后，儿童还未掌握，教师则首先考虑儿童对基数、序数、相邻数、奇偶数等的掌握情况。

（2）在对数字序列的推理过程中，要引导儿童出声表达思维过程，尽量鼓励儿童说出数字的排列规律。

活动2　图形序列

功能

1. 提高儿童的图形序列推理能力。
2. 发展儿童的注意力、观察力。

准备

颜色相同、形状不同的大、中、小三角形（或其他形状），按照序列规律设计成五组图形序列，设计成PPT备用；相对应的三角形的卡片。

过程

1. 教师先用PPT呈现第一组的图形序列，呈现的图形次序为：一个大三角形→一个小三角形→一个大三角形→一个小三角形→？→？

教师引导："同学们，大家看这里有四幅图形，都是三角形，只是大小不同，三角形的顺序是按某种规律排列的，请大家仔细观察、思考，后面问号处空出来的两个图形应该是什么呢？"

2. 教师把大小不同的三角形卡片发给学生，待学生思考后，请他们在桌子上把剩余的两个图形摆出来。

3. 根据学生摆放的对错，教师自己或让学生解释图形序列的规律：从前面的四幅图可以看出，三角形是按大小的顺序排列的。因此，后面的两个图形的顺序也应该是大三角形→小三角形。你摆对了吗？"

4. 按照同样的程序进行其他几组图形序列的训练。尽量让学生尝试自己总结发现图形序列的规律。

活动建议：

可增加大小不同三角形的数量、颜色属性，其他形状或推理的图形序列的不同位置（前、后或中间），或图形序列的组数（如两个图形，大、小两个三角形一组，三个图形：大、中、小三个三角形一组）等进行训练，以增加训练的难度，提高儿童发现规律的能力。

活动3　符号序列

功能

1. 提高儿童的符号序列推理能力。

2. 发展儿童的注意力、观察力。

准备

方向不同的箭头图片：↑ ↓ ← → ↖ ↗ ↙ ↘，按某种规律（顺时针、逆时针、45°旋转等）变化的箭头符号序列若干组，提前设计成 PPT 课件。

过程

1. 教师出示 PPT，呈现第一组符号序列：上箭头 → 左箭头 → 下箭头 → ？。

教师引导："同学们，大家看这里有三个符号，都是箭头，只是箭头的方向不同，它们是按某种规律排列的。请大家仔细观察、思考，问号处应该是什么符号呢？"

2. 教师把不同方向的箭头符号发给学生，待学生思考后，让其选择其中的一个箭头符号摆在桌子上。

3. 根据学生摆放的符号对错，教师自己或让学生解释箭头变化的规律：前面三个箭头是按照逆时针方向旋转的。所以，接下来的箭头应该指向右边，答案应该是右箭头。

4. 按照同样的程序进行其他几组箭头符号的训练。尽量让学生自己尝试总结箭头变化的规律。

活动建议：

可增加序列规律变化的维度来增加任务的难度。如既有箭头方向的变化，又有同方向箭头数量的变化。

活动 4　情景序列推理

功能

1. 提高儿童的情景序列推理能力。
2. 发展儿童的注意力、观察力。
3. 发展儿童口语表达的能力。

准备

分别表达不同含义的有内在逻辑关系的情景故事组成的两组打乱顺序的图片及正确顺序的图片（儿童吃冰激凌的三张图片和堆雪人的四张图片，如图 10-1 和图 10-2 所示）。教师做好 PPT 备用。

图 10-1　吃冰激凌

（选自 Dr. Brain™，启慧博士，儿童认知能力测试与训练仪）

图 10-2 堆雪人

（选自 Dr. Brain™，启慧博士，儿童认知能力测试与训练仪）

过程

1. 教师向儿童呈现打乱顺序的吃冰凌的图片（图 10-1）。

教师："同学们，大家请看这三张图片，这三张图片的名字叫宝宝吃冰激凌，它们的顺序摆错了，请同学们仔细观察这三张图片有什么不同，并想一想，应该怎样排列这些图片？"

2. 教师让学生观察并思考一段时间，也可采用小组讨论的形式，然后让学生排列三张图片。

3. 教师根据学生排列的情况进行提示，并讲述三张图片的情景："首先，宝宝拿了一个大大的彩色的冰激凌，宝宝非常高兴；然后宝宝开始大口大口地吃起冰激凌，冰激凌慢慢地就变小了；最后，宝宝把冰激凌吃完了，弄得身上都是，还在舔着嘴巴，心里美美的。同学们，明白了吗？"

4. 教师出示正确顺序的图片，并让学生尝试讲述宝宝吃冰激凌的过程。

5. 用第二组图片（图 10-2）重复以上程序。

活动建议：

（1）教师在对图片解释时，可用连词（如"首先""其次""然后""最后"等）将事件内容连接起来，便于学生理解。

（2）教师提示学生仔细观察每组图片有什么不同，并注意细节方面的观察。

（3）要求学生尽量能口述事件的发展过程，推测事件发展的中间环节，想象事件后续的可能结果。

（三）活动设计建议

1. 活动设计内容要由易到难

如数字序列推理训练中，可先进行 5 或 10 以内的数字序列推理，然后逐渐增加数字序列的长度；填补数字的个数可由少到多：可先在一个数字序列中要求填补一个数字，然后在一个较长的数字序列中填补多个数字。图形序列推理训练中，可按图形的大小、形状和颜色等的各种组合来进行排序，由易到难，逐渐增加任务的难度。符号序列推理训练中，符号可以设计为是一个维度上的变化，也可以设计为两个维度上同时发生变化，甚至是三个维度上的同时变化。

2. 活动设计的形式多种多样

如在图形序列推理能力训练中，可让学生自己摆图形，发现序列的规律；在情景序列推理中，可要求学生做某系列的游戏或动作，然后将拍出的照片在电脑上打乱顺序，让学生自己或其他学生排序，并讲解照片中的人物在做什么。也可以在设计 PPT 时提供多种备选项，让学生进行选择，降低难度。

三、类比推理能力训练

延伸阅读　序列推理能力训练教学案例示范

（一）训练的基本思路

类比推理是抽象逻辑思维的主要形式，是推理的重要组成部分，类比推理能力是经过多次训练后习得的。对儿童进行类比推理能力训练的主要目的在于培养儿童科学的思维品质，进而促进他们逻辑思维和创造性思维能力的发展。

根据训练材料的不同，可将类比推理能力训练分为：实物图片类比推理、图形类比推理和数字类比推理三种主要形式[1]。实物图片类比推理训练是要求儿童能根据事物间的功用关系、相反关系、同类关系、整体局部关系、因果关系、属种关系等进行类比推理，这六种关系从易到难的顺序为：相反关系、功用关系、因果关系、整体局部关系、属种关系、同类关系，在训练过程中应遵循这种由易到难的顺序。图形类比推理训练中，要求儿童能够按照图形的大小、颜色、数量、方位、对称、旋转等关系进行类比推理。在数字类比推理训练中，要求儿童等根据数字的等差关系、等比关系、四则运算、组合与分解等递增或递减的规律来进行类比推理。

（二）训练活动设计举例

活动1　什么是一类

功能

1. 提高儿童同类物体的类比推理能力。
2. 发展儿童的注意力、思维能力。

准备

生活中各种体现同类关系的物品、动物、蔬菜、交通工具等四组可供选择的图片。教师做好 PPT 课件备用。

第一组：猫：狗 = 足球： ?　　　第二组：自行车：小汽车 = 黄瓜： ?
第三组：苹果：香蕉 = 桌子： ?　　第四组：铅笔：钢笔 = 被子： ?

---

[1] 杜晓新著. 特殊儿童认知训练的原理与方法 [M]. 上海：华东师范大学出版社，2012：173-187.

过程

1. 教师用 PPT 呈现第一组图片。

教师："左边的两幅图是一只小猫和一只小狗；右边的第一幅图是一个足球，那么右边的第二幅图可能是什么？下面有四个选项：脚、苹果、篮球和西红柿。从这四个选项中选出一个你认为恰当的物品填入上面带问号的方框中。"

2. 教师待学生观察并思考一段时间后，让学生进行回答。

3. 教师根据学生选择的情况进行引导解释。

教师："小猫和小狗是一类，都属于动物，足球属于体育用品类。那么，足球与脚、苹果、篮球和西红柿哪个属于一类呢？脚是人身体的一部分，苹果是水果类，西红柿是蔬菜类，只有篮球是体育用品类，因此答案是篮球。我们应该把篮球放到上面方框中。同学们，明白了吗？"

4. 依照同样的程序，继续其他组图片的训练。

活动建议：

（1）也可让学生直接说出问号处的内容，答案是不固定的，学生说出多个答案后，教师进行总结："它们都是体育用品类。"

（2）教师根据物品之间的关系，可设计相反关系、功用关系、因果关系、整体局部关系、属种关系等其他关系的类比推理训练内容。

活动 2　功用类比

功能

1. 提高儿童物体的功用类比推理能力。
2. 发展儿童的注意力、思维能力。

准备

生活中体现物体功用关系的物品图片，教师做成 PPT 课件备用。

过程

1. 教师出示 PPT，展示第一组材料。

教师："大家看左边的两幅图，分别是钢笔和写字；右边的第一幅图是砖头，那么第二幅图可能是什么呢？"

2. 教师将学生分组，组织大家进行讨论，给出答案，并阐述理由。

3. 教师让学生分组回答问题。根据学生回答的结果，教师进一步引导和解释。

教师："钢笔的作用是写字，它们之间是功用的关系。根据这一关系，砖头和要回答的问题也应该是功用关系，那么砖头的作用是什么呢？是的，砖头常用的功能是盖房子。"

4. 让学生把盖房子的图片自己画到纸上或简短地讨论砖头还有哪些作用？

5. 依照同样的程序，继续其他组题目的训练。

活动建议：

（1）教师也可以给出备选项让学生进行选择。尽量引导学生得出两物体之间的类比关系规律。

（2）教师根据物品之间的关系，可设计相反关系、同类关系、因果关系、整体局部关系、属种关系等其他关系的类比推理训练内容。

活动3　图形类比

功能

1. 提高儿童的图形类比推理能力。
2. 巩固儿童的注意力、思维能力。

准备

按照图形的大小、颜色、数量等设计类比推理题目三组。教师做好PPT备用。

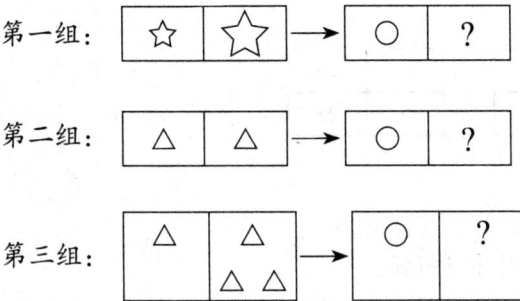

过程

1. 教师用PPT课件呈现第一组图片。

教师："同学们，请根据左边两个图的关系，推导出右边带问号的方框中应该是什么图形？"

2. 待学生思考后，教师让学生回答。

3. 教师根据学生回答的情况进行引导、解释。

教师："大家仔细观察，左边图形是一个小的五角星和一个大的五角星，其他特征都一样，按照这一大小的规律，右面就应该是一个小的圆形和一个大的圆形。明白了吗？关键是我们要找到左边两个图形之间的关系，按照这个关系规律，就很容易推导出右边问号处应该是什么图形了。下面，自己来试一下第二组图形，看问号处应该是什么图形？"

4. 教师呈现第二组图形，按上面程序进行训练，让学生尝试回答或分组讨论。

5. 教师呈现第三组图形，用比赛的形式，看哪一组回答得又快又准确，并能够说出推理的两个图形间的规律。

活动建议：

教师可加入其他图形关系，如旋转、对称等，或增加图形本身的复杂程度，以增加训练的难度。关键是要引导学生能够找到图形间的关系规律。

活动 4　数字类比

功能

1. 提高儿童的数字类比推理能力。
2. 发展儿童的注意力、思维能力。

准备

根据数字的等差关系、等比关系、四则运算、组合与分解等递增或递减规律设计数字类比材料若干组，并制作好 PPT 课件。

过程

1. 教师出示 PPT，展示第一组材料。

教师："左边的田字格里有四个数字，大家从横向和纵向找一找看看它们之间有什么排列规律？右边也有一个田字格，里面排列着三个数字，它们的排列规律和左边田字格内的数字一样，请大家思考一下，右边田字格中的空格内应该填什么数字呢？"

2	8
5	11

14	20
	23

2. 待学生思考后，教师让学生回答。
3. 教师根据学生回答的结果，进行引导或解释。

教师："我们先看左边田字格中的四个数字，从横向看，第一行与第二行的第一个数字加 6 就等于第 2 个数字；从纵向看，第一列与第二列的第一个数字加 3 就等于第二个数字。那么，按照同样的规律，右边的田字格中，从横向看，14 加 6 就是 20，17 加 6 就是 23；从纵向看，20 加 3 就是 23，14 加 3 是 17。所以空格中的数字应该是 17。根据左边田字格中数字的横向和纵向规律就能推断出右边田字格中数字是多少。同学们，明白了吗？要找到左边数字间的规律，就能类比到右边的数字中去。"

4. 依照同样的程序，继续练习其他几组数字类比推理，让学生回答或分组讨论。并引导儿童尝试说出类比的规律。

（三）活动设计建议

第一，活动设计内容要由易到难。教师要尽量根据儿童的不同类比推理能力特点，灵活利用材料之间的类比关系来变换内容的难易。在实物图片类比推理训练中，由易到难的顺序为：相反关系、功用关系、因果关系、整体局部关系、属种关系、同类关系。在图形类比推理训练中，可先按单维度进行，如颜色、大小、数量等，然后可逐渐增加难度，将两个或三个维度结合起来进行，如将形状和旋转结合起来进行训练。在数字类比推理训练中，为了降低难度，可先将左边田字格中的数字从横向和纵向两个维度列出计算式，让儿童容易找出数字间的排列规律，然后直接在田字格中的进行；另外，除了单纯的加减法以及等量数字的递增或递减之外，可用加减交替、递增或递减的变化或两者的结合来增加训练任务的难度，逐步提高儿童的数字类比推理能力。

第二，类比推理能力训练中，教师要引导儿童找到两个事物间的相同属性，判断出事物间的关系规律。对于能力较差的儿童，教师在活动设计时，可先设计几个简单的训练项目，并直接把事物间的类比关系规律告诉儿童。随着训练程度的增加，再慢慢过渡到由儿童自己进行推理，解决问题。在儿童给出答案的同时，教师也应该要求儿童说出推理的过程，讲清找到的事物间类比的关系规律是什么，这样才能真正达到类比推理的目的，提高儿童的类比推理能力。

第三，需要注意的是，与注意、感知觉和记忆等认知过程相比，推理能力之所以是更加复杂的认知能力，这是由于推理能力以各种认知能力和认知过程为基础，同时又需要这些认知能力和认知过程的协调和综合。因此，在对儿童进行推理训练之前首先要考察儿童的推理能力问题是否是由注意、记忆等方面的障碍所引起的。如果儿童推理能力的问题是由于注意、记忆等认知能力缺陷引起的话，那么就要先对这些认知能力进行相应的训练，然后再来考察其推理能力的问题。

此外，推理能力训练对于特殊儿童，尤其是智力障碍儿童来说相对较困难，该内容的训练主要针对的是轻度和中度智力障碍儿童，一般从五六岁才开始训练。

第十一章 儿童数概念的获得与训练

数概念的获得对儿童的生活和学习具有非常重要的意义，它是掌握时间、空间、测量、速度、距离、钱币等概念的基础。所以在儿童认知训练中，应该把数概念的习得和掌握作为重要内容之一。本章先阐述了数概念的含义、特性，介绍了儿童数概念发展的规律以及特殊儿童数概念发展的特点。在此基础上，我们从计数能力、数的认识、数的运算三个方面对儿童数概念的发展提出一些训练思路和活动指导建议。

数概念概述

第一节

一、数概念的内涵及获得

（一）数概念的内涵

数概念是指数学对象的本质属性，是舍去了具体物质的数量关系。它具有抽象与具体的双重特性，一方面，数概念是抽象的。由于使用形象化、符号化的语言表述，它离现实更远，抽象程度更高。由于抽象性更高，它与原始对象的关系更弱，在应用上则更广泛。它是数学命题、数学推理的基础部分。另一方面，就整体数学系统而言，数概念是实在的、具体的，能直接对事物及其数量关系进行具体的描述。

儿童数概念的形成是一个复杂的智力活动过程，这个过程是连续而有序的。一般人认为儿童学会了数数，能依次序念数字，能按成人要求拿取相应数量的物品就等于形成了数概念。但这仅是开始。数概念还包含对数字的理解和认识，对数序的理解和认识，对数字大小及组成的理解和认识，能进行简单的加减运算，理解整体和部分的含义等。数概念的培养有利于促进儿童对数形成较清晰的认识，知道数是怎么来的，或者数应该如何应用等，从而发展其逻辑思维能力。

（二）数概念的获得

1. 儿童数概念的获得是多种因素共同作用的结果

人脑中具有获得数概念的先天生物基础。如果缺乏先天的数概念系统，儿童则不可能从情境刺激中获得有关数的感性认识。但是，数概念的获得更离不开儿童生存的社会、文化和物质环境，它是社会传递的结果。所以，数概念的获得应该是其先天数学认知机制和情境学习经验相互作用的结果。儿童先是机械地学习一些计数或运算技能，然后在实践中逐步完善对计数或运算原则的理解，最终获得数概念系统的全面发展。新皮亚杰主义者也通过实验证明儿童数学能力的发展是在经验、练习、外部影响及社会交往等因素共同作用下的结果。同样，认知发展过程中的主要概念的获得与发展，都是通过在同一种文化中持久的社会化以及长期的学习等过程中得以实现的。数学知识的习得必须经过一个较长的学习和练习过程，通过后天的社会传递才能进行社会性建构。因此，通过专门的训练能有效地帮助处于不同发展水平的儿童获得核心数概念结构。

2. 儿童数概念的获得表现出一定的阶段性

儿童数概念的获得体现出由低级到高级、由简单到复杂的发展趋势，表现出阶段性。2岁前，是认识数的最早阶段，此时儿童对"许多"发生兴趣，把许多东西当成一个没有固定数量的多数；2~3岁时，可以在物体数量和数字之间建立起一一对应的关系，对数量开始有笼统的感知；3~4岁时，儿童学会计数，并初步理解数的含义，了解数词和物体数量间的联系，但只具有对少量物体的初步数观念，还不算真正具有数概念；4~5岁时，儿童已经在较低水平上获得数概念；5~6岁时，他们能在较高水平上形成数概念，并开始从表象感知向抽象的数运算过渡。儿童数概念的发展趋势不可逆转，即使是特殊儿童，也遵循这一发展规律。所以，它是安排日常数概念训练活动内容的主要心理依据。

3. 儿童数概念获得的源泉来自于生活

苏联幼儿数学教育专家列乌申娜曾指出，周围生活和客观现实是儿童数概念形成与发展的源泉。数概念知识来源于生活，又应用于生活，需要儿童发挥好奇心去观察、了解和探索，对具体事物进行抽象性思考。数概念获得与发展的过程就是他们认识生活、了解世界的过程。数概念的获得和数学知识的丰富，不仅对儿童的生活有许多切实的帮助，更重要的是有助于儿童逻辑思维水平的提高和科学思维方式的形成。从某种意义上讲，数概念是儿童逻辑思维能力发展的重要标志。其发展能够促进儿童学习用数学思维来发现和解释生活中的数学现象，提升逻辑思维和抽象思维能力，并进一步学习解决时间、距离等生活中常见的数量关系问题。

二、儿童数概念的发展

（一）学前儿童数概念的发展

1. 计数

儿童对数概念的认识来源于计数活动，其计数能力的发展遵循一定的规律。从口头数数到按物计数，再到说出总数，是一个从个别到一般，逐步完成数概念抽象化的过程。之后，他们能够按数取物，把数概念再次具体化，又从一般回到个别，以此获得循环递进的发展。

具体而言，3 岁儿童能口头数 10 以内的数，但不一定理解数的含义；只会从 1 开始数，不会倒数或任意数；会漏数、重复数或手口不一致；进位时易出现错误；数数过程中易受干扰而出错，甚至会重新开始数。随着计数能力的稳定发展，儿童开始逐步摆脱对计数对象特点的依赖。初期阶段，他们对大的、直线分布的、可用手拨动的、静止状态物体的点数能力相对较好，渐渐地，他们也能熟练地对较小的、不规则排列的、不可用手拨动的、动态变化的物体进行计数。到 4 岁左右，儿童开始出现数群概念，能够把所数到的最后一个数作为总数。4 岁儿童已能够形成 10 以内的总数概念。这意味着他们能按数取物了，也就是按数量拿取物品，开始表现出对数概念的操作应用。4 岁时，他们已能拿取 5 以内的物品。之后，随着年龄的增长，儿童计数能力也进一步获得完善。

2. 数的认识

丰富的计数活动为儿童真正形成数概念奠定了基础。儿童至 3 岁时，开始认识 3 以内的序数，能理解数在序列中的相对位置，但仍分不清楚序数和基数的差别。4～5 岁时，儿童对序数的认识落后于对基数的认识，显出不同步的发展趋势，直到 6 岁才同步发展。这一阶段，儿童开始把数学符号和具体事物联系起来，能用数量词去描述数学现象；对数的认识进一步深入，能理解相邻数、奇数、偶数、数列等基本属性。此时，他们也出现了数群概念，能理解数的分解与组成。这有利于他们形成数的守恒概念，为进一步掌握运算技能奠定基础。

3. 数的运算

数的运算指依据数学法则，求出算式或算题的结果。运算能力不是简单的加减乘除计算，而是与观察、记忆、理解、推理、表达以及想象等能力相互作用而发展起来的一种由低级到高级的综合性数学能力。儿童在 4～5 岁时开始理解运算的含义，理解若干个客体（数群）加减变化后的数量关系。其运算能力的发展分为三个水平，即实物运算、表象运算、抽象数字运算。

实物运算就是儿童在操作实物的基础上对一定数量的客体做加减运算。一般而言，4～5 岁儿童能够用动作或直观思维对 10 以内的客体做加减运算。但由于数群概念发展不完善，他们只能逐一进行加减，运算速度缓慢。4～6 岁儿童开始学会按群计数，能够几个几个地数，运算效率得到大幅提高。在实物运算的基础上，儿童逐步摆脱对实物的依赖，开始利用表象思维，在头脑中进行表象运算。一般而言，4 岁儿童能解答 3 以内的口编应用题，5～6 岁儿童能解答 10 以内的口编应用题。当然，在表象运算初期阶段，他们需要靠图片、手指等辅助方式才能保持较好的运算效果。经过表象运算的过渡，儿童开始了抽象数字运算。4～5 岁时，他们能进行 5 以内数的加减运算，至 6 岁时则能进行 10 以内数的加减运算。

（二）学龄期儿童数概念的发展

1. 数的认识

随着年龄增长，儿童数概念的深度、广度、准确度和熟练度进一步发展。"零"概念的掌握是较高级水平数概念的获得标志。它晚于其他数概念，7岁左右是获得该概念的关键时期。进入学龄期后，儿童进一步认识更复杂的数。7~8岁儿童初步获得三位以内的整数概念系统；9~10岁儿童的整数、小数概念系统逐步获得和巩固；11~12岁儿童的整数、小数概念系统趋于统一，能够用分数表示整体和部分的关系，但还不能很好地掌握分数的测量意义。这个时期，儿童主要通过分析、综合、比较、抽象和概括等策略逐步掌握复杂的数概念系统，但表现出一定的个体差异性。

2. 数的运算

学龄期儿童数运算能力的发展主要体现在整数、小数、分数、百分数的四则运算及其混合运算的掌握程度上。他们对基本数量关系的等价变换，对算式的恒等变形等方面的运用也越来越熟练、灵活。

儿童在运算概念发展的初期阶段一般只是进行较低级的加减运算，当学会运算法则并运用多次后，他们便能够熟练地依据运算法则进行相对复杂的运算，从而形成熟练的运算技能。但是，儿童容易出现运算错误，主要包括概念错误和计算错误两类。概念错误主要是由于运算过程中他们没有真正理解概念的内涵，导致新旧知识之间的联系出现了混乱；而计算错误则是运算法则使用不当、运算顺序错误、简便运算误用、不良学习习惯等原因导致的。

特殊儿童数概念的发展特点

第二节

总体而言，特殊儿童数概念发展水平个体差异极大。从类型上说，智力障碍儿童，特别是中重度智力障碍儿童是所有特殊儿童中数概念发展水平最低的一个群体，并远远落后于同龄普通儿童。学习障碍儿童在数概念获得和发展方面也存在障碍，但他们的关键问题可能在于数表征和数加工方式上。随着年龄的增长，他们的数概念发展水平会有所提高。大多数典型孤独症儿童的数概念水平低于同龄普通儿童，但某些高功能孤独症儿童可能在计数或运算等某方面表现出特异的天赋才能。而听力障碍儿童、视力障碍儿童的数概念发展水平相对更接近于同龄普通儿童。由于信息接收通道的受限，他们的抽象数学思维形成过程会遇到障碍。

从程度上说，特殊儿童障碍程度越重，其数概念发展水平越低。特殊儿童的认知水平发展越迟缓，其数学逻辑思维和数学应用能力的发展也越受限制。一般而言，数概念水平与儿童智龄水平是一致的。比如，智龄3~6岁的中重度智力障碍儿童与相同智龄水平的普通儿童在数概念发展水平方面就没有显著性差异。

智力障碍儿童和学习障碍儿童作为比较有代表性的特殊儿童群体，他们的数概念发展特点如下。

一、智力障碍儿童数概念发展特点

1. 数的认识

随着年级的增高，轻度智力障碍儿童对数的认识能力也逐步提高，与同龄普通儿童一样，他们对数概念的掌握存在不均衡发展态势。相对而言，他们对分数的概念、小数基本性质、数轴与数的大小等易于掌握；而对小数的认识、小数点移位和四舍五入法等较难掌握。例如，三年级轻度智力障碍儿童中，80%的人能部分掌握分数的概念，能对分数大小进行比较，但认识水平不高；大多数儿童对数位，尤其是多位数的认识水平较差，只有不到10%的儿童能达到同龄普通儿童水平。四年级轻度智力障碍儿童对分数的认识和读写能力相对较好；但对分数大小比较、小数认识与读写、小数点移位、商不变性质等技能掌握不足，在四舍五入法、进一法、去尾法等方面的运用能力极差。五年级智力障碍儿童能理解负数概念，成绩也相对较好，答题得分率在60%以上，但对小数点移位、四舍五入法等知识点仍然较难掌握。

2. 数的运算

智力障碍儿童的数学能力发展较不分化，在运算速度、运算技巧、运算正确率等多方面表现出全面的落后。轻度智力障碍儿童完成义务教育后，其数学能力可达到普通小学生三年级水平。四年级以前，轻度智力障碍儿童的口算能力与普通儿童的差距极小，答题正确率达到90%以上，五年级之后差距变大。

轻度智力障碍儿童的运算及格率仅为23%左右。相对于数的应用或几何等知识，他们更容易掌握计数与运算方面的知识。他们的一步运算水平高于多步运算，两位数与一位数的运算水平高于两位数与多位数的运算，加减或乘除运算水平高于四则混合运算，乘法运算水平高于除法运算。另外，他们在有余数的除法、两位数与一位数的除法、乘除混合运算、四则混合运算、数位概念等方面的水平都低于同龄普通儿童，也较难掌握传递等式运算的方法，其运算能力还停留在两步运算的阶段。

轻度与中重度智力障碍儿童的运算能力差异极为明显。轻度智力障碍儿童可以掌握亿以内的读数、写数，万以内的写数、数序、比大小，20以内连加、连减等数学知识，但中度智力障碍儿童在1 000以内数的认读、100以内数的加减运算及应用等方面都比较困难。另外，不论程度如何，他们都基本都掌握100以内读数、写数、20以内序数、比大小、10以内加减法、表内乘除等知识，但都不善于掌握分数、百分数的认读，以及区分真分数、假分数、带分数等。

二、学习障碍儿童数概念发展特点

1. 计数能力

学习障碍儿童比同龄普通儿童会更频繁地使用不成熟的数数策略，出现的数数错误也更多。他们一般只能从左到右地数，或者按顺序一个一个地指着物体数。随着年级升高，其数数策略选择上会发生变化。运用从大数开始数的策略次数逐步增多，在数数和提取策略上发生错误的频率显著减少。单纯的学习障碍儿童相对于有阅读障碍的儿童能更熟练地使用数数策略。至小学高年级阶段，他们可以放弃用手指进行辅助，也能更好地进行口头数数，更熟练地运用数数策略，出现错误的概率降低。

学龄前学习障碍儿童的数感较差。他们即使能够熟练地数数，但不理解数的含义，不会比较数的大小，这说明他们没有把数数行为和数量差异之间的关系建立起来。随着数数流畅性程度增强以及数数策略的熟练运用，他们的数感会逐步增强。

2. 数的认识

学习障碍儿童对数的认识能力发展不足。他们在认识与区分抽象数字、比较数的大小等方面发展虽然较为迟缓，但其简单的数加工能力发展是相对正常的。一年级学习障碍儿童基本能认识数的含义，能分清是否违反数数原则，但不太理解顺序不相关原则，对 10 以上的数字表征能力较差，难以认识和区分相邻数，在数的比较方面成绩较低。随着年级的升高，他们在这方面的表现会有所进步。二年级学习障碍儿童对较小数的比较能力得到进一步发展，但对大数的区分和比较仍有困难。对群集概念的理解水平较差，加工群集概念时不够熟练，很少使用数的分解和从大数开始数等相关策略。这可能与其视觉空间工作记忆发展不足有关。六至八年级学习障碍儿童在分数表征方面存在困难，不能准确地命名小数、区分小数，或者给小数和分数按大小正确排序等。

3. 数的运算

学习障碍儿童的运算能力发展滞后，总是频繁地出现运算错误，或者采用不成熟的运算规则。他们对运算规则的提取和运用存在明显障碍，提取频率较低，提取速度过慢，提取错误发生的概率较高。他们的近似计算能力相对较差，这可能与他们核心的数表征能力缺陷有关。在小学阶段，他们这方面的能力能得到有效改善。另外，学习障碍儿童在理解位值、多位数运算等方面易于出现错误，有进位时的运算水平更差，也不太能理解运算之间的关系。他们对运算原理、多位数计算及口诀提取等基本技能的掌握程度不足。在解决复杂应用题时，他们不能有效运用基本的运算技能，而且容易受到无关信息、步骤复杂等因素的影响。他们对乘法口诀的记忆不够深刻，在提取乘法口诀时存在障碍，运算过程中熟练程度也不够高，执行运算程序时的加工效率较低，并且只能采用一般的运算策略，不善于采用简便运算策略。当然，上述问题都会随着其年龄的增长而有所改善。

儿童数概念训练的内容和方法

一、计数能力训练

（一）训练的基本思路

儿童在幼儿时期就表现出一定的数学运用能力。计数在儿童数概念早期发展中具有重要作用，是儿童在初期阶段学习加减运算的工具，3岁儿童的数概念已经在计数过程中获得了不同程度的发展。特殊儿童的计数能力发展遵循普通儿童计数能力发展的一般规律，即按照口头数数→按物点数→说出总数→按数取物这样的顺序依次发展。所以，在计数能力训练过程中应按照这样的顺序分阶段来进行，不能违背其基本发展顺序。口头数数有利于增强儿童对数序的认知，这可以为正式学习数数打下基础。按物点数要求儿童手口一致地数数，能促进他们通过生活中的操作练习来感知数的意义。直到儿童能够说出总数，表示他们已获得了初步的数概念，进而能够按数取物，开始能够对所学数概念进行运用。

特殊儿童，特别是智力障碍儿童的计数能力发展与普通儿童相比较为落后。他们经过练习，大多数能顺利地模仿口头数数，也能按物点数，但是却在说出总数、按数取物的学习过程中表现得较为困难，这将是特殊儿童计数能力训练的重点与难点所在。

（二）训练活动设计举例

活动1　10以内的口头数数

功能

1. 掌握10以内数字的口头数数。
2. 增强儿童对数字的口语模仿能力，提高发音的准确性。
3. 增强儿童的数字记忆能力。

准备

小兔子指偶；在10步远的地方放置胡萝卜。

过程

1. 教师创设故事情境："小兔子看到远处有一个胡萝卜，她想去吃。她一边跳一边有节奏地唱数——1，2，3，4，5，6，7，8，9，10。她终于吃到了胡萝卜。她好开心啊！看，那边还有胡萝卜呢，我们一起和她来唱数吧。"在示范后，教师操作小兔子指偶，师生一起有节奏地反复唱数几遍。

2. 个别进行口头数数，观察每个学生唱数情况。对不能正确唱数的学生，由教师或其他同学带领一起进行唱数。

3. 在拍手、跺脚、蹲起、爬楼梯等简单活动中，引导儿童同时进行有节奏的口头数数。

4. 教师变换口头数数的节奏，两个数字或多个数字一停顿，或拖长音，以增强口头数数的趣味性。

活动2 5以内的按物点数

功能

1. 增强儿童手口一致的点数能力。
2. 提高儿童按一定规则进行点数的能力。
3. 增强儿童对生活中数量信息的观察和感知能力。

准备

图片一张，内容包括各种动植物，其数量均为5以内（可放大各种动植物图案，按顺序排列，方便儿童观察；或者提供可以让其用手拨弄的道具，防止其漏数）。

过程

1. 让学生观察图片，找出图片中有哪些动物或植物，熟悉图片内容。
2. 请儿童分别找出每种动物或植物各有几个，然后一边用手指点，一边数出来。
3. 引导儿童从左至右、从右至左、从上至下、从下至上地点数，养成按一定顺序进行点数的习惯。

活动3 说出总数

功能

1. 增强儿童对总数概念的理解。
2. 提高儿童的观察能力和动手操作能力。
3. 培养儿童对数学的兴趣。

准备

各种小动物造型教具，数量不等，各在5个以内。

过程

1. 假设桌子是一片草地，把小动物造型教具放在桌子上。告诉儿童，农民伯伯饲养了许多动物，让他们观察有哪些动物。

2. 分别对每种动物进行点数。引导儿童一边指着动物造型教具，一边出声地说出相应数字，最后说出总数。

3. 每次数完一种动物之后，教师向儿童进行提问："一共有多少只小鸡？""一共有多少只小鸭？"等，让他们完整地说出答案，强化他们对总数概念的理解。

4. 对有些认知水平较差、还未完全掌握的儿童，教师应该进一步变化教具，帮助其在反复练习中巩固认知。

活动 4　6 以内的按数取物

功能

1. 掌握 6 以内的按数取物能力。
2. 增强儿童的动手操作能力，培养对数学的兴趣。

准备

小积木、纽扣、小塑料块等物品各 6~8 个；骰子若干个。

过程

1. 让每个学生选择一种小物品。教师先指明儿童要给自己某物品，然后掷骰子决定给几个。儿童一边数数，一边拿出相应数量的小物品给教师。

2. 让学生之间相互交换物品，轮流根据对方的要求掷骰子，并拿取一定数量的物品。

3. 教师观察儿童按数取物情况，对还没有掌握的儿童着重进行示范和提示。

活动 5　数量匹配

功能

1. 增强儿童对 5 以内数的计数能力。
2. 增强儿童的数学信息感知和匹配能力。
3. 增强儿童的视觉观察能力。

准备

图片若干张，内容为 5 以内数量的各种实物或动植物。

过程

1. 教师提供一张参照图片，让学生对图片中的实物或动植物数量进行点数，并说出一共有多少个。

2. 让儿童依次对备选的 2 张图片进行点数，找出与参照图片数量一致的那张。

3. 教师应按照数量由小到大的顺序依次提供参照图片。提供备选图片时，其内容逐步由相同实物或动植物变为不同实物或动植物，备选的图片数量从 2 张依次增至 3 张、4 张。可根据儿童的能力水平决定备选图片的数量和匹配难度。

（三）活动设计建议

第一，设计与实施训练活动不能违背儿童数概念发展的基本顺序。要注意的是，这一发展顺序是根据其年龄发展水平呈阶段性交叉发展的。一般而言，掌握了 3 以内数字的口头数数和按物点数，就能开始练习 3 以内的说出总数及按数取物。不是一定要求掌握 10 以内、百以内的口头数数、按物点数之后，才能学习说出总数和按数取物的。

第二，计数能力训练是儿童开始接触数学世界的第一步。所以，此阶段要以培养他们对数学学习的兴趣为重要目标，增强他们学习的主动性。增强学习趣味性的最好方法是学习游戏化和生活化。以游戏的方式来贯穿整个学习活动，能使枯燥的数学知识获得过程充满趣味，增强他们参与的积极性，这也符合儿童早期阶段的个性和学习特点。事实上，只要教师善于去创设情境，那么，每一个计数能力训练活动都可以设置在一个游戏情境中，从而利用游戏的生动属性来寓教于乐。

第三，要在生活中取材来开展计数能力的训练。强调数学知识作为生活常识的实践意义，能够"润物细无声"，帮助儿童在没有压力的氛围中学习，并及时把知识和生活联系起来。生活中的数学信息非常多，教师要善于引导孩子注意观察生活中的实物，比如教室里有几面窗户、几块黑板，书包里有几本书、几支笔。观察这些常见的数学信息恰好能帮助他们学会用数学世界的视角来观察生活、体验生活。

第四，很多特殊儿童，如智力障碍儿童、孤独症儿童、学习障碍儿童等对学习的方式有特殊要求，因此，教师应该注意教具的属性和呈现方式，尽量突出重点，清晰显示，发挥视觉提示的优势作用。生动的多媒体课件、软件、玩教具等也值得教师充分利用。数概念的获得需要主体的自我建构，在操作性游戏中进行计数能力的训练，使得特殊儿童具有更多的自我建构机会，其训练效果也更好。反复练习是对特殊儿童而言非常必要的一种教学策略。教师要提供足够的时间给他们练习，练习的形式也应该尽量多样化。

二、数的认识训练

（一）训练的基本思路

数的认识训练是儿童数概念训练中的一个重要内容。与计数相比，数的认识难点在于要求儿童理解抽象数字符号的含义，并能用抽象数字符号来表达思维，这也是他们真正掌握数概念的标志。

所以，在数的认识训练中，首先要帮助儿童认识抽象数字符号及其含义，并能用数字符号来表示事物的数量。这有利于他们进一步建立起数词和数量之间的联系。之后，要帮助他们进一步认识这些符号的属性，包括认识序数、相邻数、奇数、偶数等。对数字符号属性的深入理解有利于逐步完善其数概念。在这个过程中，特殊儿童逐步形成了群集概念，可以把 2 个作为一组、3 个作为一组地进行数数，这种计数效率比一个一个地数相对较高。这也意味着他们对数的分解、数的组成的理解水平在逐步加深。训练中，帮助儿童加强对数群概念的理解，对数的分解和组成的理解，进一步促进他们理解数与数之间的关系，从而为下一步的加减法运算训练打下基础。

（二）训练活动设计举例

活动 1　认识 3 以内的抽象数字

功能

1. 增强儿童对 3 以内抽象数字的理解水平。
2. 掌握 3 以内数字的书写，提高儿童的手眼协调能力。
3. 增强儿童的记忆能力。

准备

3 以内的数字卡片、各类教具若干个、3 以内的数字儿歌一首、3 以内的数字描红本。

过程

1. 教师在桌子上放置 1 只小狗教具，让儿童回答"这里有几只小狗"。待儿童正确回答后，把数字卡片"1"放在教具旁边。然后指着卡片向儿童说"这是 1"。引导其观察 1 的特点，导出儿歌"1 像铅笔细又长"，让其跟着复述。重复用其他教具进行练习。

2. 教师把两只小狗教具放置在第二排，让儿童回答"这里有几只小狗"。待儿童正确回答后，把数字卡片"2"放在教具旁边。然后指着卡片向儿童说"这是 2"。引导其观察 2 的特点，导出儿歌"2 像小鸭水中游"，让其跟着复述。重复用其他教具进行练习。

3. 采用同样的程序教儿童认识数字"3"，导出儿歌"3 像耳朵听声音"。

4. 引导儿童一边练唱儿歌，一边指着数字，并用手书空练习数字的写法。

5. 在描红本上练习书写 3 以内的数字。对书写能力较差的儿童，可以由放大字体的描红逐步过渡到较小字体的描红。对完全不能书写的儿童，可让其随意地在纸上画，以锻炼握笔能力。

活动 2　4 以内的数物匹配

功能

1. 提高儿童对 4 以内数物匹配的认知水平。
2. 增强儿童对 4 以内抽象数字的理解能力。

准备

4 以内的数字卡片，纽扣若干颗。

过程

1. 出示 1～4 的数字卡片，让儿童回答这是哪些数字。

2. 教师任意拿出1~4颗纽扣，让儿童从4张数字卡片中选择正确的一张进行匹配。

3. 观察儿童的表现，对能力相对较差的儿童可以适当降低难度，比如备选卡片由四选一、三选一，减少到二选一等。

4. 教师随机拿出一张数字卡片，让儿童拿出相应数量的纽扣。

活动3　认识5以内的序数

功能

1. 促进儿童理解物体在序列中所处位置的数学含义。
2. 增强儿童对序数词的理解和运用。
3. 培养儿童的观察力和思维敏捷性。

准备

一辆火车模型，小狗、小兔、小熊、小老虎、小猴子5种动物图卡，5以内的数字卡片。

过程

1. 教师创设故事情境："春天里，小动物们坐火车去春游。各个小动物坐成一列，先是小狗，然后是小兔、小熊、小老虎，最后是小猴子。"教师提问："小狗排在队列的第几位？"让学生作答。待正确回答后让其把数字卡片"1"找出来贴在小狗座位旁边，并询问"这个1表示什么意思？"引导其回答，"它表示小狗在队列中的位置，他排第一。"以此方式向学生随机提出其他小动物位置的相关问题，引导他们理解"第几"的含义。

2. 增加故事情节：小猴子很调皮，它从最后一个座位上跑到了最前面的空位上。然后教师对重新调整后的队列进行相关提问。

3. 教师变换数数的顺序，要求儿童从后往前数，然后提出问题，如"从后往前数，小狗在队列的第几位"等。

活动4　认识10以内的相邻数

功能

1. 促进儿童理解10以内相邻数的含义，感知少1和多1的关系。
2. 提高儿童对10以内相邻数的表达能力。

准备

10间小房子图片，分别贴上1~10号，按顺序排成一排；10种小动物图片，分别放在小房子图片下面（图8-1）。

过程

1. 教师创设故事情境："森林里新盖了10所小房子，门牌号码分别是1至10号。每个小房子里搬进来一只小动物。今天，他们都出来认识新邻居了。1号房子住的是小熊，2号房子住的是小乌龟，3号房子住的是小兔子。你们看看谁和小熊住得最近啊？"

引导儿童回答"是小乌龟,因为2号房子离1号房子最近。"并告诉他们"1和2是两个相邻数,2比1多1。"

教师再向儿童提问:"和小乌龟住得最近的是谁?",引导他们回答:"是小熊和小兔子,因为1号和3号房子离小乌龟住的2号房子最近。"并告诉他们,"1和2是相邻数,1比2少1;3和2也是相邻数,3比2多1。"

由此总结,每个数字都有邻居,比它少1或多1的都是它的相邻数。

2. 教师引导儿童找出3~10号房子所住小动物的邻居,并说出3~10的相邻数。

3. 教师把房子门牌号拿掉1个或若干个(非连续地拿掉),让儿童重新填写正确的门牌号。

图 8-1　训练材料

活动5　5的组成和分解

功能

1. 促进儿童理解数的分解和组成的含义。
2. 增强儿童解决问题的能力。
3. 提高儿童的数字拆分、组合能力和思维敏捷性。

准备

5个苹果卡片、5以内的数字卡片、东东和弟弟的头像图片、相关练习题。

过程

1. 教师创设故事情境:"妈妈给东东和弟弟买了5个苹果,苹果怎么分呢?请你帮一帮东东。如果东东吃1个苹果,弟弟可以吃几个?"引导儿童在东东和弟弟的头像图片下,相应地放置数字卡片1和4。进一步向儿童强调"5可以分为1和4",以此促进儿童对数的分解概念的理解。之后,教师提问:"1和4合起来是多少?"以此促进儿童对数的组成概念的理解。

2. 教师以此方式引导学生找出5的另外三种分法:2和3、3和2、4和1,帮助儿童进一步理解5的分解方式。之后,教师向学生提问这些组合的数字"合起来"是多少,进一步促进他们理解数的组成概念。

3. 结合音乐节奏或拍手节奏开展相关游戏活动。教师:"我说1。"学生:"我说4。"然后师生一起说:"合起来就是5。"以此方式对5的各种组合进行反复练习。如果学生语言表达有困难,也可以改为互相出示数字卡片。

4. 做5的分解与组成的数字填充练习。

（三）活动设计建议

（1）儿童数的认知训练应立足于其计数能力的发展，从对实物的直观感知逐步过渡到对抽象数字符号的认知，处理好对数量的直接感知和抽象数学思维之间的关系。由于儿童早期发展阶段形象思维占优势，抽象概念仍处于萌芽阶段，所以采用形象化、视觉化教具，增加儿童动手操作的机会，丰富生活经验等充分利用其直观思维能力的措施是很有必要的。但是，要善于促进儿童由直观感知到抽象思维的转变，鼓励他们多接触生活中各种类型的数字表征，引导他们积极学习数字词汇，激发他们的表象认识和想象活动，尝试用抽象的数学语言谈论数以及数量关系，促进他们抽象思维的内化发展。

（2）有些特殊儿童，尤其是智力障碍儿童和某些孤独症儿童，整体的数认知水平较低，在学习数概念时容易犯错，所以可以根据他们的现有能力水平及未来发展可能性适当地放宽评价标准。对于大多数中重度智力障碍儿童而言，应该适当降低学习难度，增加贴近生活的学习内容，放缓学习进度，从而确保每一阶段的学习效果。有些特殊儿童对数学学习缺乏兴趣，或者训练效果较差，教师应该善于找出他们擅长的、难度较低的，易于帮助他们建立自信心的内容作为入手训练内容，或者弱化他们不太容易掌握的内容。比如，虽然口算有利于发展特殊儿童的表象思维，增强其思维灵活性。但是，如果他们不善于口算，或者口头表达能力不足以帮助他们学习口算，这部分训练内容可能就应该弱化处理。

（3）数的认知训练活动仍然需要以游戏或活动的形式来设计和组织。在游戏或活动中，可以生动地开展儿童对数的含义、数序、数的群集、数的分解、数的组成等方面的训练活动。并且可以通过主题单元的方式，给游戏活动赋予一定的主题，综合地、联系地设计学习内容，融入数的认知训练目标，这样既有利于激发儿童的学习兴趣，也能把数概念训练目标和其他训练目标统合起来，防止他们割裂地认识和理解数及数量关系。游戏或活动的方式也有利于把数的认知训练和其他领域的认知训练活动有效地融合起来。

三、数的简单运算训练

延伸阅读　数的认识训练教学案例

（一）训练基本思路

在儿童掌握了群集概念，能对数进行分解和组合之时，他们已经具备了开展数运算的前提。在还不会运用算式进行计算时，很多孩子就能够通过口头进行运算了。但口头运算时，他们无法摆脱对实物的依赖，必须通过摆放物品，或者掰数手指头来辅助计算。在实物运算能力发展的作用下，他们的口头运算能力越来越熟练，也越来越多地依靠表象思维进行快速反应。所以，实物运算和表象运算是儿童早期运算能力发展的重要基础。在安排数的简单运算训练活动时，不能忽视这一部分的内容。尤其是表象运算，作为从实物运算过渡到抽象符号运算的桥梁,尤其需要在训练中给予重视。

随着对抽象数字含义的理解越来越深入,儿童开始了用符号进行数运算的活动。这时,可以通过训练促进他们理解加法、减法的含义,理解和、差的概念,学会用数学关系来分析和解释生活中的数学现象,还要帮助他们掌握一些简单的运算方法,比如凑十法、想加算减法、破十减法、平十减法等,以此来发展他们的逻辑思维能力和解决问题的能力。在加减法运算的基础上,可以进一步帮助他们理解乘法、除法的含义,学习乘法、除法运算规则,进而学习小数、分数以及更复杂的运算方法等相关知识。

(二)训练活动设计举例

活动1 口头运算

功能

1. 发展儿童的加减运算思维。
2. 提高儿童用语言表达运算过程的能力。
3. 增强儿童的表象运算能力,发展其表象思维。
4. 提高儿童的思维灵活性,增强其学习兴趣。

准备

动物卡片、雪花片等若干。

过程

1. 引导儿童开展10以内加减法的实物运算练习。把动物卡片等适量教具放在儿童面前,提出问题,例如"有三只小白兔去郊游,又来了1只,合起来是几只?"或"有三只小白兔去郊游,后来有1只离开了,还剩下几只小白兔?"让学生动手操作后做出解答。教师要引导学生在分析数学信息时注意"又来了""合起来""离开了""还剩下"等重要语言表达的含义,区分加法和减法的差别。

2. 在日常生活中引导儿童随时通过口头运算发展表象思维。教师可以口编应用题,比如"爸爸妈妈给小宝买了2辆玩具车,后来又买了1辆,他一共有多少辆玩具车?""小宝有8颗巧克力,他吃掉了3颗,还有几颗巧克力?"要求儿童口头作答,并解释运算思路。儿童无法回答出来时,可以用手指、圆点等辅助运算,但最终要摆脱对任何辅助的依赖。

3. 启发儿童利用生活中熟悉的数学信息自己口编应用题,然后进行解答。对口头表达能力较差的儿童,可以用实物进行辅助训练。

活动2 加法的初步认识

功能

1. 促进儿童理解加法的含义。
2. 培养儿童学习数学的兴趣,增强其用加法解决问题的能力。

3. 提高儿童的观察能力、分析能力以及语言表达能力。

准备

主题图片 3 张。

过程

1. 教师出示 1 张主题图片，引导儿童对图片中的数学信息进行分析："小朋友在操场上踢足球，原来有几个小朋友在踢足球？后来又过来几个小朋友？现在一共有几个小朋友在踢足球？"最终，帮助他们理解并能复述相关数学信息："原来有 3 个小朋友在踢足球，又过来 2 个，现在一共有 5 个小朋友在踢足球。"

2. 进一步促进儿童理解加法的含义。

"像这样把 3 个小朋友和 2 个小朋友合起来，可以用加法计算。"

"3 个和 2 个合起来就是把 3 和 2 加起来，在中间加上一个'+'。"（板书：3+2）。

"'+'这个符号叫作加号，表示合起来的意思，就是把 3 和 2 合起来。"

"3 和 2 合起来就是 5，在 3+2 后面写上'='，表示'是'的意思。"（板书：3+2=5）

3. 教师引导儿童通过复述策略来加强对该算式含义的理解与识记："3 和 2 合起来是 5"。

4. 教师以此方式引导儿童对另外两张主题图片的数学信息进行分析，并提出问题和解决问题。

5. 教师根据实际生活情境提出加法的相关运用问题，引导儿童用加法运算解决问题。

活动 3　凑十加法

功能

1. 促进儿童理解凑十加法的运算过程，体验运算方法的多样性。
2. 提高儿童的思维灵活性。

准备

PPT 课件、10 的分解儿歌。

过程

1. 复习 10 的分解与组成，熟练掌握 10 的不同组合方式。朗诵并记忆 10 的分解儿歌："一九一九好朋友，二八二八手拉手，三七三七真亲密，四六四六一起走，五五凑成一双手。"

2. 教师展示 PPT 课件，提出问题："这里有 9 个红色五角星，3 个绿色五角星。一共有几个五角星啊？"由学生点数，在相应位置上写上数字，并引导其提出运算思路：因为要合起来，所以要用加法进行计算，要在 9 和 3 之间写上"+"。

3. 教师讲解凑十加法的运算过程。

一"凑",把两个数中的较大数凑成10,即9凑上1是10;

二"分",把另一个数分解成1和2;

三"合",把10和2合起来。

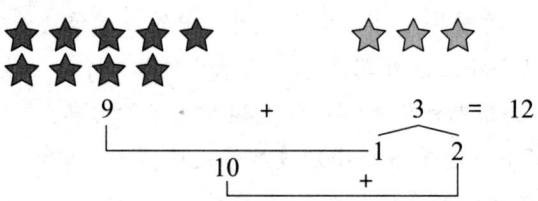

4. 带领学生总结凑十加法的运算规则:9加1得10,3分成1和2,10加2得12。

运算的关键在于帮助儿童把两个加数的较小数按需要进行快速分解,分解后的数一个能凑成10,另一个则与10合起来成为最后的答案。根据儿童的认知能力和掌握水平,可以先利用实物、圆点、手势等辅助进行分解和组合,最终要求其能不依赖于辅助物,能快速做出反应。如果其认知水平无法令其脱离对辅助物的依赖,可以常备一些小卡片等物品在身边,以方便使用。

活动4 减法的初步认识

功能

1. 促进儿童理解减法的含义。
2. 培养儿童学习数学的兴趣,增强其用减法解决问题的能力。
3. 提高儿童的观察能力、分析能力以及语言表达能力。

准备

主题图片3张。

过程

1. 教师出示1张主题图片,引导儿童对图片中的数学信息进行分析:"节日到了,小朋友收到了一束漂亮的气球。原来他手上拿着几只气球?一不小心,气球飞走了一只。现在他手上还剩下几只气球?"借助实物,帮助儿童理解相关数学信息并对其进行复述:"小朋友原来有5只气球,飞走了1只,现在他还有4只气球。"

2. 进一步帮助促进儿理解减法的含义。

"原来有5只气球,飞走了1只,想知道还剩下几只,可以用减法计算。"

"5只气球飞走1只,就是从5里面去掉1,在5和1中间用'-'。"(板书:5-1)。

"'-'这个符号叫作减号,表示去掉。从总数5里面去掉一部分,所以要把5写在减号的前面。"

"从5里面去掉1就是4,所以5减1得4。"(板书:5-1=4)

3. 教师引导儿童通过复述策略来加强对该算式含义的理解与识记:"从总数5里面去掉1,还剩下4。"

4. 教师以此方式引导儿童对另外两张主题图片的数学信息进行分析，并提出问题和解决问题。

活动 5　想加算减法

功能

1. 促进儿童理解加法和减法的关系。
2. 促进儿童体验减法算法的多样化。
3. 提高儿童的思维灵活性及数学语言表达能力。

准备

8 颗红色小塑料球、4 颗蓝色小塑料球。

过程

1. 教师展示图片：盒子里有 12 颗小塑料球，8 颗是红色的，4 颗是蓝色的。引导学生观察图片内容，提出一些数学问题让其他同学来解答。

2. 在讨论以及教师引导后，儿童可能提出的问题如下。

（1）盒子里有 8 颗红色小塑料球，4 颗蓝色小塑料球，一共有多少颗小塑料球？

（2）盒子里有 12 颗小塑料球，其中有 8 颗是红色的，剩下的都是蓝色的，蓝色的有多少颗？

（3）盒子里有 12 颗小塑料球，其中有 4 颗是蓝色的，剩下的都是红色的，红色的有多少颗？

3. 引导儿童分别对上述 3 个数学问题进行分析，提出解决思路，列出算式，并解答。（板书）

　　　　一共有多少颗小塑料球：8+4=12
　　　　蓝色塑料球有多少颗：12-8=4
　　　　红色塑料球有多少颗：12-4=8

4. 引导儿童分析上述数学问题及其所列算式的关系，然后提出问题，并帮助其分析运算思路，利用加法来算减法，以促进其进一步理解该算法。

　　　　12-8 得几？因为 8 加 4 得 12，所以 12 去掉 8，剩下 4。
　　　　12-4 得几？因为 8 加 4 得 12，所以 12 去掉 4，剩下 8。

活动 6　破十减法

功能

1. 促进儿童理解破十减法的运算过程，体验运算方法的多样性。
2. 提高儿童的思维灵活性和逻辑思维水平。

准备

PPT 课件。

过程

1. 教师展示PPT课件，提出问题："商店里有13顶帽子，卖掉了9顶，还剩下多少顶？"引导学生分析其中的数学信息，列出算式：13-9=　　。

2. 教师在PPT课件的辅助下讲解破十减法的运算过程。（板书）

一"破"，把较大数破成10和几，即13破成10和3；

二"减"，用10减去较小数，即10减9，剩下1；

三"加"，把1和3加起来，得4。

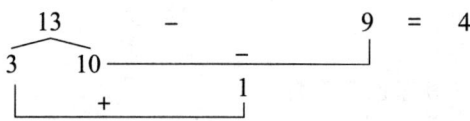

3. 带领学生总结破十减法的运算规则：把13分成10和3，10减9得1，1加3得4。

同凑十加法一样，应根据儿童的掌握水平决定是否需要用手指、圆点等进行辅助性运算，最终应快速给出得数。

活动7　平十减法

功能

1. 促进儿童理解平十减法的运算过程，体验运算方法的多样性。
2. 提高儿童的思维灵活性和逻辑思维能力。

准备

PPT课件。

过程

1. 教师展示PPT课件，提出问题："小兔子有15根胡萝卜，吃掉了8根，还剩下多少根？"引导学生分析其中的数学信息，列出算式：15-8=　　。

2. 教师讲解平十减法的运算过程。（板书）

一"平"，把较大数平成10，即想要15减5，可以平成10；

二"分"，把较小数分解，即把8分解成5和3；

三"减"，用15减5，再减3，得7。

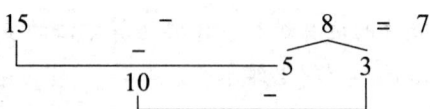

3. 带领学生总结平十减法的运算规则：15减5得10，10减3得7。

（三）活动设计建议

（1）数运算的训练活动应充分考虑各类特殊儿童的实际需要。一般而言，利用抽象数字符号开展的运算活动繁杂而深奥，对于特殊儿童来说较为困难。由于身心发展的特殊性，需要先教给这些儿童一些简单的运算方法，培养他们的简单运算能力，帮助他们解决日常生活中的常见数学问题。而对于智力障碍儿童，要教给他们实用性的数学知识，使其能用所学知识计算钱币、时间、生活中人或物的数量关系等。同时，为他们开展有针对性的运算训练，可能比泛泛地教授他们一些基本运算技能更有效一些。相对而言，听障儿童、视障儿童等具备的基础数概念认知能力，以及对数学知识的学习需求与普通儿童相差不大。他们可以进一步学习更复杂的数运算技能，对运算技能与生活的密切关联度的要求也相对较低。所以，在安排数运算训练活动时，应该提前通过观察、访谈、测验等方式了解特殊儿童数运算的发展水平、特点，分析他们的优势和不足，确定他们的"最近发展区"，尽量科学地针对教育对象个体差异来开展运算训练活动。在训练过程中，应密切关注特殊儿童的反馈，根据其反馈及时调整训练方案。

（2）数运算训练方法和技术应该多样化，并体现出个体差异和情境差异。一般而言，直接教学法、操作法、游戏法、启发法、讲解演示法、程序教学法等既适用于普通儿童，也适用于特殊儿童，但在实际训练过程中要根据情况来采用。比如，在简单运算训练过程中，直接教学法和启发法都对特殊儿童有效，但对智力障碍儿童而言，直接教学法可能更容易提高他们解答运算题的正确率。

（3）在特殊儿童数运算训练过程中，需要适当采用一些行为技术，比如强化、提示、示范、练习、巩固等。数运算训练内容相对较难，因此训练活动与实际生活结合起来，或采用游戏的方式来增强学习趣味性，利用合理的行为技术手段是至关重要的。比如，中重度智力障碍儿童在训练初期需要较多地使用食物强化的方式才可能激发他们学习的动机；听障或视障儿童则更适合采用代币、社会性强化等技术来确保训练效果。要根据特殊儿童自身学习特点来确定采用何种行为技术。有的特殊儿童容易将相似的数字（如"6"和"9"）混淆，可以尝试制作视觉卡片等教具给予清晰提示。孤独症儿童由于视觉认知能力优于听觉能力，在训练过程中则需要进行较多的视觉提示。练习对数运算训练具有重要意义，是巩固学习效果的重要手段，因此有针对性、有层次性地开展练习活动，能够促进特殊儿童巩固所学运算技能，同时提高他们学习运算的兴趣。

第十二章

儿童时间概念的获得与训练

时间是用来表示物质运动顺序性和持续性的单位。"以前"代表已经过去的时间，"现在"代表瞬间将逝去的时间，"以后"则代表还未到来的时间。时间不断向我们走来，在不期然之间又从我们身边悄悄溜走，这对年幼儿童或特殊儿童来说真的是难以理解的。但是，对时间认知的发展在个体心理发展及生活中又具有极其重要的意义，它与其他领域的认知发展，如数、空间、运动、速度、因果关系等有着密切的联系，能否掌握时间词并理解时间关系也是儿童逻辑思维能力发展的重要体现。在本章中，我们将介绍时间概念的内涵及特点，特殊儿童时间概念的发展特点，以及时间概念训练的内容和训练活动设计等方面内容。

时间概念获得概述

一、时间概念的界定及其特性

（一）什么是时间

时间是运动着的物质存在的基本形式。物体的运动过程是以前后的相继顺序性和长短的持续性表现出来。因此，人们对时间的认识就是对客观事物或现象持续性和顺序性的反映。时间的顺序性，又称时序，是指事物出现的先后顺序，通常包括了相对固定的时序，如一日的顺序、一周的顺序、一年四季的顺序等；也包括了相对可变的时序，如相对于今天早上，昨天晚上又在前面。相对而言，人们认识相对可变的时序较为困难，常会受到固定时序的束缚。

时间的持续性，又称为时距，指的是事物持续存在的长短，如从上课到下课所持续的整段时间，从家里走到学校的时间等。时距在日常生活中的应用表现为时间估计。外出办事，时间比较紧迫时，我们需要估计乘坐公交车所需要的时间和乘坐地铁所需要的时间来选择路线，而在安排繁多的工作时，也需要估计每项工作所需要时间的长短以决定先后顺序，甚至周末有人邀请你外出吃饭时，你也需要考虑用餐时间的长短来作出决定。早期人类常是通过自然世界的周期性变化（如太阳的升起落下、月的阴晴圆缺等）或是内部有节律的生理过程（如脉搏、心跳等）来认识时间的。但这些方法都不够精确。为了更好地认识时间，人类发明了钟表。钟表是一个复杂的符号系统，需要儿童认识表盘、指针、小时的十二进位换算、分钟的六十进位换算等，具有较高的难度。

从以上分析看，时间认知包含了以下部分内容。

（1）时序认知：一日顺序、一周顺序、一年顺序、事物的先后顺序等。

（2）时距认知：物体位移的时间，事件持续的时间。

（3）钟表认知：表盘、指针、小时、分钟、秒。

(二)时间的特点

时间具有自身的一些特点。首先,时间是抽象的,没有直观的形象,无法被感知。人们往往是通过各种媒介物来间接地认识时间。古代人类通过太阳的升起降落来判断早晨、中午和晚上;通过月亮的阴晴圆缺来判断一个月时间的发展变化;通过植物的生长变化来判断一年四季的周期性。这些方法至今都是人类认识时间的重要途径。如今,人类发明了钟表等各类计时工具,通过时针、分针的转动可以更精确地判断时间的发展变化。

其次,时间又是流动的,是单维度的,不可逆的。时间总是转瞬即逝,今天过去之后,就成了昨天,时光不能倒流。当我们要感知的时候,它已经悄然逝去。因此,需要通过运动着的物体才能感知时间。

再次,时间具有相对性。在一定时间段内时间的顺序是固定不变的,如一天之内可以分为早晨、中午、晚上;一周之内可以分为星期一、星期二、星期三、星期四、星期五、星期六、星期日;一年可以分为春、夏、秋、冬四季。但是超出一定的时间段,时间又是可变的,如今天会成为昨天,而明天会成为今天。这些特点使得时间难以被人类感知、习得。儿童只有理解了时间的相对关系,才能较好地掌握时间概念。

最后,时间知觉也受主观感受的影响。如当你在机场大厅候机而无所事事的时候,就觉得时间过得非常漫长;而当你在电脑前看着自己喜欢的足球赛的时候,又会发现时间是那么短暂。

(三)儿童时间认知发展的意义

时间是物质存在的基本形式,时间概念对儿童认知发展具有重要的意义。首先,儿童对时间概念的掌握有助于其对数量、空间、因果关系、运动和速度等认知领域的掌握。其次,对时间的认知影响着儿童逻辑思维能力的发展,比如,儿童要叙述一件事情时或一个故事时,需要按照时间顺序将故事的来龙去脉阐述清楚,否则他人无法理解。最后,对时间概念的认识也有助于儿童潜移默化地养成珍惜时间的良好习惯。

二、儿童时间概念的发展

时间认知是儿童在日常生活经验的基础上慢慢发展起来的。随着年龄的增长,儿童时间概念掌握的精确度也越来越高。有研究者[1]认为7~8岁可能是儿童时间概念迅速发展的时期。如前所述,时序、时距、钟表认识是儿童时间概念习得过程中非常重要的三

---

[1] 刘新学,唐雪梅. 学前心理学 [M]. 北京:北京师范大学出版社. 2011:67.

个方面,以下就从这三个方面来说明儿童时间概念的发展规律与顺序。

(一)儿童时序认知的发展

幼儿时序概念的认知具有一定的发展顺序。根据吴睿明等人(2005)的研究[①]发现,3.5岁儿童基本上不具备时序认知能力,儿童的时序认知能力在4.5~5.5岁时出现快速发展。到5.5岁左右,大部分儿童已具备时序认知能力;不同年龄的儿童都是对现在的认知最好,对过去的认知次之,对将来的认知最差;3.5岁和4.5岁儿童还没有具备判断时序先后的能力,到5.5岁时儿童知道了什么是先发生的,什么是后发生的,具备了判断时序的能力。

但儿童在不同时序概念认知上的发展规律并不相同。儿童在对一日之内时序的认知遵守着从感性直观上升到抽象的过程。一般儿童在4岁时就能根据图片部分掌握早、中、晚的顺序,直到5~6岁的儿童才能够较好掌握"早""中""晚",7岁时才能完全掌握。但是儿童对一日时间的相对性掌握得较晚,到7岁时尚未完全掌握。相比一日的时序,周、季节等较长时序的习得较为困难,掌握的时间也比较晚。根据方格等人(1984)的研究[②],儿童8岁时才能够真正掌握周的时序,即能够说出今天是星期几、明天是星期几;而儿童8岁时还尚未完全掌握四季的变化。同样的,儿童对周、季节的相对可变性的认识也比较晚,要到9~10岁时才能完全掌握。

(二)儿童时距认知的发展

相比时序概念,儿童习得时距概念会较晚。5岁左右的儿童可以将时间看作一个可以量化的实体,他们会利用计数策略来估算时间,并且能够比较准确地区分具有几秒钟差异的短时距。方格、冯刚等人(1993,1994)为5~6岁幼儿提供2 s、4 s、6 s、8 s的短时距,让他们进行比较,研究发现5~6岁的儿童已经能够比较准确地判断单一时距,而且能够区分出只有几秒钟差异的短时距。该研究也指出,幼儿对时距的判断还是很不稳定的,常受其他因素,如任务难度、记忆负荷、儿童兴趣等因素干扰。

随着年龄的增长,儿童开始能够准确判断长时距,并且准确性不断提高。至8岁时,儿童能够主动利用内部时间标尺来判断时间长短,且对时间知觉的准确性和稳定性开始有接近成人的倾向[③]。

[①] 吴睿明,黄彦萍,李红等. 3.5—5.5岁儿童时序认知能力的发展研究[J]. 心理发展与教育,2005(3).
[②] 方格,方富熹,刘范. 儿童对时间顺序认知发展的实验研究[J]. 心理学报,1984(3).
[③] 黄希庭,张增杰. 5至8岁儿童时间知觉的实验研究[J]. 心理学报,1979(2).

（三）儿童钟表认知的发展

儿童对钟表时间的认识能力集中体现在报时能力上。根据研究[①]发现，儿童掌握不同时刻的报时能力具有一定的顺序性，即先认识整点、半点，然后才能认知5分钟和1分钟。在年龄上，5岁的儿童开始具有模糊的报时概念，他们报时的时候能够注意到时针，但不看分针；6岁时，儿童开始能够报读整点，并具有模糊的半点概念，他们开始能够同时注意两指针，但还不能理解两个指针的关系，常将时针和分针分开来读；7岁时，有部分儿童能够读出5分钟，他们也开始考虑两个指针的关系，理解表盘的含义；到8岁时，儿童能够较为准确地报读半点，大部分也能够准确读报出5分钟和1分钟。

儿童时间概念的获得具有自身的一些特点。

首先，儿童时序概念的获得遵循由近及远、由中间向两端发展的趋势。儿童首先认识的往往是当前发生的事件，然后才能够理解发生过的事件，最后才能理解将来预期发生的事件，即先认识今天，然后是昨天、明天，最后才是前天、后天、上周、下周等。而在具体的时间单元中，儿童首先认识的是"天"和"小时"，然后是"周、月、秒"更大或更小的时间单元。

其次，儿童时间概念的认识遵循由短周期到长周期的过程。儿童首先认识的是当前发生的事情，如天亮了要起床、晚上就要睡觉了。随着年龄的增长，儿童逐步认识了时间的短周期性变化，如每天都有早上、中午和晚上。随后儿童开始认识一星期的周期变化，最后认识一年的周期性变化。

再次，儿童对时间的掌握遵循由感性经验向抽象概念的转化过程。由于时间是看不见、摸不着的，儿童对时间的掌握首先源于生活中运动着的事物，例如，太阳出来天亮了是白天，太阳下去天黑了是晚上。儿童也常常将熟悉的、感兴趣的事件与其发生的时间相联系起来，如天亮了，要起床刷牙，这是早晨；到幼儿园上学，这是白天；天黑了，天上有星星和月亮，这是晚上。在生活事件的周期性重复中，儿童开始认识到时间的顺序性与周期性。随着年龄的增长，生活经验的不断增加以及认知能力的发展，儿童才逐步意识到时间的抽象性与相对性，开始能够较为精确地估计时间，并认识钟表。

最后，儿童有关时间判断参照物的习得遵循了由内部标尺到外在标尺的过程。婴儿早期对时间的知觉主要依靠生理上的变化产生对时间的条件反射，也就是通过人们常说的生物钟所提供的时间信息来获得时间感受，如婴儿有规律的肚子饿、排尿等。随着年龄增长，儿童开始逐步习得借助生活经验或环境信息来判断时间。如儿童通过升国旗来认识星期一；通过不用上课来认识周六、周日等；通过树叶的变化（嫩芽、绿叶、黄叶、落叶）来区分春夏秋冬等。6～8岁时，儿童开始掌握利用时间工具来认识时间，即开始学会看钟表上的时针、分针、秒针，并准确地报读时间。

[①] 方格，冯刚，方富熹等. 学前儿童对短时时距的区分及其认知策略 [J]. 心理科学，1994，17.

特殊儿童时间概念的发展特点

时间概念较为抽象，其发展与儿童现有的认识水平有很大关系，只有认知能力达到一定的水平才能够理解和掌握时间概念。对大部分特殊儿童，尤其抽象思维能力发展较为滞后的儿童而言，时间概念的学习相对较为困难。这里主要对智力障碍儿童、听力障碍儿童、视力障碍儿童三类常见特殊儿童的时间概念的发展及特点进行阐述。

一、智力障碍儿童时间概念的发展特点

受智力落后的影响，智力障碍儿童对抽象时间概念的学习显得较为困难，明显滞后于普通儿童。大部分智力障碍儿童对昨天、今天、明天、年、月等概念掌握比较模糊，对时、分、秒等时间单位的认识存在很大的问题，无法正确地理解时间单位之间的关系，无法正确地认读钟表。一般智力障碍儿童能够认读小时，但较难认读分、秒，而且进行小时、分、秒的换算也较困难。

在时距概念掌握上，智力障碍儿童发展较为滞后，但随着年龄的增长时距估计水平逐渐提高。常倩倩（2010）[①] 对智力障碍儿童时间概念的研究中，发现智力障碍儿童的时距估计精确度较差，10～12岁是智力障碍儿童时距估计水平迅速提高的时期。而且，智力障碍儿童听觉通道下进行时距估计的精确性高于视觉通道下的估计。

时序上，智力障碍儿童的时序记忆能力的发展同样滞后于普通儿童。常倩倩的研究发现，智力障碍儿童的时序记忆能力发展滞后，但随着年龄的增长而有所增加。多通道相结合的时序记忆效果优于单通道的时序记忆效果。

---

① 常倩倩，智力落后儿童时间知觉特点的实验研究 [D]，上海：上海师范大学，2010.

二、听力障碍儿童时间概念的发展特点

与健听人相比,听力障碍儿童对持续时间判断的精确性较差,并且正确估计时间的区域也较为狭窄。张凤琴(2006)[①]在听障儿童与健听儿童时间认知机制实验研究中发现,听力障碍对儿童的时序记忆和时距估计有显著的负面影响。短时距条件下(6 s以下),听障儿童的时距估计的结果往往是倾向于高估。在长一点的时距范围内(6~14 s),听力障碍儿童对较为复杂刺激(如移动的视觉刺激和汉字)的时距估计的准确性比起健听儿童要差很多。但是在相对简单的刺激方面,如固定的视觉刺激和数字的时距估计方面,听障儿童与健听儿童的差别不大。

在时序方面,听障儿童对汉字和数字的时序记忆成绩均显著低于健听儿童;因为对汉字的时序记忆存在困难,所以导致听障儿童对汉字的时序记忆的动机和愿望降低;对于相对简单的数字的时序记忆,随着项目数的增加以及在较后的系列位置,使得数字的时序记忆的优势不再存在,出现了对数字时序记忆的首因效。

三、视力障碍儿童时间概念的发展特点

受视觉缺陷的影响,视障者无法对时间进行感性的体验,但生活中的经验和规律仍可以帮助他们精确地判断时间,形成时间概念。一般而言,视觉障碍者的时间概念发展与普通儿童相比不存在显著差异性。琚四化等人(2010)[②]在听觉通道下,对盲生与明眼学生的时距知觉进行比较研究发现,在短时距知觉上(8 s以下),视障者优于普通儿童,但是在长时距条件下却弱于普通儿童。在时序方面,张凤琴的研究发现,视力障碍并不影响儿童的时序记忆能力。

[①] 张凤琴. 特殊儿童与正常儿童时间认知机制的实验研究 [D]. 上海:华东师范大学,2006.
[②] 琚四化,毛红琴,梁子浪. 听觉通道下盲生与明眼学生时距知觉的比较研究 [J]. 中国特殊教育,2010(2).

儿童时间概念的训练

从上一节可以知道，时间概念的习得主要涉及时序、时距和钟表认识三个重要方面。由于时间概念本身所具有的抽象性、相对性、流动性与不可逆性，其发展多与个体智力发展及语言发展密切相关。一般而言，智力发展与语言发展较为滞后的儿童，其时间概念的获得较为困难，但这并不代表时间概念是不可教的。通过一定形式的训练，也能在一定程度上促进儿童时间概念的获得与发展。在时序、时距和钟表认识三个方面，时序是儿童较早习得的时间概念，其次是时距概念，最后是钟表认识。本节就按照这个顺序来分别介绍训练的内容与方法。

一、时序认知的训练

（一）训练的基本思路

时序，即时间的顺序性，是指事物出现的先后顺序，通常包括相对固定的时序和相对可变的时序。相对固定的时序指的是在一定时间段内不变的时间顺序性，如一日总是包括早上、中午、晚上；一周总是包括星期一、星期二、星期三、星期四、星期五、星期六、星期日；一年总是包括春、夏、秋、冬四个季节等。相对可变的时序是指时间超出固定时序所在的时间段后发生了变化，如对于今天的早上，昨天的晚上又在前面；今天过了之后，就变成了昨天。相对时序具有相对性与辩证性，其获得要以儿童可逆性思维的发展为前提。相对固定时序只要理解事件本身的先后顺序性即可，主要涉及的是儿童的序列记忆与思维能力。相对而言，儿童认识固定时序比较简单，而认识相对可变的时序较为困难，常会受到固定时序的束缚。从这个角度出发，时序概念的训练，应坚持先进行相对固定时序的训练，之后进行相对可变时序的训练。

根据前人的研究成果，时序并不是主要依赖于直接课堂教学，更多的是通过生活经验慢慢积累，从运动着的物质中来感知事件的先后顺序性进而掌握时序概念。幼儿就是将时间与具体的生活事件联系在一起，尤其是生活制度和作息制度。如起床刷牙是早上；在学校上学是白天；上床睡觉是晚上等。因此，一般只需要让学生根据自身的生活经验或事情发生的"前"与"后"关系来理解事件的先后顺序，即可掌握时序概念。但是由于特殊儿童的感知能力有限，往往无法有效地从连续运动着的事件中离析事件的"先"与"后"。因此，在对儿童进行时序训练时，要清晰地将事件的先后顺序描述出来，使得事件的"先"与"后"之间具有较为明确的界线。通常可以采用事件"先"与"后"的显著特征来进行标记，如早上：太阳升起；中午：太阳在天空中；晚上：太阳下山，天黑了。

综上，对儿童进行时序训练时要遵循以下基本思路。

（1）先进行相对固定的时序训练，然后过渡至相对变化的时序训练。

（2）以个体生活事件为主要训练材料，将时序概念与儿童的生活经验和作息制度相结合。

（3）训练时，应以事件的显著特征来划分事件"先"与"后"的清晰界线。

（二）训练活动设计举例

活动 1　白天还是晚上？

功能

1. 认识白天与晚上的主要特征。
2. 认识白天与晚上的先后顺序。

准备

白天和晚上儿童所从事活动的情景（如白天上学、晚上睡觉）图片若干。月亮和太阳的图片各一张。

过程

1. 教师出示太阳和月亮图片，并告诉儿童太阳在白天出现，月亮在晚上出现；太阳代表白天；月亮代表晚上。
2. 教师出示白天和晚上儿童所从事的活动图片，让儿童说出是白天发生的还是晚上发生的，为什么？
3. 请儿童将所从事活动的图片按照白天和晚上进行归类。
4. 教师随意出示白天和晚上儿童所从事活动的图片，让儿童进行排序。

活动建议：

活动过程中，可以根据需要重复步骤1，直至儿童能够明白太阳是白天的显著特征，月亮是晚上的显著特征。步骤2中，先呈现两张图片让儿童进行判断，之后可以逐步增加图片的数量。在儿童每次判断之后，一定要让儿童说明图片情景为什么是白天或晚上发生，不管正确与否，教师都要给予及时反馈，说明图片情景的显著特征与白天或晚上相符合的显著特征。必要时，教师可以给予提示线索，如，"你看窗外有太阳或月亮"，以帮助儿童更好地判断白天或晚上，掌握白天或晚上的显著特征。步骤4中，同样可以先呈现两张图片让儿童进行判断，之后可以逐步增加图片的数量，让儿童掌握白天和晚上的活动先后顺序。

活动2　早晨、中午、晚上

功能

1. 认识早晨、中午、晚上的主要特征。
2. 认识早晨、中午、晚上的先后顺序。
3. 培养儿童的观察力。

准备

制作儿童一天活动过程的动画，包括早晨、中午、晚上儿童所从事活动情景（如早晨起床刷牙、中午吃午饭睡午觉、晚上洗澡睡觉）。动画画面中应包含太阳和月亮升起降落的过程，并从动画中截取儿童在早晨、中午、晚上所从事的活动情景图。

过程

1. 教师播放动画，让儿童观察体会一天的变化过程。
2. 教师再次播放动画，并依次在"太阳升起""太阳正空中"和"月亮在空中"处，与儿童讨论它们分别代表早晨、中午和晚上。
3. 教师呈现从动画中截取的活动情景图，让儿童按照先后顺序进行排序。
4. 让儿童按照顺序说出动画中人物在早晨、中午、晚上所从事的事情。

活动建议：

由于特殊儿童的注意力常常不够专注，所制作的动画中人物最好是学生本人，以激发其学习的兴趣。具体活动时，可以根据需要重复步骤1，以确保儿童能够完整地观察昼夜交替的过程，使他们对一天的变化有感性的认识。步骤2中应该重点与儿童一起讨论早晨、中午、晚上的显著特征，尤其是太阳或月亮的出现及位置。可重复该步骤多次，直至儿童掌握。步骤3中可以根据需要，适当增加不在动画中出现的三个时间点的活动图片，即提供更多的变式练习，以提升儿童的泛化迁移能力。由于很多儿童的长时与短时记忆能力弱，遗忘速度快。所以在进行步骤4之前，可以再次播放动画作为提示线索。但应注意要逐步取消提示线索，直至儿童能够不需要再次观看动画，即能说出早晨、中午、晚上所从事的事情或描述自己在这三个时间点所从事的活动。

活动3　找邻居

功能

1. 认识一星期七天的顺序。
2. 培养儿童相互合作的能力。

准备

星期转盘若干个（仅有指针，无其他图案），星期娃娃头饰（见图12-1）若干套。

图 12-1　星期娃娃头饰

过程

1. 教师将儿童分组（七人一组）。

2. 教师将星期娃娃头饰分发给每组儿童，让儿童戴上后按照星期一至星期日的时间顺序排列，并手拉手围成圈坐下。

3. 教师给每组分发转盘，放置于儿童围成圆圈的中间并示范转盘玩法。

4. 教师讲明规则：一会儿请大家从星期一开始，按照一星期的顺序轮流转动转盘。等转盘停下来后，指针指向谁，谁就要说出自己叫什么名字，然后找出自己的邻居是谁，并请大家一起说出他们的名字（教师示范）。

5. 请儿童按照规则轮流进行游戏，直至所有儿童掌握一星期的顺序性。教师巡回指导监督。

活动建议：

该活动比较适合在班级中进行教学，不适合在个案训练中应用。由于本活动属于游戏活动，涉及等待、轮流、合作等游戏规则和社会交往能力，比较适合有一定的认知能力、语言表达能力且具备等待、轮流等基本社会交往能力的儿童。具体实施过程中，分组要考虑儿童的能力水平，尽量将能力水平不同的儿童分成一组，做到"异质分组"，以实现相互帮助、共同成长。游戏之前，教师一定要说明游戏规则，并进行示范，以确保每一位儿童都理解接下来所要从事的活动。必要的时候，还需要请一位儿童进行练习示范，以确定儿童是否真正理解游戏规则。游戏时，教师一定要监督儿童按照游戏规则进行游戏。游戏可以不断重复多轮。当重复游戏时，可以改变转动转盘人员的起始点，如从头饰为星期三儿童开始游戏，这样有助于儿童真正理解掌握游戏的顺序性。

活动 4　认识四季

功能

1. 认识四季的主要特征。
2. 认识四季的先后顺序。
3. 培养儿童的观察力。

准备

1. 制作四季变化的动画视频。视频中分别呈现春、夏、秋、冬的主要特征及变化过程，并注意以树叶的生长以及其他四季代表性事物为线索。

2. 从动画中截图 4 张，分别代表"春""夏""秋""冬"四个季节。

过程

1. 教师播放动画视频,让儿童观察体会四季的变化过程。

2. 教师再次播放动画,并依次在"树木开始发芽、树叶层峦叠嶂、树叶变黄、树叶落光白雪皑皑"处暂停,与儿童讨论它们分别代表春、夏、秋、冬。

3. 儿童按照顺序说出动画中春、夏、秋、冬的主要特征(如春天树叶开始发芽,花草开始生长;夏天树叶浓绿,荷花盛开;秋天树叶变黄,开始脱落;冬天树叶掉落,白雪皑皑)。

4. 教师呈现从动画中截取四季情景图(见图12-2),让儿童按照先后顺序进行排序。

图 12-2　四季情景图

活动建议:

动画制作时,要确保整个动画具有四季的两个轮回,以帮助儿童建立四季的固定不变性与相对可变性。具体活动时,可以根据需要多次重复步骤1,以确保儿童能够充分观察四季交替过程,使他们对四季变化有感性的认识。步骤2中,重点应该与儿童一起讨论春、夏、秋、冬的显著特征,尤其是树木、花草、天气的变化。由于很多儿童的长时与短时记忆能力弱,遗忘速度快。可多次重复该步骤,直至儿童完全掌握。步骤4中可以根据需要,适当增加额外的四季变化图片,如不同季节的花、不同季节人的着装,以提供更多的变式练习,提升儿童的泛化迁移能力。

活动5　"今天宝宝"与"昨天宝宝"(认识今天、昨天)

功能

1. 理解今天和昨天的相对可变性。
2. 培养儿童思维的变通性。

准备

1. 儿童故事《今天宝宝与昨天宝宝》。
2. 自制挂历1份,"今天宝宝""昨天宝宝"图案各一个(见图12-3)。

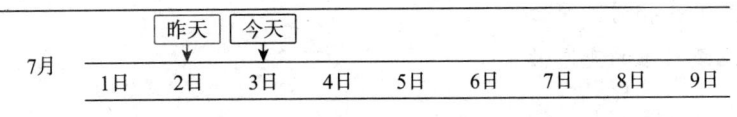

图 12-3　"今天"与"昨天"训练卡

3. 儿童一天活动的图片若干。

过程

1. 教师出示自制挂历以及昨天宝宝和今天宝宝，然后一边讲《今天宝宝和昨天宝宝》故事，一边演示。

> **今天宝宝与昨天宝宝**
> 今天宝宝和昨天宝宝是两个好朋友，他们总是形影不离。每天放学回家，他们就沿着日历大道走，今天宝宝在前面走，昨天宝宝就紧跟在后面，从不落下。

2. 教师再次操作今天宝宝和昨天宝宝，沿着日历大道从头走到尾。每走一步都说出今天宝宝所从事的活动，并让儿童贴上相应的活动图片。

3. 教师与儿童分工合作。教师随意将今天宝宝置于日期大道的某一天（如"3日"），儿童需将昨天宝宝置于这一天的前一天位置上（如"2日"），并共同讨论他们所从事的活动。游戏反复进行。

4. 教师与儿童互换角色，教师操作昨天宝宝，儿童操作今天宝宝。具体操作同步骤3。

5. 教师与儿童再次分工合作，操作今天宝宝和昨天宝宝沿着日历大道从头走到尾，并讨论今天宝宝和昨天宝宝所从事的活动以及它们之间的相互关系。

活动建议：

理解相对可变性是时间认识的难点，对于抽象思维能力弱的特殊儿童而言更是困难，只有化抽象为具体才能够帮助儿童掌握此知识点。在实施本活动之前，儿童需要对今天和昨天的时间有一定的初步概念。活动实施时，确保儿童听懂并理解《今天宝宝和昨天宝宝》的故事，可以让儿童操作两个宝宝走日历大道以帮助其理解。步骤3和步骤4的主要目的是让儿童理解"今天"和"昨天"的相对关系，即"前"与"后"的时间关系。步骤5是为了让儿童理解"今天"过去之后即可以成为"昨天"。由于这种可变性较难理解，故以儿童在今天和昨天所从事的活动图片的不变性为线索，帮助他们理解今天和昨天之间的转变仅仅是时间的过去，而非从事活动的改变。为了提升儿童的兴趣与理解力，可以使用儿童本身从事过的活动图片。

活动6　看日历，填星期

功能

1. 理解星期的相对可变性。
2. 培养儿童思维的变通性。

准备

自制挂历若干份；铅笔和彩笔若干。

过程

1. 教师帮助学生复习"星期一、星期二、星期三、星期四、星期五、星期六、星期日"的名称及顺序。

2. 教师与出示自制日历,并示范填写星期(见图12-4)。

8月	1日	2日	3日	4日	5日	6日	7日
	星期三						
	8日	9日	10日	11日	12日	13日	14日	15日
	星期一						星期日

图12-4 看日历,填星期

3. 让儿童在自制日历上填写相应的星期,教师指导。

4. 教师与儿童共同观察、讨论所填写的日历表的特点:星期一至星期日不断重复,并用不同的颜色涂画出每一周,以此来帮助儿童理解星期的相对可变性。

活动建议:

实施本活动,要求儿童要具备星期的基本概念,并认识一星期每天的名称及相对的顺序。故步骤1是本活动必不可少的。当儿童进行星期填写时,教师要给予及时的反馈,以帮助儿童及时纠正错误。为了确保儿童真正掌握星期的顺序及相对可变性,可以重复步骤3。步骤4是关键步骤,教师一定要协助儿童找出"周一"与"周日"的交界点,并用不同的颜色将每一周涂画出来,以此帮助儿童理解星期时序的相对可变性。步骤4也可反复进行。

(三)活动设计建议

1. 制作视觉化教具,形象化展示时间概念

在进行时间概念教学中,首先要提供形象化的、可视的教具等进行直观化展示。例如,按照图片的形式来描述一件事情发生的先后顺序,来帮助儿童理解"先""后"时间概念。同时,为了帮助儿童理解"儿童""青年""老年",可以出示各自的图片,并标记出相应的显著特征。在学习"早上""中午""晚上"三个时间概念时,可以提供"太阳升起""太阳正当中""月亮出现"的图片来突出三个概念的特征。

2. 系统安排呈现联系紧密的时间概念

时间概念具有相对性,诸多时间概念之间是相对的关系,即紧密联系的。比如,今天、明天、昨天,即今天可以成为昨天,明天又可以成为今天。还有一些时间概念具有周期性,比如"星期""月份",每隔七天都会重新开始一个星期,每隔十二个月都会重新开始一年。这些时间概念都不是固定不变的,而是随着时间的推移具有变化。对这些概念的学习,必然需要在他们的比较变化中学习。因此,在时间概念训练时,需要将相

联系的时间概念系统呈现，让儿童在比较变化中学习。如制作一星期活动安排表，让儿童通过一星期的活动安排，学习"星期"的概念以及"今天""明天""昨天"的概念。

3. 模拟情境，提供尽可能多的生活应用机会，巩固迁移

时间概念与生活联系紧密，生活中的每一个事件都是与时间相伴的。当我们开始一个活动时，就意味着有了一个时间点，随着活动的持续性，时距就开始被人们感知。而当完成一个事件，再进行另一个事件时，一个新的时刻又产生了意义。伴随着不同的事件发生，组成了人活动的一天、一周、一个月，甚至一年。随着事件的不断累积，构成了人的生命周期。因此，对时间概念的学习，不能仅仅通过课堂中的教学进行，还需要引导学生在生活中体会和领悟在课堂中所习得的时间概念，只有在生活中不断反复运用，才能够真正理解时间的本质。

二、时距认知的训练

（一）训练的基本思路

时距指的是事物持续存在时间的长短，反映的是时间的持续性。日常生活中，时距概念表现为个体对事物持续时间的估计，具有较强的主观性，常常受个人体验的影响。例如，当一个人心情愉悦，正在从事自己感兴趣的事情的时候，就觉得时间特别短暂。相反，如果一个人正在从事自己不感兴趣的事情，就觉得时间特别漫长。正是因为时间估计具有主观性，其准确性常常不高，因此个体需要通过一定参照物来协助准确估计时间。时间估计的参照物有外在参照物和内在参照物之分。外在参照物主要指以钟表、日历、太阳位置变化、月亮盈亏、四季变化等。通过太阳位置变化、月亮盈亏、四季变化、有节律的声音等外在参照物，个体能够粗略估计较长时间距离，而通过钟表、日历，个体能够精细地估计较短或较长的时距。内在参照物是指个体内的物理或化学变化（如脉搏、心跳、新陈代谢、睡眠时间等）和内在心理认知变化（如默数）。通过内在参照物，个体可以大致估计较短时间内的距离。一般而言，个体时间估计能力发展的过程就是个体利用外在或内在参照标尺主动发展的过程。随着年龄的增长，儿童逐步开始能够利用外在标尺，并逐步转化为使用内在标尺。

时距概念训练时，要让儿童具备一定的节律感，然后再进行时间估计能力训练。时间估计能力训练时，要尽可能为儿童提供数数、有节律的声音等明确的外在参考标准，并引导儿童逐步将外在参考标准转化为内在参考标准。时间本身的长短也是影响个体时间估计准确性的重要因素。一般来讲，个体对于 1 s 时间距离的估计最为精确，对小于 1 s 的时间距离容易产生高估现象；对大于 1 s 的时间距离容易出现低估现象，而且当时间长于 2~3 s 时仅仅靠知觉就比较难判断了。换句话说，个体对于短时距估计能力较

好，时距越长，估计能力越弱。因此，时距估计能力训练应该从短时距估计开始，逐渐拉长时间距离的长度。

此外，心理学上还将时间长短的判断分为两种类型：一是直接对现在时间间隔的判断。该种时间间隔判断较为简单，个体可以利用内在的参考标尺，也可以利用外在的参考标尺协助判断。二是靠回忆对过去持续时间的估计。这种时间间隔判断较为困难，个体不仅需要记住重现已经发生过的事件，还需要利用自身的经验或当时的一些时间线索来判断时距。在这种情况下，个体无法利用现有的内在参照标尺或外在参照标尺进行判断。因此，训练时，要注重先进行现有时间间隔判断训练，然后再进行对过去事件持续时间的估计，而且在进行过去持续时间估计时，应提醒儿童可以利用的一些参照标尺。

（二）训练活动设计举例

活动1　拍一拍（节奏感训练）

功能

1. 帮助儿童体会1秒钟时间的长短。
2. 培养儿童的节奏感。

准备

铃鼓若干个。

过程

1. 教师说明任务：接下来我们要一起来拍铃鼓，请大家跟着老师的节奏，不要太快，也不要太慢。
2. 教师拍铃鼓，学生跟着拍铃鼓。两次拍打之间间隔1 s左右。
3. 重复步骤2数次。
4. 学生有节奏地拍铃鼓，教师跟着学生拍铃鼓。

活动建议：

此活动的主要目的是培养儿童的节奏感，为时距估计能力训练做好准备。活动器具为铃鼓，是一种乐器，可以配合有节奏的音乐作为背景音乐，以提升教学的娱乐性与趣味性。活动时，一定要让儿童体会两次拍打之间的时间间隔，并提醒拍打不要过快或过慢，重点培养儿童一定的节奏感。

活动2　听一听，数一数

功能

1. 帮助儿童体会1秒钟时间的长短。
2. 培养儿童的节奏感。

准备

大闹钟一个；隔音效果较好的教室一间。

过程

1. 教师说明任务：接下来请大家认真安静地听闹钟"嘀嗒、嘀嗒"的声音，并数数。

2. 让学生认真倾听"嘀嗒、嘀嗒"的闹钟声，并用声音复述"嘀嗒、嘀嗒"。

3. 重复步骤 2 数次。

4. 教师示范看着秒针转动，听着"嘀嗒"声，数数直至 1 分钟。学生重复教师行为数次。

5. 让学生闭上眼睛，听着"嘀嗒"声，数数至 1 分钟。重复数次。

活动建议：

本活动实施的前提条件是儿童已经具备数数的能力，因此，在活动之前要检查儿童的数数能力。活动的重点在于体会 1 秒钟的时长，活动时应该强调让学生跟着"嘀嗒"声有节奏地数数，不能太快也不能太慢，着重体会两声"嘀嗒"声之间的时间间隔。

活动 3 比一比，谁的时间快（听觉通道估计）

功能

1. 帮助儿童体会 1 分钟时间的长短。

2. 培养儿童 1 分钟时间估计能力。

准备

大闹钟一个；隔音效果较好的教室一间。

过程

1. 让学生认真倾听"嘀嗒、嘀嗒"的闹钟声，并用声音复述"嘀嗒、嘀嗒"。

2. 教师示范看着秒针转动，听着"嘀嗒"声，数数直至 1 分钟。学生重复教师行为数次。

3. 让学生闭上眼睛，听着"嘀嗒"声，数数至 1 分钟。重复数次。

4. 将闹钟消音，让学生闭上眼睛，自己从 1 数至 60（代表 1 分钟）。

5. 学生全部睁开眼睛，老师与学生共同比较闹钟所走的时间与儿童所数的 1 分钟时间长短。

6. 重复步骤 4 和步骤 5 数次，直至儿童自己所数的 1 分钟与闹钟 1 分钟的时间大体一致。

活动建议：

活动实施的前提条件是儿童能认识闹钟的秒针与分针，并知道 1 分钟的概念。活动重点在于让儿童体会 1 分钟时间距离的长短，故步骤 1、步骤 2、步骤 3 应着重强调体会从 1 数到 60 这段时间的距离。而在步骤 4 和步骤 5 过程中，如果儿童屡次数数所用时间与实际时间相差较大，教师可以在一旁轻声数数提醒。提醒时间可以从间隔 1 s 逐步提升到 2 s、5 s、10 s……直至不用提醒。也可以尝试先进行 5 s 的估计，再延长至 10 s，依次类推，直至儿童能够完成较为准确的 1 分钟估计。

活动 4 小乌龟爬了多久？（视觉通道估计）

功能

1. 帮助儿童体会 5 s 时间的长短。
2. 培养儿童的 5 s 时间估计能力。

准备

1. 玩具小乌龟两只；制作好的两条跑道（分别为有标尺和无标尺）。
2. 制作小乌龟爬行的 PPT 课件（有时间显示版本；无时间显示版本）。

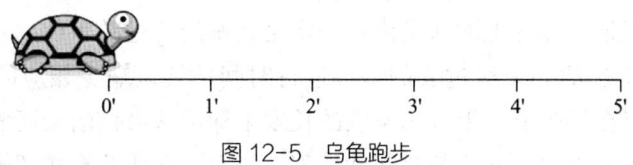

图 12-5 乌龟跑步

过程

1. 教师：请大家看一个动画，里面有一只小乌龟在努力地爬向终点，你们一会儿看看它爬行用了多长时间。
2. 教师呈现乌龟爬行 PPT（有时间显示版本，见图 12-5），让儿童说出乌龟爬行了 5 s。
3. 教师呈现乌龟爬行 PPT（无时间显示版本），让儿童估计乌龟爬行了几秒。
4. 教师与儿童分别拿着乌龟玩具在有标尺的跑道上爬行，控制在 5 s 钟内爬完跑道。可重复多次。
5. 教师与儿童分别拿着乌龟玩具在无标尺的跑道上爬行，控制在 5 s 钟内爬完跑道。可重复多次。

活动建议：

本活动过程中，通过在跑道上以视觉方式显示乌龟爬行的时间来帮儿童获得外在时间估计标尺。但视觉通道并不是唯一的通道，而且个体往往更加依赖于听觉通道来估计时间。因此，在活动过程中，如果需要，可以增加有节奏的音乐或声音来帮助儿童估计时间。

活动 5 想一想，归归类（回忆事件的时间间隔）

功能

1. 帮助儿童估计回忆事件的时间间隔。
2. 帮助儿童比较不同时间间隔的长度（5 分钟、30 分钟、60 分钟）。

准备

1. 儿童从事活动的照片若干，一般可以在 5 分钟、30 分钟、60 分钟等不同时间段内完成。

过程

1. 教师呈现一张一张照片,让儿童回忆说出照片的内容。
2. 教师与儿童讨论每一张照片显示的活动可能所需要的时间。

   5 分钟:刷牙、洗脸、上厕所。

   30 分钟:一节课、洗澡、吃饭。

   60 分钟:午睡、看电视、玩游戏。

3. 让儿童按照照片上的活动可能所需要的时间进行归类。

活动建议:

  本活动的前提条件是儿童已经具有了 5 分钟、30 分钟和 60 分钟等较长时间概念。为了增加儿童的兴趣,照片上的活动内容一定是儿童经历过的事件,且活动的主人公是儿童本身。由于本次活动为对过去的事件进行时间估计,缺少相应的时间估计参考标尺。活动时,可以在每张卡片上方用条状的长度来标示从事该活动所需要时间的长短或用钟表来标示,以此来提升儿童的时间估计判断能力。在让儿童按照卡片活动可能所需要的时间进行归类时,教师要给予儿童及时的反馈,并可以反复多次进行。

(三)活动设计建议

  第一,时距概念训练的重点在于利用内在或外在标尺对时间长短进行判断估计。活动设计时,要注重提供时间估计的外在标尺或内在标尺,如估计 1 s 时,采用闹钟的嘀嗒声作为外在标尺;而在估计 1 分钟时,让儿童心里从 1 默数到 60 作为内在标尺,可以通过视觉通道提供外在标尺,也可以通过声音通道提供外在标尺。当儿童学会使用外在标尺来估计时间后,要注意引导儿童尝试使用内在标尺来估计时间。

  第二,时距主要指的是当前活动的持续时间。活动设计时,所涉及的活动应该以当前能够进行的活动为主,而不是将来或过去的活动。如通过打拍子、数数或音乐节奏来体会 1 s 时间的长短,而不是通过回忆音乐的节奏来估计 1 s 的时间。当然,如果教学的目标是对将来或未来事件时距的估计,那么所设计的活动就应该是过去或将来的事件,如活动 5 的活动设计。

  第三,由于时间较为抽象,不可感知。在活动设计时,要尽可能地将活动内容或素材形象化、具体化。可以通过视觉、听觉、触觉和动觉等不同的形式呈现时间的变化性,便于儿童通过不同的感觉通道来感知时间的流动性与持续性。如"5 s"的学习,以小乌龟爬行的方式用视觉呈现出来,就有助于儿童更加直观地理解 5 s 持续的时间。

三、认识时钟

（一）训练的基本思路

时钟是人类用于认识时间的工具。心理学家常常将儿童对时钟的认知能力称为报时能力。报时过程是一种较为复杂的认识过程。儿童首先要掌握钟面所有的零部件名称及所代表的含义，如时针、分针、秒针、表盘上的刻度及相对应的数字。其次，儿童需要掌握钟面的时针、分针与秒针运转的规律，即时针、分针与秒针都按顺时针方向转动，秒针转动一圈，分针转动一格；分针转动一圈，时针转动一格；时针转动一圈代表12个小时过去了。最后，儿童根据时针、分针、秒针的运转规律，学会报读整点、半点、分钟等时间。根据加涅的学习分类，钟面的认识属于概念的学习，是指针学习和报时能力的前提条件，教育训练时，需要提供大量的示例来帮助儿童学习。又由于时针、指针、秒针具有相似性，训练时一定要注意引导儿童区分三者物理特征（长短、粗细）上的差异。指针运转规律学习属于规则学习，它以钟面认识为基础，同时又是报时能力学习的先决条件，教育训练时需要提供大量的例子来帮助儿童归纳指针运转的规律。报时能力属于应用规则解决问题的范畴，以钟面认识和指针运转规律学习为先决条件，教育训练时同样需要提供大量的练习机会，将抽象的规律转化为内在的程序性知识技能。

根据前人的研究成果，儿童报读能力的发展具有一定的规律性，即先认识整点、半点，然后才能认识5分钟乃至1分钟。因此，对儿童的报时能力进行训练时，应首先从整点时间入手，在其完全掌握整点时间的基础上，逐步过渡到认识半点，最后过渡到认识5分钟和1分钟。

（二）训练活动设计举例

活动1 认识钟面

功能

1. 认识每个钟面上1~12数字。
2. 认识每个钟面上的时针和分针。
3. 培养儿童的观察能力。

准备

不同材质、形状、颜色、大小的时钟图片若干张（图12-6），提前制作好PPT课件；玩具闹钟一个。

图 12-6　各种时钟

过程

1. 教师出示 PPT，逐一呈现时钟图片，并告诉儿童这是时钟。
2. 教师与儿童讨论这些时钟的不同地方。
3. 教师与儿童讨论这些时钟的相同地方。
4. 教师与儿童讨论时针与分针之间的差别，以及数字 1~12 的排列顺序。
5. 教师拿出玩具闹钟，请儿童指出每个闹钟的时针、分针，并按顺时针方向依次读出 1~12 的数字。

活动建议：

本活动的重点在于认识钟面上的时针与分针，以及表盘上 1~12 的数字。活动时要注意强调时针与分针的特征差异，即又细又长的为分针，又短又粗的叫时针。认识表盘 1~12 数字时要强调数字是按照顺时针方向排列的。钟面认识是具体概念认识，具体概念的习得往往是通过大量的例子来归纳本质的特征。因此，训练时可以准备不同材质、形状、颜色、大小的时钟，让儿童进行细致的观察，并在教师的协助与提醒下归纳出共同特征，从而掌握时钟的概念。

活动 2　认识钟面 1~12 的数字顺序

功能

1. 认识钟面 1~12 数字的顺时针排列顺序。
2. 培养儿童的数序能力。
3. 培养儿童的观察能力。

准备

闹钟图片若干张（图 12-7）；可以手动拨动的玩具闹钟一个（图 12-8）。

图 12-7　各种闹钟

图 12-8　手拨闹钟

过程

1. 教师逐一呈现闹钟，让儿童观察不同闹钟上 1～12 的数字排列顺序。
2. 教师请儿童以数数的形式按顺时针顺序点数 1～12。
3. 教师出示玩具闹钟，请儿童仔细观察数字 1～12 的顺序。
4. 教师将 1～12 中的数字随意取下两个或两个以上，请儿童将取下的数字按照顺时针序列重新填补进去。

活动建议：

本活动的重点在于让儿童认识钟面 1～12 的顺时针排列顺序。实施步骤 1 时，需要向儿童强调"数字是按照顺时针方向从小到大排列成一个圆圈，其中 1 和 12 相邻"。本活动是对 1～12 排列规则的学习，需要大量的练习来帮助儿童真正掌握，因此，步骤 4 可以重复进行。实施步骤 4 时，要遵循由易到难的原则，即首先取下钟面中的 2～3 个数字，让儿童填补。之后逐渐增加取下数字的个数，直至将所有的数字取下，儿童能够按照钟面数字排列规律重新将所有的数字填补齐整。

活动 3　认识时针与分针的运转规律

功能

1. 培养儿童掌握时针与分针的运转规律。
2. 能知道时针走一格、分针走 1 圈是 1 个小时。
3. 培养儿童的观察能力。

准备

闹钟一个；可以手动拨动的玩具闹钟一个。

过程

1. 教师出示闹钟，并顺时针拨动分针转动一圈，让儿童观察时针与分针的变化。

2. 教师请儿童顺时针拨动分针转一圈，并观察时针与分针的变化。

3. 教师与儿童共同讨论时针与分针的关系：时针走得慢，分针走得快；分针走一圈（12 格），时针走一格，代表 1 个小时。

4. 教师出示玩具闹钟，并拨动时针走一格，请儿童拨动分针走一圈。

5. 教师拨动分针走一圈，请儿童拨动时针走一格。

活动建议：

本活动的重点是帮助儿童理解"分针走得快、时针走得慢，分针走一圈、时针走一格"的规律，宜采用"例规法"来教学。教学时，先呈现示例，让儿童进行细致观察，观察时要提醒儿童既要观察时针与分针走的格子数量，还要观察它们的速度快慢。为了便于儿童观察，必要时可以将时针与分针用不同的颜色标示以做出区分。因为所学习的内容为规则，需要大量的练习才能够较好地掌握。所以步骤 4 和步骤 5 可以反复进行，以确保儿童真正掌握时针与分针的运转规律。

活动 4 认识整点

功能

1. 培养儿童报读整点的能力。
2. 培养儿童的观察能力。
3. 培养儿童的时间观念。

准备

整点闹钟模型若干个；可以手动拨动的玩具闹钟若干个。

过程

1. 教师出示闹钟模型（图 12-9），请儿童观察闹钟模型上时针与分针所在位置的异同。

图 12-9 闹钟模型

2. 教师与儿童共同讨论闹钟模型的异同：分针都指向 12，时针指在不同的数字上，分别代表 7 点、10 点、12 点、9 点，即整点时，时针指在某一个数字上，分针总是指在 12 上。

3. 教师出示玩具闹钟，拨动时针、分针，分别表示 10 点、1 点、6 点、7 点、3 点、5 点，请儿童说出是几点。

4. 教师报读时间 12 点、8 点、9 点、2 点、4 点、11 点，请儿童拨动玩具闹钟到相应的整点。

活动建议：

本活动目的是培养儿童整点报时能力，其重点在于认识整点时时针与分针所处的位置。教学时，要特别提醒儿童细心观察不同整点时时针与分针所处的位置共同点与异同点。另外，由于报读整点是属于程序性知识，需要通过大量的练习才能够掌握，故步骤3和步骤4可以重复练习。

活动5　按时间排序

功能

1. 培养儿童报读时间的能力。
2. 能够按照时间的先后顺序进行排序。
3. 培养儿童珍惜时间的意识。

准备

1. 不同时刻的时钟模型图卡若干（图12-10）。

图12-10　时钟模型图卡

2. 与闹钟模型时间相对应的儿童活动图片若干（图12-11）。

图12-11　儿童活动图片

过程

1. 教师出示时钟模型，请儿童说出每个时钟模型图卡上的时间点。
2. 教师出示儿童活动图片，教师叙述"小明的一天"：小明早晨6点半起床，刷牙洗脸吃过早饭后，7点去上学。上午两节课下课后，正好是10点，同学们都到操场上做早操。中午12点，大家一起在学校吃午饭。下午4点30分，放学回家。回家后，小明吃完晚饭就开始写作业，一直写到晚上9点上床睡觉。
3. 请儿童按照故事，将时钟模型与儿童活动图卡配对。
4. 请儿童按照事件发生的先后顺序，将配对好的图卡与时钟模型排序。
5. 将儿童活动图卡撤除，请儿童按照事件发生的先后顺序将时钟模型排序。

活动建议：

本活动的重点在于报读时间后，引导儿童按照时间的先后顺序排列。时间序列性较难以理解，往往需要提供外在参照标准来帮助儿童理解。步骤 2 正是通过小明一天的活动来帮助儿童理解不同时间点的先后顺序性。该步骤可以依据教学对象抽象能力水平高低而决定是否需要进行。抽象思维能力发展较好、时序能力佳的儿童，即可以取消该步骤，直接进入步骤 4。此外，时间本身具有相对性，儿童既可以按照一天为参照进行排序（步骤 4），也可以按照两天为参照进行排序（步骤 5），前者较为简单，后者较难。因此，活动实施时，需要依照教育对象的认识水平来决定是否要进行步骤 5 的练习。

（三）活动设计建议

延伸阅读　时钟认知教学案例示范

第一，时钟认识的重点在于掌握指针的运转规律以及表盘十二进制规则，以此为基础报读时间。规律的掌握除了可以直接告知儿童之外，更重要的是让儿童在观察、自我探索中归纳总结出规律，并在练习与应用中不断巩固。因此，在活动设计时，首先要让儿童仔细认真观察时钟，之后教师与之讨论或提供线索帮助儿童掌握进一步认识时钟的各种规律，最后通过动手操作等进行自我探索，发现规律，运用规律。例如：认识半点时，先观察半点时钟模型，然后与老师共同讨论归纳半点时钟模型时针指在任何一个数字上，分针指在数字 6 的位置上。最后，让儿童拨动玩具时钟表示半点。

第二，活动设计时，提供何种时钟工具是需要考虑的因素之一。对于特殊儿童（如智力障碍儿童）来讲，考虑到他们观察能力欠佳、注意力容易被干扰等问题，提供的时钟工具表盘要简洁明了，表盘只要包含 1~12 数字、时针、分针、秒针等基本要素即可，而不要选择形状奇特、背景图案繁多的时钟。当然，也不能选择表盘没有 1~12 数字标示或是用英文数字标示、刻度较少的时钟。除此之外，所选择的时钟的指针与分针的物理特征要区分明确，如：时针短而粗、分针长而细，而且时针和分针最好是用不同的颜色区分开来，这样有助于儿童更好地认识时针和分针。

当然，还需根据活动的需要选择恰当的时钟，如：需要儿童对时钟进行操作时，就要选择可拨动的玩具闹钟，而且玩具闹钟最好是时针与分针是联动的（分针转动时，时针也能跟着转动），表盘上 1~12 数字可以取下填补。

第三，认识时钟是较难的一项认知活动，涉及 1~12 的数字顺序认识、12 进制、小时、分钟等概念。一般而言，普通儿童小学一年级才能够较好地掌握报读能力。特殊儿童在学习这方面内容时较难。因此，设计活动时一定要考虑到训练对象是否已经具备的基本的时间概念及数序概念。如果孩子已经具备这些概念，活动设计时最好能够设计相应的步骤对时间概念及数序概念进行一定的复习。如果不具备这些概念，就需要先对其基本的时间概念及数序概念进行训练，之后再进行报读能力训练。

第十三章

儿童空间方位概念的获得与训练

与时间一样，空间也是运动着的物质存在的基本形式。当我们说一个物体存在的时候，首先是指它在什么地方存在，它的大小和形状如何。要确定一个物体存在的空间位置，还必然涉及它与其他事物的空间关系，如距离远近、上下前后方位等。概括而言，空间方位认知主要包含形状、大小、长度、面积、体积、远近、上下、左右等内容，它与儿童对数、时间、速度等方面的认知是相互联系、相互促进的。很大一部分特殊儿童，在空间方位的认知上存在困难，他们往往只有模糊的空间知觉概念，无法理解和掌握复杂的空间方位关系。因此，本章从空间方位概念的内涵出发，围绕儿童空间方位概念的发展特点，对训练的内容和活动设计逐一进行阐述。

空间方位概念获得概述

一、空间方位概念的界定及特性

（一）空间方位概念的界定

空间方位是指物体的空间关系位置或个体自身在空间所处的位置，包括前、后、上、下、里、外、中间、左、右等方位词所标识的空间相对关系。物体在空间中所处的位置具有相对性，如"桌子相对于台灯而言在下面，但是相对于垃圾桶而言又在上面"。这种相对性，还会随着物体的运动而发生变化，如一座山刚刚还阻挡在汽车的前方，当汽车翻过这座山后，它就在汽车的后方了；桌子在"我"的前面，椅子在"我"的后面，但是当"我"转身180°后，桌子就在"我"的后面，而椅子在"我"的前面了。这种相对性决定了个体需要一定的参照系来协助认识物体或自身的空间方位。空间方位有两种不同的参照系：一是以自我为中心来定位客观事物，如电脑在"我"的前面；二是通过客观事物，即通过其他客观事物或以他人的角度来定位事物，如以一棵树为参照，太阳从左边照射过来，火车在右边行驶。因此，在判断客体的方位时，需要确定参照系。

个体主要依靠视觉、触摸觉、动觉、平衡觉以及听觉来定向空间方位。其中以视觉和听觉为主要通道，触摸觉、动觉和平衡觉主要起补充作用。视觉定位时，个体往往会以环境中所看到的事物为参照点。事物在视网膜上投影的相对位置，决定了个体所感知到的物体的相对位置。班克（Bank,1980）认为，月龄不足一个月的婴儿是根据物体在视网膜上的运动来感知物体的方向的。

听觉定位主要依赖于双耳距离差。由于人的耳朵位于头的两侧，间隔约27.5 cm，所以同一声源到达两耳所经过的距离不同。两耳的距离差造成了声波对两耳的刺激强度差别、时间差别和位相差别，这些线索变成了声音定位的主要线索。听觉定向时，个体左右两侧的声源最容易分辨，较少互相混淆；头部正中切面上的声音容易混淆；同侧耳朵圆锥底面上各点发出的声音也较容易混淆（图13-1）。

图 13-1 听觉定位

（二）儿童空间方位认知发展的意义

事物既存在于空间关系之中，也存在于时间关系和数量关系之中。因此，空间方位概念的发展与时间概念和数量认知发展具有密切的联系，甚至影响着时间概念和数概念的发展。

1. 空间方位概念与数概念发展的关系

客体在空间上具有排他性，这种特性使得每个物体之间相互分离并形成单独的个体，从而形成了客体的数量。客体与客体之间通过里面、外面、上面、下面等形成了整体与局部的关系。从这一角度看，空间概念的掌握与儿童认识数以及数量有着极大的关联。

2. 空间方位概念与时间概念发展的关系

时间和空间是运动着的物体的两种存在形式，二者相互联系，无法分离。一个客体静止存在时，不仅涉及了空间，还涉及了某一个时间点。如有人说："三点的时候我正在学校的教室里呢"，这是采用时空方式来同时描述自己的存在。当一个客体运动时，既有空间位置的变化，也有时间的变化，这时空间就与时间、速度等概念密切联系起来。因此，空间方位概念的发展与时间、速度等认知发展紧密联系，相互促进。

3. 空间方位概念与儿童社会适应能力有密切的联系

空间方位概念是人类基本的智慧成分之一，是个体适应社会生活必须掌握的基本能力。如果无法获得正确的空间方位概念，儿童生活的各个方面均可能受到显著的影响。如没有掌握东南西北、前后左右等方位概念，就容易在大街上走丢，找不到回家的路；没有掌握上面、下面、里面、外面等方位概念，就无法将衣物整理后放置于合适的地方。

二、儿童空间方位认知的发展

（一）空间定位能力发生

婴儿出生后第一天即对听觉刺激有反应，如果用玩具在婴儿左侧耳朵发出声音，婴儿就能够将头转向左侧；如果在婴儿右侧发出声音，婴儿的头就转向右侧，这说明了孩子出生后即具备了原始反射性的听觉定位能力。同样地，新生婴儿也已经具备了原始反射性的视觉定位能力。婴儿出生后，在新生儿的头上方出示一个 4 英寸（约 10 cm）的红环，由头的一边向另一边做水平方向的弧形运动，然后做垂直方向的移动。结果发现，婴儿中有 26% 能立即用眼睛追随红环，出生后 12~48 个月的婴儿中有 78% 能做出同样的反应。这说明了新生儿已经能够用眼睛来定位物体，并追随物体运动。

但是，在这个阶段，婴儿的空间定位能力主要来源于感觉运动的协调，与最初的认识周围事物密切联系。在这个阶段，婴儿的空间定位能力受到儿童神经系统与动作系统协调能力发展水平的限制，其空间定位活动更多的是一种原始反射活动，尚未真正建立空间方位概念。随着年龄的增长，婴儿与周围环境的相互作用不断增强、深入，儿童逐步建立起物体与物体之间、物体与个体之间的空间方位关系。

（二）空间关系的掌握

方位是指物体空间关系的位置或自身在空间所处的位置，包括前、后、左、右、上、下、里、外、中间等概念。相比形状和大小而言，方位概念的习得较为困难。根据相关研究结果，直到 2~3 岁，儿童才能辨别上、下方位；4 岁开始能辨别前、后、里、外、中间方位；5 岁开始能以自我为中心辨别左、右方位。6 岁儿童也只能达到完全正确的辨别上、下、前、后四个方位，但对左右方位的相对性辨别仍然比较困难。直到 7~8 岁，儿童才能够辨别以他人为中心的左右方位，10~11 岁才能完全掌握左右概念的相对性。

（三）方位词的习得

儿童对方位词的掌握略晚于空间方位知觉的发展。我们常常可以发现，当在幼儿面前放置一个杯子的时候，尽管幼儿尚不能说出"里面"，但已经习惯于应用非言语策略将手中的许多玩具统统放入杯子内。这说明，儿童已经具有了"里"空间范围的模糊概念，但是他们仍然无法说出"里"的词汇。换句话说，儿童对于方位词汇的理解早已产生。张璟光等人（1987）的研究[①]就发现，3岁幼儿对空间词汇的理解明显优于空间词汇的产生，他们能理解"上、下、里、外"等空间方位词汇，但是尚无法很好地准确说出这些词汇。直到6岁时，儿童对空间词汇的理解与生产才达到平衡，不具有差异性。整体而言，张仁俊等人（1986）的研究[②]发现，4岁儿童基本掌握了"里、上、下"；5岁基本掌握"前、后、中、外"；但直至6岁，儿童仍然未能完全掌握方位词汇"左"和"右"。

方位词汇可以分为水平空间词汇（左、右、里、外）和垂直空间词汇（上、下）。儿童对这两类词汇获得的顺序也有所不同。一般而言，儿童对垂直词汇的习得要早于对水平词汇的获得。

儿童空间方位概念的习得具有一定的特点。首先，儿童获得空间方位概念遵循一定的顺序：上与下、前与后、里与外、左与右。其次，儿童在辨别空间方位能力过程中，要经历以自身为中心逐步过渡到以客体（其他的人或事物）为中心的过程。例如，儿童在学"左"和"右"概念时，总是先能够区分自己的左手和右手，然后才能区分别人的左手和右手。再次，儿童学习空间方位概念时，起初都是将方位词和相应的活动结合起来。如巧克力在杯子里面；拿铅笔写字的是右手等等。随着经验的丰富，儿童才能够不借助活动或物品掌握抽象的方位概念相对性。最后，儿童在空间定位能力发展中，也是从离自身范围较近的空间逐渐拓展到更远的空间区域范围，如，新生儿只能对较近的一些声音进行定位，而稍大的一些儿童可以对较远的声音进行定位。

[①] 张璟光，丁慧韵，林菁. 2—6岁儿童对空间词汇的理解和产生的初步实验研究 [J]. 福建师范大学学报（哲学社会科学版），1987（1）.
[②] 张仁俊. 幼儿对空间词汇的掌握 [J]. 心理发展与教育，1986（12）.

特殊儿童空间方位概念的发展特点

与普通儿童相比，特殊儿童空间方位概念的发展具有自身独特的特点，而且由于障碍类型不同，特殊儿童的空间方位概念发展特点也不尽相同。这里将对听障、视障、智障三类主要障碍儿童的空间方位概念发展特点进行阐述。

一、听障儿童空间方位概念的特点

听障儿童空间概念的发展与普通儿童的发展趋势大体相同，随着年龄的增长而不断增强。张增慧（1984）[1]在对7～12岁及成年聋哑人大小形状知觉的研究中发现，聋哑人的大小形状知觉能力与普通人群无显著性差异，7～12岁聋哑儿童对大小形状的知觉能力已经接近成年人水平，而且在单一视觉通道下对大小辨别的能力明显优于交叉感觉通道。

但是，听障儿童在空间概念的组织上与普通人群却存在差异性。张积家等人（2010）对听障大学生的空间概念及组织进行了研究，发现听障大学生与健听人群的空间概念发展差异不大，但在组织结构上有较大的差异性。[2]听障大学生更多地将空间方位词分为自身方位词汇（远近、高低、内外、上下、左右等）和描绘物体的方位与状态的方位词（开/关、满/空、宽/窄、这里/那里、里面/外面等）两类，而健听学生将空间词汇分为描绘方位的空间词（这里/那里、里/外、左/中/右、前/后、左/右）和描绘状态的空间词（远/近、宽/窄、高/低、开/关、空/满等），即听障学生更加强调空间词汇描绘对象的区分，而健听学生更加强调空间词汇反应空间性的区分。

---

[1] 张增慧. 7—12岁学龄儿童、聋哑儿童及成人视、触大小知觉实验研究. 全国第五届心理学学术会议文摘选集，1984（4）.
[2] 张积家，芦松敏，方燕红. 聋人大学生的空间概念及其组织. 中国特殊教育，2010，118（4）.

二、视障儿童空间方位认知的特点

视觉在空间概念的形成过程中具有至关重要的作用,人们利用客体在视网膜上的投影得到物体的形状、大小、距离等信息,通过视觉与动觉、触觉相结合来探索物体的外形等。由于视力的缺陷,一般认为视力障碍儿童的空间概念发展迟滞,较难形成完善的空间概念,这自然也会影响到视觉障碍儿童的空间方位概念习得。根据相关研究成果,相比普通儿童,视力障碍儿童的方位概念习得比较滞后,很多视障儿童进入学校后仍无法掌握"前、后""左、右"等基本的方位词。

但是在空间定位能力上,视障儿童并不比普通儿童弱。我们经常可以看到视障者快要碰到障碍物时,却巧妙地躲开了。这是因为人既可以通过视觉进行方位定向,也可以通过声音进行方位定向,二者对于空间方位的感知都非常重要。尽管视障者视觉定位能力缺失或削弱,但是其听觉定位能力往往强于常人。

三、智障儿童的空间方位认知的特点

视觉和听觉是空间定位的重要渠道。尽管智障儿童的视觉器官与听觉器官并没有受损,但已有研究显示智障儿童的视觉与听觉功能明显不如普通儿童。视觉能力上,智障儿童视觉感受性比较低,一般很难或不能辨别物体的大小、形状、颜色等微小差异。智障儿童在视觉定位上也比普通儿童显得迟钝,往往需要较长时间才能确定视野中物体的方位,跟踪运动着的物体时会丢失追踪目标。听觉方面,智力障碍儿童的听觉比较迟钝,感受性较差,往往不能注意周围环境的声音。听觉分辨能力也较差,很难在背景声音中区分出目标音。这些导致智障儿童无法有效地对声源方向进行准确定位或定位速度比较缓慢。

由于智力上的缺陷,智障儿童的空间概念发展明显滞后于普通儿童。很多中重度智障儿童到七八岁时仍然无法理解宽窄、长短、大小、高矮等概念,到10岁时还无法弄清楚自身和空间的定向,未能掌握前后、左右、上下等比较简单的空间方位概念。2002年,广州越秀培智学校与广州市教育科学研究所对智障儿童"左右"概念的掌握状况进行了研究。结果发现,8~10岁智障儿童对"左右"概念的掌握水平相当于5岁普通儿童水平,11~12岁智力障碍儿童对"左右"概念的掌握相当于6岁普通儿童的水平,即智力障碍儿童局限于模糊的以自我为中心的"左右"概念,但概念掌握不稳定,更不能以客体或他人为中心辨别左与右。[1] 该研究还发现,中重度智障儿童对左右方位概念掌握几乎为零,轻度智障儿童掌握程度较好,这充分说明了"左右"概念的掌握与个体认知发展水平有着密切的联系。

---

[1] 广州越秀区培智学校与广州市教育科学研究所联合课题组.弱智儿童左右概念的测试研究.教育导刊[J]. 2002,2~3(上).

儿童空间方位概念的训练

儿童从出生起就具备了原始反射性的声音或视觉空间定位能力，但真正的空间定位能力以及空间方位概念的获得，却要在与周围环境与事物的互动中不断积累学习。从概念习得的角度来看，儿童获得空间方位概念的顺序依次为"上、下、前、后、里、外、左、右"，故本节将按照这一顺序来阐述儿童空间方位概念的训练思路与方法。

一、上下训练

（一）训练的基本思路

"上、下"是儿童最早学会的空间方位概念，但这并不意味着儿童是同时获得"上"与"下"两个方位概念的。依据皮亚杰的几何学分类，"上"方位概念所表示的是拓扑空间关系，即参照物承载着目的物，目的物和参照物的接触点属于参照物承载面，如水杯在桌子上，其中水杯为目的物、桌子为参照物，而桌子和水杯的接触点为参照物承载面。而"下"表示的是投射空间关系，即目的物和参照点之间存在一定的空间，彼此呈现一种离析的状态，例如篮球在椅子下面，目的物"篮球"与椅子是相分离的，二者具有一定的空间距离。依据皮亚杰的研究，儿童首先掌握的是拓扑空间关系，然后才是投射空间关系。因此，在训练时，同一个活动中，一般先进行"上"方位概念的教学，然后再进行"下"方位概念的教学。必要时，也可以考虑将"上"与"下"分离开来，在不同的时间点进行教学。

任何的空间方位概念都具有相对性。这种相对性决定了某一物品是在上面还是在下面，主要在于其参照点。参照点发生变化，其所属的空间方位自然就发生了变化。在训练时，清晰地呈现参照点显得尤其重要。参照点可以分为以有机体自身（儿童本身）为参照和以客观事物（客观物体、日月星辰等）为参照。由于儿童的认知发展遵循由自我中心向他人为中心转化的规律，加之儿童的认知发展水平往往具有自我中心性的特点，训练时提供的参照系应以儿童本身为主，之后才过渡到以客观事物为参照点。

此外，方位定向能力是方位概念发展的基础。在对儿童进行方位概念训练之前，首先要检查确认儿童的方位定向能力水平。已有研究表明，大部分儿童的方向定位能力有不同程度的损害。因此，对儿童进行"上、下"方位概念的训练之前，还需要进行"上、下"方向的定位能力训练。

（二）训练活动设计举例

活动1 听一听，声音在哪里（听觉通道）

功能

1. 培养儿童辨别"上、下"声音方向，增强方向定位能力。
2. 培养儿童声音辨别能力。

准备

安静的教室一间；各种动物的叫声录音；录音机若干；椅子一张。

过程

1. 让儿童坐在椅子上，向儿童说明规则："一会儿，会有各种动物的叫声出现，请你们认真听它在哪里，并将头转向那里。"
2. 教师用录音机随机在"上方"（头上）或"下方"（椅子下）播放各种动物的叫声。
3. 请儿童寻找声音的方向，同时抬头或低头。
4. 教师告知儿童正确与否，并说明声音来自于"上方"还是"下方"。

活动建议：

活动的目的是让儿童对"上、下"的声音进行定位，培养"上、下"方位概念的模糊意识。活动时为了增加趣味性，可以准备儿童所喜欢的声音，并播放。声音播放时，一定要注意"上"和"下"方位交替随机进行，不可呈现出规律性。另外，为了培养儿童的声音辨别能力，可以适当增加背景噪声。

活动2 找一找，它们都在哪里（视觉通道）

功能

1. 培养儿童有关"上、下"的方位概念。
2. 培养儿童的观察能力。

准备

一张桌子；薯条、可乐、饼干、面包、糖果等食品若干。

过程

1. 教师将一些食品置于桌子上，一些置于桌子下面（图13-2），并进行指导："同学们，丁丁肚子饿了，想吃东西，请你们帮她找一找，这些东西都在哪里？"

图 13-2　找找，它们在哪里

2. 教师说出桌子上面的食品，让学生寻找并说出在桌子的上面，还是桌子下面，并取回交给老师。

3. 教师说出桌子下面的食品，让学生寻找并说出在桌子的上面，还是桌子下面，并取回交给老师。

4. 教师随机说出任何一种食品，让学生寻找后说出在桌子的上面，还是桌子下面，并取回交给教师。直至所有的食品全部取完。

活动建议：

活动的目的是培养儿童"上、下"方位概念。活动中，步骤2一定要让儿童说出食品在桌子上面，还是下面。如果儿童无法说明，要其用手指出，同时教师代为说出食品在桌子上面或是下面，以此来帮助儿童建立"上、下"方位概念。另外，由于儿童先学习"上"，再学习"下"方位概念，所以教师一定要先让儿童找"上面"的食品，然后再找"下面"的食品，最后再进行混合练习。食品摆放时，应注意将大部分的食品放置于桌上，少量食品摆在桌下。活动可以重复进行。

活动3　听指令、做动作

功能

1. 理解"上、下"方位概念。
2. 培养儿童听指令的能力。

准备

让儿童端坐在桌子前面

过程

1. 教师："把小手放在桌子上面。"由儿童执行。
2. 教师："把手放在桌子下面。"由儿童执行。
3. 教师："把小脚放在椅子下面。"由儿童执行。
4. 教师："把小脚放在椅子上面。"由儿童执行。

活动建议：

活动的重点是儿童能够理解"上、下"方位概念，并能做出相应的动作。因此，活动之前教师可以先示范，然后由儿童执行。活动可以重复进行。

活动4　是上面，还是下面

功能

1. 理解"上、下"方位的相对概念。
2. 培养儿童的观察能力。

准备

教学PPT课件。

过程

1. 教师："冬天到了，小白兔、小松树和小鸟三只小动物都搬到大树伯伯那里过冬。大树伯伯替他们都安排了一个房间。我们来看看，大树伯伯是怎么安排的。"（图13-3）

图13-3　动物的家

2. 教师："请同学们说一说大树伯伯让小鸟住在哪里？"

儿童："小鸟住在小松鼠的上面，也住在小兔子的上面，是住在最上面。"

教师："请同学们说一说大树伯伯让小兔子住在哪里？"

儿童："小兔子住在小松鼠的下面，也住在小鸟的下面，住在最下面。"

教师："那小松鼠呢？"

儿童："小松鼠住在小鸟的下面，住在小兔子的上面。"

教师："上、下是相对的，小朋友在说上、下的时候要说清楚什么在什么的上面或下面，不能简单说上面或下面。有时还要把上下结合起来说明物体的位置，就像小松鼠住在小鸟的下面，住在小兔子的上面一样。"

活动建议：

活动的重点是帮助儿童能够理解"上、下"概念的相对性。教学时应从简单方面入手，循序渐进，先进行"最上面"的分析，然后再进行"最下面"的分析，最后进行"上下相对性"的分析（即中间），顺序不可以改变。如果儿童能力较好，活动设计时可以增加在树木上居住的动物数量，为儿童提供更多"上、下"相对性练习的机会。

活动 5 整理玩具

功能

1. 能应用"上、下"方位概念的相对性处理事情。
2. 培养儿童的生活自理能力。

准备

多层橱柜图卡若干；玩具小汽车、小火车、娃娃、铃鼓、积木等图卡若干。

过程

1. 教师："小朋友们，我们每次玩玩具后都要将自己的东西收拾好。现在，当当就准备开始收拾他的玩具了，我们来帮帮他，好吗？"
2. 教师向学生分发橱柜图卡（图13-4）和玩具图卡，每人一套。

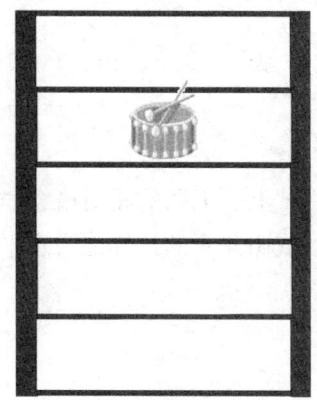

图 13-4 橱柜图卡 1

3. 教师："当当想把积木放在最下面，把娃娃放在最上面，请小朋友们帮帮他。"请儿童将积木和娃娃粘贴到合适的位置（图13-5）。儿童操作，教师指导。

图 13-5 橱柜图卡 2

4. 教师：现在当当想把火车放在小汽车的下面，小汽车放在火车的下面。请小朋友们帮帮他。

5. 请儿童将小汽车和火车摆在相应的位置（图 13-6）。儿童操作，教师指导。

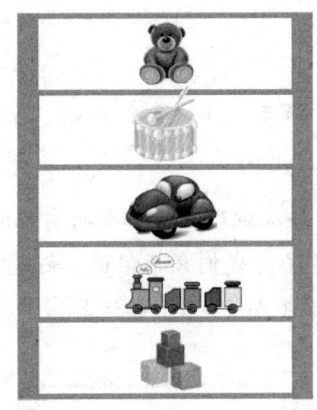

图 13-6　橱柜图卡 3

活动建议：

本活动重点在于让儿童运用"上、下"的相对概念，且参考系统已经从自己转化为客观事物本身，难度较大。可以依照儿童的认知能力水平，决定是否增加橱柜的层级数量和物品摆放的数量。

（三）活动设计建议

第一，"上、下"方位概念训练的核心是帮助儿童掌握"上、下"方位概念及其相对性。又由于"上"方位概念本身先于"下"方位概念习得。训练时，活动一定要遵循由"上"方位概念训练逐步进入"下"方位概念训练，最后进行"上、下"方位概念混合训练。另外，活动时教师发出的关于方位概念的指令中，一定要清楚说明方位的参照物，如小熊在橱柜的最上面（以橱柜为参照点）、小火车在积木的上面，在小汽车的下面（以积木和小汽车为参照点）。必要的时候也可以将参照物用凸显出来，以帮助儿童依照参照框架获得准确的方位概念。

第二，方位概念的描述可以仅仅是两个对象（如 A 在 B 上面，B 在 A 下面），也可以描述多个对象（如 A、B、C、D，A 在最上面；D 在最下面；B 在 A 下面，但在 C 上面；C 在 D 上面，且在 B 下面）。对象越多，描述就越复杂，儿童抽象思维能力就需要越好。在活动设计时，教师需要考虑到儿童的认知发展水平，以此来确定活动内容应涉及多少对象进行"上、下"概念的练习。

第三，"上、下"方位概念的习得与日常生活经验分不开，也只有在日常生活中不断运用，所习得的"上、下"概念才能得到巩固和强化。因此，活动中，所涉及的材料尽量要与训练对象的生活密切联系，如杯子放在桌子上，鸟儿在树上等等。同时，所设计的活动最好也能来源于日常生活，如"整理玩具"活动，让儿童将玩具按照要求放入橱柜中。

二、前后训练

（一）训练的基本思路

已有研究显示，前后关系词的出现并没有先后之分，而是同时出现。这主要是因为依据皮亚杰的几何学分类，"前、后"空间方位都表示的都是投射空间关系，即目的物和参照点之间存在一定的空间距离，彼此呈现一种离析的状态，如桌子在我的前面，椅子在我的后面，桌子和椅子一般都和我保持了一定的空间距离。从这个角度看，在训练中，"前、后"方位概念可以或者应该成对出现，而不分前后。

与"上、下"方位概念相似，"前、后"方位概念同样具有相对性。这种相对性决定了某一物品是在前面，还是在后面，主要在于其参照点。因此，在训练时，清晰地呈现参照点与目标物之间的相互关系或空间距离显得尤其重要。由于儿童的认知发展遵循由自我中心向他人为中心转化的规律，加之儿童的认知发展水平往往具有自我中心性的特点，训练时提供的参照系统应以儿童本身为主，之后才过渡到客观事物。

此外，方位定向能力是方位概念发展的基础，在对儿童进行方位概念训练之前首先要检查确认儿童的方位定向能力水平。已有研究表明，大部分儿童的方向定位能力有不同程度的损害。因此，对儿童"前、后"方位概念的训练之前，还需要进行"前、后"的方向定位能力训练。

（二）训练活动设计举例

活动1 听一听，声音在哪里（听觉通道）

功能

1. 培养儿童辨别"前、后"声音方向，增强方向定位能力。
2. 培养儿童声音辨别能力。

准备

安静的教室一间；各种动物的叫声录音；录音机若干；椅子一张。

过程

1. 让儿童坐在椅子上，向儿童说明规则："一会儿，会有各种动物的叫声出现，请你们认真听它在哪里，并将头转向那里。"
2. 教师用录音机随机在"前"（椅子前面）或"后"（椅子后面）播放各种动物的叫声。
3. 请儿童寻找声音方向，听到声音在后面时转头，听到声音在前面时用手指出。
4. 教师告知学生正确与否，并说明声音来自于"前面"还是"后面"。

活动建议：

活动的目的是让儿童对"前、后"的声音进行定位，培养"前、后"方位概念的意识。活动是为了增加趣味性，可以准备儿童所喜欢的声音，并播放。声音播放时，一定要注意"前"和"后"方位交替随机进行，不可呈现出规律性。另外，为了培养儿童的声音辨别能力，可以适当增加背景噪声。

活动 2　转转头（视觉通道，自我参照）

功能

1. 培养儿童"前、后"的方位概念。
2. 培养儿童的观察能力。

准备

一张椅子；各种物品若干。

过程

1. 教师将椅子摆在场地中央，请儿童坐在椅子上，让儿童闭上眼睛。
2. 教师在椅子前面放置一些物品，在椅子后面放置一些物品。
3. 让儿童睁开眼睛，并说说在他们面前的东西，并告诉儿童：这是前面。
4. 让儿童转过头，说说在他们后面的东西，并告诉儿童：这是后面，我们转头才能看到。
5. 再次让儿童闭上眼睛，将物品重新放置（一些放在前面，一些放在后面）。
6. 请儿童睁开眼睛。教师依次报出物品的名称，让儿童找出物品，并说出是在自己的前面还是后面。

活动建议：

活动的目的是培养儿童"前、后"方位概念。活动中，步骤6一定要让儿童说出物品是在前面，还是在后面。如果儿童无法说出，可要求儿童用转头来表示，同时教师代为说出物品是在前面还是后面，以此来帮助儿童建立"前、后"方位概念。活动所用的物品最好选择儿童所喜欢的物品。活动可以重复进行。

活动 3　说一说，圈一圈（客观事物参照）

功能

1. 理解"前、后"方位概念。
2. 培养儿童的观察力。

准备

物品图片若干，红蓝蜡笔若干。

过程

1. 教师出示图片，并说明：电脑在小朋友的前面，小朋友在电脑的后面（图13-7）。

图 13-7　前后方位训练图片

2. 教师依次出示图片（图13-8），让儿童说说图片"××在××的前面，××在××的后面"。

图 13-8　前后方位训练图片

3. 请儿童将图片中"前面"的物品用红色蜡笔圈出来，将"后面"的物品用蓝色蜡笔圈出来。

活动建议：

活动的重点是帮助儿童能够以客观参照系统理解"前、后"概念。在图片中，"前、后"需要通过视觉透视线索来判断，如桌椅图片、妈妈抱着孩子图片；而有一些则需要通过对图片所显示活动的预期来判断，如遛狗图片，只有明白图上儿童正在往前行走，狗在后面跟着，才能判断前后。所以活动时，图片选择可以多样化，而且要按照先易后难的顺序排列。

活动 4　小动物排座位

功能

1. 理解"前、后"方位概念的相对性。
2. 培养儿童的观察能力。

准备

教室座位图片若干；小动物图卡若干。

过程

1. 教师："开学了，小动物们都去上课了。第一节课，山羊老师要给大家安排座位，一些动物已经坐好了。"（图13-9）

2. 教师请学生依次说说小白兔、小狮子、小猴子坐在哪里。

3. 教师："小白兔坐在最前面，后面坐着小猴子。小狮子坐在最后面，前面坐着小猴子。小猴子坐在小白兔的后面，小狮子的前面。前后是相对的，小朋友在说前后的时候要说清楚什么在什么的前面或后面，不能简单说前面或后面。"

4. 教师给儿童发教室座位图片和小动物图片。

教师："还有四个小动物没有找到自己的位置，请你们帮帮山羊老师给他们安排一下座位。"

图 13-9　动物排排坐 1

5. 教师："山羊老师说小猪坐在最前面，长颈鹿坐在最后面。"

请儿童将小猪和长颈鹿图片粘贴在相应的座位上（图 13-10）。

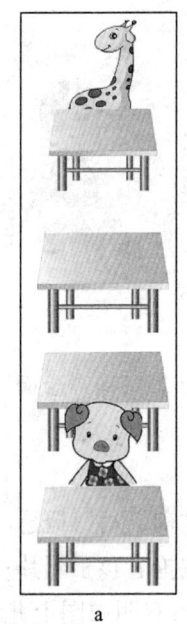
a

b

图 13-10　动物排排坐 2

6. 教师："山羊老师说小熊坐在小象的前面，小象坐在小熊的后面。"

请儿童将小熊和小象图片粘贴到相应的座位上。

活动建议：

活动的重点是帮助儿童能够理解"前、后"概念的相对性。教学时应从简单方面入手，循序渐进，先进行"最前面"的分析，然后进行"最后面"的分析，最后进行"前后"相对性的分析。如果儿童能力较好，活动设计时可以增加座位与动物数量，为儿童提供更多"前、后"相对性练习的机会。

活动 5　转身一变

功能

1. 能理解"前、后"方位的相对性。
2. 培养儿童心理旋转的能力。

准备

物品若干；教学图卡若干。

过程

1. 在儿童的前面和后面均摆上若干物品，让儿童站在中间。
2. 请儿童说出前面都有什么，后面都有什么。
3. 让儿童转身，再次说出前面有什么，后面有什么。

4. 教师："当我们转身的时候，前面和后面就互相调换了，前面变成了后面，后面变成了前面。"

5. 教师出示图片（图13-11），请儿童说出图片中哪些东西在儿童的前面，哪些东西在儿童的后面。

图13-11　前后方位训练图卡

6. 教师："如果图画中的儿童转身了，那么他现在的前面有什么，后面有什么呢？"

活动建议：

本活动重点是让儿童运用"前、后"的相对概念，且参照系已经从自己转化为他人，同时要求采用心理旋转的方式来了解"前面、后面"的相互转化。如果儿童无法完成步骤6，教师需要带领儿童重复进行步骤2和步骤3，直至儿童最终能够完成步骤6。

（三）活动设计建议

延伸阅读 "前、后"
训练教学案例示范

第一，"前、后"方位概念训练的核心是帮助儿童掌握"前、后"方位概念及其相对性。要准确把握"前、后"的相对性，就需要依靠参照系作为线索。活动训练时，教师发出的关于方位概念的指令中，一定要清楚说明方位的参照物。必要的时候也可以将参照物凸显出来，以帮助儿童依照参照框架获得准确的方位概念。而且参照系分为自我参照系统和客观参照系统，自我参照时方位认识较为简单，而客观参照系统下的方位认识较为困难，活动安排时应首先提供自我参照系统，然后再提供客观参照系统。

第二，方位概念的描述可以仅仅是两个对象，也可以描述多个对象。在活动设计时，需要考虑到儿童的认知发展水平，以此来确定活动内容应该涉及多少对象进行"前、后"概念的练习。

第三，前、后方位概念的习得与日常生活经验分不开，也只有在日常生活中不断运用，所习得的"前、后"概念才能得到巩固和强化。因此，活动中，所设计的活动最好也能来源于日常生活，所涉及的材料尽量要与训练对象的生活密切联系，如座位的前后，教室东西的前后等等。

三、左右训练

（一）训练的基本思路

"左、右"概念是儿童较晚习得的空间方位概念。一般儿童 5 岁开始具备左右的模糊概念，直至 10~11 岁才真正掌握左右概念的相对性。儿童之所以左右概念掌握得年龄较晚，与左右概念本身具有明显的相对性和灵活性有关。人或物体的朝向不同，左右方位就可能不同。比如，当两个人面对面站立的时候，其实两个人的左右是相反的，即一个人的左边是另一个人的右边，而另一个人的左边却是这个人的右边。儿童要习得这种左右的相对性，就需要完成主体与客体的转移，并通过一定的想象推理把自我参照的模式迁移到所要认识的对象上去，实现感性认识向理性推理的过渡。如何让儿童能够实现这种迁移，完成主客体的转移，是左右训练的重点。

但不管如何，儿童习得左右的顺序，总是先习得以自我为中心的左右，即常常以自我参照系统来判断外在事物的左右，此时，儿童的左右概念带有具体化和固有化的特点，常常不能辨识对面人或物的左右。为了正确辨别对面人或物的左右，儿童往往需要转身使得自己的左右与对立面人或物的左右相一致，或者将对面人或物旋转 180°使得与自己的朝向一致。因此，训练时，首先应该让儿童认识自身的左与右，之后通过提供"反镜像"的左右参照系统来认识对立面的人或物的左右，最后通过"镜像"参照系统直接认识对立面的人或物的左右。

此外，儿童习得"左右"方位概念并无先后之分，训练时一般可安排左右方位成对出现。同时，方位定向能力是方位概念发展的基础，在对儿童进行方位概念训练之前首先要检查确认儿童的方位定向能力水平。

（二）训练活动设计举例

活动 1 听一听，声音在哪里（听觉通道）

功能

1. 培养儿童辨别"左、右"声音方向。
2. 培养儿童声音辨别能力。

准备

安静的教室一间；各种动物的叫声录音；录音机若干；椅子一张。

过程

1. 让儿童坐在椅子上，向儿童说明规则。

教师："一会儿，会有各种动物的叫声出现，请你们认真听它在哪里，并将头转向那里。"

2. 教师用录音机随机在"左"(椅子左边)或"右"(椅子右边)播放各种动物的叫声。

3. 请儿童寻找声音方向,听到声音在左边时转头,听到声音在右边时用手指出。

4. 教师告知学生所做的正确与否,并说明声音来自"左边"还是"右边"。

活动建议:

活动的目的是让儿童对"左、右"的声音进行定位,培养"左、右"方位概念的意识。活动时为了增加趣味性,可以播放儿童所喜欢的声音。声音播放时,一定要注意"左"和"右"方位交替随机进行,不可呈现出规律性。另外,为了培养儿童的声音辨别能力,可以适当增加背景噪声。

活动2 听指令(认识左、右手与左、右脚)

功能

1. 认识自己手和脚的"左右"。
2. 培养儿童听指令的能力。

准备

红、蓝两种颜色的贴纸若干。

过程

1. 教师将红色的贴纸贴在儿童左手和左脚上,将蓝色的贴纸贴在儿童右手和右脚上。教师:"红色的是左手和左脚;蓝色的是右手和右脚。"

2. 教师:"现在我们要玩个游戏,看谁的反应快哦。我说左手,大家就举左手,我说右手大家就举右手,我说左脚,大家就跺一跺左脚,我说右脚,大家就跺一跺右脚。"同时,教师要进行演示(朝向与儿童一致)。

3. 教师依次随机发送指令,让儿童依照指令举手或跺脚。

4. 教师让儿童将贴纸撕掉。

5. 教师再次随机发指令,让儿童依照指令举手或跺脚。

活动建议:

活动的目的是让儿童认识自己的左右手和左右脚。由于有些儿童语言能力较弱,因此可以如本活动一样采用不同颜色贴纸来标示左右,帮助儿童认识自己的左右手和左右脚。如果儿童能力较好,可以直接用语言告诉他们。活动中步骤3和步骤5可以不断重复,以给予儿童更多练习的机会。

活动3 指一指,挑一挑(认识主体的左右)

功能

1. 培养儿童"左、右"方位概念。
2. 培养儿童的观察能力。

准备

各种玩具若干。

过程

1. 教师让儿童坐在地上，给儿童左手和右手分别贴上红色和蓝色的标志，并告诉他们红色代表左手，蓝色代表右手。

2. 教师在儿童的左前方和右前方放置两堆不同的玩具。

3. 教师依次提问："×××在哪里，如果在左边，请你用左手指出来，如果在右边，请你用右手指出来。"

4. 请儿童依次用相应的手指出各种物品，并说"×××在左边/右边"。

5. 教师在儿童左前方或右前方放置两堆相同的玩具。

6. 教师："请你用左手拿出左边的汽车，请你用右手拿出右边的飞机。"儿童拿相应的物品。

7. 按以上程序依次将所有的玩具全部拿完。

活动建议：

活动的目的让儿童认知主体的左、右方位。活动中，步骤4一定要让儿童说出物品是在左边或是在右边。如果儿童无法说出，教师可以代为说出物品是在左边或是在右边，以此来帮助儿童建立"左、右"方位概念。活动可以重复进行。

活动4 摸摸手（认识客体左右，朝向一致）

功能

1. 认识客体"左、右"方位概念。
2. 培养儿童的观察力。

准备

娃娃一个；玩具若干。

过程

1. 辅助教师与儿童都面朝前站好，教师站前面，儿童站后面。

2. 请儿童用左手摸摸前面的左手，用右手摸摸前面老师的右手。

3. 请儿童坐在地上，教师将小熊玩具放在儿童的前面，即儿童和小熊都朝前（图13-12）。

图13-12 "摸摸手"训练材料示例

4. 请儿童用左手摸摸前面小熊的左手,用右手摸摸前面小熊的右手。

5. 教师在小熊的左前方和右前方放置两堆不同的玩具。

6. 请儿童说出小熊的左手边有什么玩具,小熊的右手边有什么玩具。

活动建议:

活动的重点是让儿童能够认识朝向一致的两个事物的左与右。活动时,实施步骤2、步骤4与步骤6时,如果儿童无法完成,教师可以适当地协助,通过示范或者手把手协助儿童完成,直至儿童能够独立完成。只有完成了前一个步骤,才能进入下一个步骤。

活动5 握握手(认识客体左右,朝向相反)

功能

1. 认识客体的"左、右"方位概念。
2. 培养儿童的心理旋转能力。

准备

玩具娃娃一个;玩具若干。

过程

1. 辅助教师与儿童都面对面站好。
2. 请儿童用左手握老师的左手,用右手握老师的右手。
3. 让儿童坐在地上,教师将玩具娃娃放在儿童的前面,即儿童和娃娃面对面(图13-13)。

图13-13 "握握手"训练材料示例

4. 教师请儿童用左手握娃娃的左手,用右手握娃娃的右手。
5. 教师在娃娃和儿童的面前(即两者之间),放置两堆不同的玩具。
6. 教师请儿童说出自己的左手边有什么玩具,右手边有什么玩具。
7. 请儿童说出娃娃的左手边有什么玩具,右手边有什么玩具。

活动建议:

活动的重点让儿童能够认识朝向相反的事物的左与右,这相对困难。活动时,实施步骤2、步骤4与步骤7时,如果儿童无法完成,教师或娃娃可以转身,让儿童认识二者的左与右,并用不同的颜色做好标志,直至儿童最后能够完成。对于步骤2、步骤4、步骤7,只有前一个步骤完成了,才能进入下一个步骤。

活动6 排排队

功能

1. 理解"左、右"方位概念的相对性。
2. 培养儿童的观察能力。

准备

小动物排队图卡一张；小动物图卡若干。

过程

1. 教师："上体育了，老师让小动物们开始横着排成一队，有几位同学已经排好了。"（出示动物图卡，见图13-14）

图13-14 动物图卡

2. 教师请儿童说说小白兔左边是谁，右边是谁？小猴子的左边是谁，右边是谁？小老虎的右边是谁，左边是谁？

3. 教师："小白兔的右边没人，左边是小猴子；小猴子的右边是小兔子，左边是小狮子；小狮子的右边是小猴子，右边没有人。左右是相对的。"

4. 教师："还有四位小动物还没有排队，请你们帮帮山羊老师给他们安排一下坐位。"（给同学们发放排队图卡和小动物图卡图13-15）

图13-15 训练图卡1

5. 教师："小猪坐在猴子的左边，狮子的右边。"（请儿童将小猪图卡粘贴在恰当的位置上，见图13-16）。

图 13-16　训练图卡 2

6. 教师："长颈鹿排在最右边。"（请儿童将长颈鹿图卡粘贴在恰当的位置上，见图 13-17）

图 13-17　训练图卡 3

7. 教师："小象排在小猴的右边，小熊的左边；小熊排在小兔的左边，小象的右边。"（请儿童将长颈鹿图卡粘贴在恰当的位置上，见图 13-18）

图 13-18　训练图卡 4

建议：活动的重点是让儿童能够理解"前、后"概念的相对性。教学时，应提醒儿童要从小动物们的角度出发来考虑它们的左边和右边，而不是从自己的角度出发。活动时，如果儿童能力较好，活动设计时可以增加动物数量，为儿童提供更多练习的机会。

活动 7　分一分，穿一穿（运用左右方位概念处理事情）

功能

1. 能运用"左、右"方位概念处理事情。
2. 培养儿童生活自理能力。

准备

衣服、鞋子、袜子若干；衣物教学图卡若干。

过程

1. 教师逐一呈现裤子、衣服、鞋子、手套、袜子,请儿童说出这些衣物哪边是左边,哪边是右边。
2. 请儿童用不同的贴纸将衣物的左边贴上红色标志,右边贴上蓝色标志。
3. 教师示范穿衣物。
4. 教师将衣服正反面摆放好,让儿童按照左右标志穿上衣服。
5. 教师逐一出示衣物图卡(图13-19),让儿童说说这些衣物哪边是左边,哪边是右边。

图 13-19 衣物教学图卡

活动建议:

本活动重点在于让儿童运用"左、右"概念穿戴衣物。衣物本身还有正面与反面之分。要正确穿戴衣物不仅要分清左右,还要分清前后。因此,训练时,要确认儿童是否能分清衣物前后,如果不能,则要教师将衣物的前后摆放好。同样,如果儿童能力弱,尚无法穿戴衣物,可省略步骤4和步骤5,稍后再进行教学。

(三)活动设计建议

"左、右"训练的核心是帮助儿童掌握左右方位概念及其相对性。具体建议参考"上下训练"中相应内容。

四、里外训练

(一)训练的基本思路

根据皮亚杰的空间几何理论,"里"方位概念表示的是一个物体包含另外一个物体的空间关系,属于拓扑空间几何。"外"表示两个物体相互之间有一定的距离,处于相互分离的状态,故属于投射空间几何。因此,儿童对"里外"空间方位概念的掌握具有先后顺序,即先掌握"里",再习得"外"。这就意味着,对儿童进行训练时,需要考虑在不同的时间节点中进行里外方位概念的教学,即使在同一个活动中,也要先进行

"里"方位概念的教学，然后再进行"外"方位概念的教学。

与其他方位概念相似，"里、外"方面概念具有相对性。训练时，要注意先由自我参照系逐步转向客体参照系，先认识"绝对"的里外，再认识"相对"的里外。

此外，"里、外"概念的获得也会受到空间大小的影响。空间较小，物体之间的空间关系能够在儿童的视野范围内形成，故习得"里、外"的概念较为容易。而当空间关系扩大时，儿童往往无法全部知觉到物体之间的空间关系，自然无法把握"里、外"的概念。因此，训练时首先应从较小的空间内进行"里、外"概念教学，然后再逐步扩大空间的范围。

（二）训练活动设计举例

活动1 认识里外（小空间距离）

功能
1. 培养儿童"里、外"的方位概念。
2. 培养儿童的观察力。

准备
一个透明的盒子；各种玩具若干。

过程
1. 教师将玩具装入透明的盒子中放在儿童面前，让儿童用"里面有×××"的句式说说盒子里面有哪些玩具？
2. 教师从盒子中拿出一件玩具，并讲解道："我将×××玩具从盒子里面拿到盒子外面。"
3. 请儿童从盒子中拿出一件玩具，引导儿童说出"我将×××玩具从盒子里面拿到盒子外面"。
4. 每拿完一件玩具，就让儿童说说盒子里面还有什么玩具，盒子外面有什么玩具。

活动建议：

活动的目的是培养儿童"里、外"方位概念。活动中，步骤2不可省略，教师的示范在于协助儿童理解接下来的活动规则，以及"里面"和"外面"的概念。如果教师示范后儿童仍然无法理解，教师可以重复此步骤。玩具数量可以依据儿童的能力及实际需要增加。

活动2 认识里外（较大空间距离）

功能
1. 理解"里、外"方位概念。
2. 培养儿童的观察能力。
3. 培养儿童的数量概念。

准备

教学图卡若干。

过程

1. 教师出示教学图卡 1（图 13-20），让儿童说出哪些动物在栅栏里面，哪些动物在栅栏外面。

图 13-20　里外概念训练图卡 1

2. 教师出示教学图卡 2（图 13-21），让儿童指出有哪些猫头鹰在鸟窝里面，共几只？哪些猫头鹰在鸟窝外面，共几只？

图 13-21　里外概念训练图卡 2

3. 教师出示教学图卡 3（图 13-22），请儿童指出哪些鸡在鸡窝里面，共有几只？哪些在鸡窝外面，共有几只？

图 13-22　里外概念训练图卡 3

4. 教师出示图卡 4（图 13-23），让儿童说出哪些羊在羊圈里面，共有几只？哪些羊在羊圈外面，共有几只？

图 13-23　里外概念训练图卡 4

活动建议：

活动的重点是帮助儿童能够在较大空间距离中理解"里、外"概念，所以教学材料应该逐步扩大参照物和目标物的空间距离，如从"鸡窝"到"鸡窝"再到"羊圈"，空间范围不断扩大。

活动 3　是里面，还是外面？（认识相对里外）

功能

1. 理解"里、外"方位相对概念。
2. 培养儿童观察能力。

准备

盒子、柜子及玩具。

过程

1. 教师在盒子里面和外面各放一些玩具。
2. 请儿童说出哪些玩具在里面，哪些玩具在外面。
3. 教师将装有玩具的盒子放入柜子。
4. 让儿童说出盒子在什么里面，盒子与地上玩具是什么关系？

活动建议：

活动的重点是帮助儿童能够理解"里、外"概念的相对性。教学时可提醒儿童注意利用参照物，如步骤 2 中参照物是盒子，步骤 4 中参照物是柜子。

（三）活动设计建议

第一，"里、外"方位概念训练的核心是帮助儿童掌握"里、外"方位概念及其相对性，其获得具有一定的规律，即先获得"里"的概念，后获得"外"的概念。训练时，活动一定要遵循由"里"方位概念训练逐步进入"外"方位概念训练，最后进行"里、外"方位概念混合训练。

第二，由于"里、外"相对性的学习主要是参照物发生了变化，活动时教师发出指令或实施活动时一定要说明参照物或提醒儿童参照物是什么。必要的时候也可以将参照物突显出来，以帮助儿童依照参照框架获得准确的方位概念。

第三，"里、外"方位概念是相对的，对其理解受到参照物和目标物之间空间距离大小的影响。空间距离越大，里外方位的学习就越困难。因此，活动设计时，所涉及的材料不仅要与训练对象的生活密切联系，更应该考虑参照物与目标物的空间距离，从空间距离小的材料开始，逐步拉大空间距离，如先从盒子与玩具的里外关系，扩展至柜子和盒子的里外关系，再扩展至房屋内外关系，最后到小区内外关系等等。

主要参考文献

一、著作

[1] Russell A. Barkley. Attention-Deficit Hyperactivity Disorder [M]. 3rd ed. New York: The Guilford Press, 2006.

[2] R. L. Taylor. Assessment of ExceptionalStudents: educational and psychological procedures[M]. 7th ed. Boston: Pearson Educaion, 2006.

[3] G. H. Kaufman & R. A. Barram. Essentials of Stanford-Binet Intelligence Scales（SB5）assessment[M]. New Jersey: John Wiley & Sons, Inc. 2004.

[4] A. S. Kaufman & N. L. Kaufman. Essentials of KABC-Ⅱ assessment[M]. New Jersey：John Wiley & Sons, Inc. 2005.

[5] J. H. 弗拉维尔，P. H. 米勒，S. A. 米勒，认知发展[M]. 4 版. 邓赐平，刘明，译，上海：华东师范大学出版社，2002.

[6] J. p. 戴斯，J. A. 纳格利尔里，J. R. 科尔比. 认知过程的评估——智力的 PASS 理论[M]. 杨艳云，谭和平，译. 上海：华东师范大学出版社，1999.

[7] 陈学锋，等. 从容面对儿童的学习障碍[M]. 北京：北京师范大学出版社，2002.

[8] 陈英和. 认知发展心理学[M]. 杭州：浙江人民出版社，2002.

[9] 杜晓新，冯震. 元认知与学习策略[M]. 北京：人民教育出版社，1999.

[10] 杜晓新. 特殊儿童认知训练的原理与方法[M]. 上海：华东师范大学出版社，2012.

[11] 方富熹，方格，林佩芬. 幼儿认知发展与教育[M]. 北京：北京师范大学出版社，2003.

[12] 方俊明. 特殊教育学[M]. 北京：人民教育出版社，2005.

[13] 方俊明. 特殊需要婴幼儿评估的实践指导[M]. 上海：华东师范大学出版社，2005.

[14] 顾定倩. 特殊教育导论 [M]. 大连：辽宁师范大学出版社，2001.

[15] 华国栋. 特殊需要儿童的心理与教育 [M]. 北京：高等教育出版社，2004.

[16] 教育部师范教育司. 聋童心理学 [M]. 北京：人民教育出版社，2000.

[17] 雷江华，方俊明. 特殊教育学 [M]. 北京：北京大学出版社，2011.

[18] 李红. 幼儿心理学 [M]. 北京：人民教育出版社，2006.

[19] 梁爱民. 0—6岁婴幼儿智力开发全书 [M]. 长春：吉林科学技术出版社，2010.

[20] 刘春玲，马红英. 智力障碍儿童的发展与教育 [M]. 北京：北京大学出版社，2011.

[21] 刘金花. 儿童发展心理学 [M]. 上海：华东师范大学出版社，2001.

[22] 朴永馨. 缺陷儿童心理学 [M]. 北京：科学出版社，1987.

[23] 王辉. 特殊儿童感知觉训练 [M]. 南京：南京大学出版社，2012.

[24] 王辉. 特殊儿童教育诊断与评估 [M]. 南京：南京大学出版社，2007.

[25] 王梅. 智力障碍和孤独症儿童的教与学 [M]. 北京：华艺出版社，2003.

[26] 王明晖. 0—3岁婴幼儿认知发展与教育 [M]. 上海：复旦大学出版社，2012.

[27] 王小英，满晶. 学前心理学 [M]. 吉林：东北师范大学出版社，1995.

[28] 王志毅. 听力障碍儿童的心理与教育 [M]. 天津：天津教育出版社，2007.

[29] 韦小满. 特殊儿童心理评估 [M]. 北京：华夏出版社，2006.

[30] 肖非. 智力落后儿童心理与教育 [M]. 大连：辽宁师范大学出版社，2002.

[31] 徐芬. 学业不良儿童的教育与矫治 [M]. 杭州：浙江教育出版社，1997.

[32] 叶奕乾，何存道，梁宁建. 普通心理学 [M]. 上海：华东师范大学，2008.

[33] 殷炳江. 小学生心理健康教育 [M]. 北京：人民教育出版社，2008.

[34] 张莉. 儿童发展心理学 [M]. 武汉：华中师范大学出版社，2006.

[35] 张茂林，杜晓新. 特殊儿童认知训练 [M]. 南京：南京师范大学出版社，2015.

[36] 张世慧，等. 特殊学生鉴别与评估 [M]. 台北：心理出版社，2003.

[37] 赵凤兰. 0—3岁婴幼儿智能开发与训练 [M]. 上海：复旦大学出版社，2011.

[38] 赵微. 学习困难儿童的发展与教育 [M]. 北京：北京大学出版社，2011.

[39] 周念丽. 自闭症谱系障碍儿童的发展与教育 [M]. 北京：北京大学出版社，2011.

[40] 朱智贤. 儿童心理学 [M]. 北京：人民教育出版社，2006.

二、论文

[1] Simeonsson, R. J., Leonardi, M., et al. Applying the International Classification of Functioning Disabilty and Health to Measure Childhood Disability [J]. Disability & Rehabilitation, 2003, 25（11）: 602-610.

[2] Desoete, Annemie et. al.. Numerical competence in youngchildren and in children with mathematics learning disabilities [J]. Learning&Individual Differences, 2006, 16（4）: 351-367.

[3] Donald J. Mabbott, Jeffrey Bisanz. Computational Skills, WorkingMemory, and Conceptual Knowledge in Older Children With MathematicsLearning Disabilities [J]. Journal of Learning Disabilities, 2008, 41（1）: 15-28.

[4] Frances M Butler, Susan P. Miller, et. al.. Teaching Mathematics to Students With Mild-to-Moderate Mental Retardation: A Review of the Literature [J]. Mental Retardation, 2001, 39（2）: 20-31.

[5] Kevin K. H. Chung. Effects of Cognitive-based Instruction on MathematicalProblemSolvingbyLearnerswithMildIntellectualDisabilities [J]. Journal of Intellectual & Developmental Disability, 2005, 30（12）: 207-216.

[6] Kroesbergen Evelyn H., Van Luit Johannes E. H.: Constructivist Mathematics Education for Students with Mild Menial Retardation [J]. European Journal of Special Needs Education, 2005.2, 107-116.

[7] Haier, R. J., Karama, S., Leyba, L., &Jung, R. E.（2009）. MRI assessment of cortical thickness and functional activity changes in adolescent girls following three months of practice on a visual-spatial task. British Medical Council Research Notes[J]. 2009（2）: 174.

[8] 白学军. 中小学生认知能力发展水平测验的研究 [J]. 心理学探新. 2000, 75（3）: 25-29.

[9] 蔡丹, 邓赐平, 李其维. 认知评估系统对中国学前儿童的适用性探究 [J]. 中国临床心理学杂志, 2010, 18（3）: 314-316.

[10] 蔡太生, 周世杰. 5~16岁儿童分类概括能力发展的研究 [J]. 中国心理卫生杂志, 1998（4）: 22-24, 64-65.

[11] 曹瑞, 阴国恩. 3~7岁儿童分类方式对分类结果影响的研究 [J]. 心理发展与教育, 2001（2）: 7-12.

[12] 曹漱芹，方俊明，秦金亮. 汉语自闭症儿童分类能力的实验研究 [J]. 心理科学，2010（2）：311-314.

[13] 陈彦，杜晓新，黄昭鸣. 听障儿童五项认知能力评估与训练的个案研究 [J]. 听力学及言语疾病杂志，2009，17（2）：183-184.

[14] 陈友庆，阴国恩. 儿童分类发展的特点及影响因素的实验研究 [J]. 天津师范大学学报（社会科学版），2002（6）：67-72.

[15] 陈友庆. 儿童分类能力研究方法综述 [J]. 保定师范专科学校学报，2002，（3）：78-80.

[16] 戴斌荣. 儿童思维分类实证研究综述 [J]. 盐城师范学院学报（人文社会科学版），2006，（4）：100-105，109.

[17] 戴斌荣. 思维分类理论研究述评 [J]. 浙江万里学院学报，2006，（6）：47-52.

[18] 党玉晓，张积家，章玉祉，梁敏仪，王涛. 聋童对基本颜色和基本颜色词的分类 [J]. 中国特殊教育，2008，（7）：14-19.

[19] 邓赐平，傅丽萍，李其维，等. D-N 认知评估系统在 ADHD 儿童认知评估中的应用 [J]. 心理发展与教育，2009，3：77-82.

[20] 杜晓新，孙喜斌，黄昭鸣. 学前听障与健听儿童五项认知能力比较研究 [J]. 中国听力语言康复科学杂志，2010，6：22-24.

[21] 杜晓新，王小慧. 《上海市区 6 至 9 岁儿童五项认知能力团体测验量表》编制报告 [J]. 心理科学，2001，24（3）：348-349.

[22] 杜晓新. 一种有效的学习策略——精制 [J]. 上海师范大学学报（哲学社会科学版），1992（3）：128-132.

[23] 方富熹，方格，郝慧媛. 学前儿童分类能力再探 [J]. 心理科学，1991，（1）：18-24，65-66.

[24] 方富熹，方格. 学前儿童分类能力的初步实验研究 [J]. 心理学报，1986，（2）：157-165.

[25] 方富熹，盖笑松，龚少英，等. 对儿童认知发展水平诊断工具 IPDT 的信度效度检验 [J]. 心理学报，2004，36（1）：96-102.

[26] 方富熹. 儿童分类能力的培养 [J]. 父母必读，1986（3）：18-19.

[27] 方燕红，张积家，马振瑞，尹观海. 弱智儿童对常见食物的自由分类 [J]. 中国特殊教育，2011，（2）：19-24.

[28] 高荣生，付佑全. 学前儿童分类能力发展特点的实验研究 [J]. 四川师范大学学报（自然科学版），1984，（3）：69-79.

[29] 高学民. 智障学生全脑型体育教学的实验研究 [J]. 武汉体育学院学报, 2007, 41 (12): 70-74.

[30] 贡惠珍. 拓展探究空间 培养科学观察力 [J], 江苏教育研究, 2012 (38): 45-46.

[31] 和秀梅, 张积家. 3—6岁纳西族儿童颜色命名能力的发展 [J]. 华南师范大学学报 (社会科学版), 2009, (1): 145-148, 160.

[32] 胡斌. 书法行为干预对智残儿童注意力的康复作用 [J]. 中国心理卫生杂志, 2000, 14 (6): 402-403.

[33] 金竞明. 分类能力的跨文化研究——汉、傣初中生分类能力的比较及思考 [J]. 云南师范大学学报 (哲学社会科学版), 1992, (4): 90-93.

[34] 李德高, 张积家, 何维维, 陈晓君, 张晓娜, 林小珍, 李玲. 聋青少年分类学联系概念词词汇联想 [J]. 中国特殊教育, 2009, (12): 28-31.

[35] 李文馥, 樊艾梅. 各种分类标准在儿童分类中的竞争 [J]. 心理学报, 1994, (4): 362-369.

[36] 刘峰峰. 让多彩世界闪亮起来——幼儿观察力的发展 [J], 家庭教育, 2010, (2): 41-43.

[37] 刘果元, 阴国恩. 基本认知训练对3~4岁儿童分类能力发展的影响 [J]. 心理科学, 2006, (1): 120-123.

[38] 刘金明, 阴国恩. 儿童分类发展研究综述 [J]. 心理科学, 2001, (6): 707-709.

[39] 刘杨. 儿童分类意识对会话冲突行为的影响 [J]. 学前教育研究, 2012, (6): 36-41.

[40] 龙长权, 路晓英, 李红, 范籍丹. 儿童早期分类与基于类别的归纳的一致性 [J]. 心理发展与教育, 2008, (2): 6-12.

[41] 马新梅. 中度弱智儿童数学可接受能力的调查 [J]. 中国特殊教育, 2004, (3): 28-33.

[42] 王慧敏. 弱智儿童学习能力的发展水平与教育策略 [J]. 现代特殊教育, 2000, 6: 34-35.

[43] 王顺妹. 弱智儿童与正常儿童数概念发展水平的比较研究 [J], 中国特殊教育, 2003, 1: 65-70.

[44] 王唯. 小学儿童观察能力研究报告 [J], 心理发展与教育, 1985 (3).

[45] 王伟平, 苏彦捷. 孤独症儿童基于眼睛注视的社会性注意 [J]. 中国特殊教育. 2006, (6): 12-16.

[46] 徐梦燕, 黄辛隐, 陆远, 等. 图片与音乐改善孤独症儿童注意力与情绪的探索性分析 [J]. 中国心理卫生杂志. 2010, 24 (9): 696-699.

[47] 薛桂荣，孟秀云．如何培养幼儿的观察力 [J]．文教资料，2010，（4）：135-136.

[48] 杨玲，张永盛，吕超．自闭症谱系障碍患者选择性注意研究述评 [J]．中国特殊教育．2012，（5）：53-56.

[49] 杨宗义，刘中华，黄希庭．3—9岁儿童对几何图形分类的实验研究 [J]．西南师范学院学报（自然科学版），1983，（2）：44-54.

[50] 姚聪燕．音乐治疗在智障儿童教育康复中的作用 [J]．中国特殊教育，2007，（5）：19-22.

[51] 叶林．中重度弱智学生汉字认读能力研究 [J]．中国特殊教育，2005，（3）：49-52.

[52] 阴国恩．材料的几何属性差异对3—7岁儿童分类标准影响的研究 [J]．心理科学，1996，（5）：261-264，319.

[53] 张积家，党玉晓，章玉祉，王惠萍，罗观怀．盲童心中的颜色概念及其组织 [J]．心理学报，2008，（4）：389-401.

[54] 张积家，方燕红．弱智儿童常见食物的概念结构 [J]．中国特殊教育，2009，（3）：54-62.

[55] 张积家，章玉祉，党玉晓，王志超，梁敏仪．智障儿童基本颜色命名和分类研究 [J]．中国特殊教育，2007，（6）：20-27.

[56] 张丽莉．学龄前数学学习困难儿童数感研究综述 [J]．中国特殊教育，2010，1：35-39.

[57] 张灵聪．注意稳定性研究概述 [J]．心理科学，1995，18：372-373.

[58] 张宁生，周仁来，朱玉华，张丽华．聋童与听力正常儿童分类能力的比较 [J]．心理发展与教育，1993，（3）：35-42.

[59] 张盈利，张学民，马玉．自闭症儿童共同注意干预的现状与展望 [J]．中国特殊教育．2012，（4）：69-73.

[60] 周念丽，杨治良．自闭症幼儿自主性共同注意的实验研究 [J]．心理科学．2005，28（5）：1063-1067.

[61] 周仁来．聋童与听力正常儿童分类能力的比较研究 [J]．心理科学，1993，（6）：31-36，67.

[62] 周欣．儿童数概念发展研究的新进展 [J]．学前教育研究，2003，1：11-13.

[63] 朱友涵．中度弱智学生数学教育训练状况的调查研究 [J]．中国特殊教育，2005，3，40-44.